„UND DIE FRAUEN?"

CANNSTATTER FRAUENGESCHICHTE(N) AUS ZEHN JAHRHUNDERTEN

Herausgegeben von

Pro Alt-Cannstatt

NIKROS Verlag

Blond (und vermutlich „blauäugig") – sie entspricht dem Frauenideal der NS-Zeit – Postkarte des Kurvereins Stuttgart-Bad Cannstatt; Werbemittel für die Kur in Cannstatt, um 1935 (Vorlage: privat).

INHALT

Lenore Volz, Henriette Heine, Fabrikarbeiterinnen bei S. Lindauer, Schwimmerinnen des SVC, Anna Haag – Banner über der Theke bei den Ausstellungen im Stadtmuseum

stadtmuseum
bad cannstatt
»S'isch
reacht
gwäe«
Cannstatter
Frauengeschichte(n)
aus fünf
Jahrhunderten
11.11.2017 bis
15.04.2018
STUTTGART

Eine Ausstellung in der
Stadtteilbibliothek
Bad Cannstatt
Frauen
(nicht nur)
der Feder
Cannstatter
Frauengeschichte(n)
aus fünf Jahrhunderten II
18.01.2018 bis
14.04.2018

Eine Ausstellung in der
Galerie Wiedmann
Bad Cannstatt
Frauen
der Kunst
Cannstatter
Frauengeschichte(n)
aus fünf Jahrhunderten III
25.01.2018 bis
14.04.2018
Pro Alt-Cannstatt
KULTURNETZ

museum für
stadtmuseum
bad cannstatt
Eine Ausstellung
im Stadtmuseum
Bad Cannstatt
in Kooperation
mit
Pro Alt-Cannstatt
„Und die Frauen?“
Cannstatter
Frauengeschichte(n)
reloaded
18.05.2019 bis
13.10.2019
Mi 14-16 / Sa 14-17 / So 12-18 Uhr
An Feiertagen Sonderregelungen
STUTTGART

Eine unbekannte Cannstatterin stellt sich im besten „Sonntagsstaat" bei Foto Kleiber der Kamera – sie schließt einen weißen Handschuh und hat den Sonnenschirm keck unter den linken Arm geklemmt. Der Blick geht offen in die Kamera; um 1910 (Vorlage: Sammlung Pro Alt-Cannstatt).

EIN PROJEKT ZIEHT KREISE

Zum Buch und den Aussstellungen

Nun liegt es vor – das lange projektierte „Buch zur Ausstellung". Man muss genauer sein, das „Buch zu den Ausstellungen", für uns Beteiligte hieß es kurz nur „das Frauenbuch". Es ist tatsächlich das erste Buch zur Cannstatter Stadtgeschichte, das „nur" den Frauen gewidmet ist. Von den 58 Biografien, die hier schließlich versammelt sind, waren 56 Teil von insgesamt vier Präsentationen, die zwischen 2017 und 2019 sowohl im Stadtmuseum Bad Cannstatt (zwei Mal) als auch in der Stadtteilbibliothek Bad Cannstatt und in der Galerie Wiedmann als Sonderausstellungen zu sehen waren. Einige, wenige Frauen hatten schon Zeitungsartikel und Aufsätze vorzuweisen, doch viele werden hier zum ersten Mal der Vergangenheit „entrissen".

Wie viele Besucherinnen und Besucher unsere Ausstellungen hatten, wissen wir nicht genau – denn nicht an allen Orten wird gezählt. Doch ist die Zahl von 10.000 nicht zu hoch gegriffen. Immer wieder tauchte die Frage auf, gibt es ein „Buch zur Ausstellung". Unsere Aufsichten bejahten, und mussten dann über Jahre vertrösten. Doch war von Anfang an eine schriftliche Fixierung geplant.

Die Idee zum Ausstellungsprojekt reicht etwa bis in das Jahr 2008 zurück. Damals gestalteten die Stuttgarter Historikerin Claudia Weinschenk und ich für das Stadtmuseum Bad Cannstatt eine Ausstellung über „100 Jahre Seilerviertel". Wir kamen ins Gespräch und stellten fest, dass wir irgendwann und ganz unbedingt eine Frauenausstellung gemeinsam auf die Beine und in die Vitrinen stellen wollten. Jahre vergingen, Projekt um Projekt verzögerte die Umsetzung, aber dabei begegneten mir, und auch Claudia Weinschenk, weitere Frauenbiografien quasi im „Vorbeiflug". Im Vorfeld des Jahres 2018 – Stichwort: Hundert Jahre Frauenwahlrecht in Deutschland – nahm die Idee konkrete Formen an.

In Absprache mit dem damaligen Leiter des Stadtmuseums Bad Cannstatt, Herrn Dr. Manfred Schmid, und dem Vorstand des Vereins Pro Alt-Cannstatt luden wir im Frühjahr 2017 eine interessierte Schar von HistorikerInnen und engagierten „Laien" ins Stadtmuseum, stellten das Projekt vor und verteilten auch schon eine erste Liste mit Namen. Etwa dreißig Biografien könnten wir auf der Wandabwicklung der Sonderausstellungsflächen im Stadtmuseum Bad Cannstatt unterbringen.

Die erste Liste verzeichnete jedoch schon über dreißig Namen und im Laufe des nächsten halben Jahres kamen noch reichlich dreißig weitere Namen hinzu. Wie weitermachen? Und wie das Ganze finanzieren? Das Stadtmuseum Bad Cannstatt trug die Kosten für eine Ausstellung im Stadtmuseum, unterstützt durch Pro Alt-Cannstatt, doch wir wollten wenigstens kleine Honorare auszahlen, eher symbolische Beträge. Und ich begann mich nach weiteren Ausstellungspartnern und -räumlichkeiten umzuschauen, um mehr als dreißig

Frauen vorstellen zu können. Und trat „offene Türen" ein. Die Leitung der Stadtteilbibliothek Bad Cannstatt, bei der Pro Alt-Cannstatt als Kooperationspartner einen guten Ruf hatte, und auch die Verantwortlichen der Galerie Wiedmann zeigten sich angetan von der Idee. Und so eröffneten zeitversetzt vom 11. November 2017 über den 18. und 25. Januar 2018 die Ausstellungen im Stadtmuseum, der Stadtteilbibliothek und schließlich in der Galerie, besonders reizvoll über zwei Ebenen des Künstlerhauses und den Galerieräumen verteilt. Dabei wurden die „Frauen der Feder", Schriftstellerinnen, Dichterinnen, aber auch „Frauen des Wortes" – wie Politikerinnen und Wirtinnen – in der Bibliothek gezeigt, „Frauen der Kunst", wie Bildhauerinnen, Zeichnerinnen, Schauspielerinnen und die wohl erste Filmregisseurin Deutschlands und eine „Grande Dame" des deutschen Designs, die sich als Enkelin von Gottlieb Daimlers zweiter Ehefrau entpuppte, versammelten sich in der Galerie Wiedmann.

Eine Patenschafts-Aktion wurde von Pro Alt-Cannstatt ins Leben gerufen, ein Pressetermin anberaumt, um darauf aufmerksam zu machen. An einem Wäscheseil der Jahrhundertwende aus Cannstatt hatten wir Erinnerungsstücke von Cannstatter Frauen aufgehängt und zeigten sie in die Kamera der Pressefotografen. Die Patenschafts-Aktion (es gab Patenschaften zu 100, 50 und 25 Euro) brachte genug Geld zusammen, um die harten Kosten der beiden anderen Ausstellungen und auch die „Honorare" auszahlen zu können und etwas Geld für „das Buch" zurückzulegen. Mehr als 40 Patinnen und auch Paten fanden sich, die meisten überwiesen den vollen Betrag. Manche hatten persönliche Erinnungen an die geschilderte Frau, andere waren nahe Angehörige oder entfernte Nachfahren, wieder andere wollten das Frauengeschichtsprojekt unterstützen. Ihnen allen gilt unser Dank, die Patinnen und Paten sind beim jeweiligen Kapitel erwähnt.

Ein Team von einem guten Dutzend Frauen und auch Männern recherchierte, führte Interviews und schrieb die Texte, trug Exponate zusammen (manches durften wir für die Sammlung des Vereins behalten), half beim Aufbau und beim Abbau der Ausstellungen, die alle drei um ein paar Wochen verlängert wurden. Außerdem gab es ein Begleitprogramm mit Führungen in den Ausstellungen und im Stadtraum, mit Lesungen und Vorträgen.

Als sich im Jahr 2019 der Beginn der Weimarer Republik zum hundertsten Mal jährte und zahlreiche Veranstaltungen zum Thema „Frauenwahlrecht" und „Frauenemanzipation" in ganz Deutschland stattfanden, entschloss sich die neue Leitung des Stadtmuseums Bad Cannstatt, Frau Dr. Christiane Sutter, wie ihr in den Ruhestand gegangener Vorgänger Herr Dr. Manfred Schmid, Leiterin der Museumsfamilie des „Museums für Stuttgart", zu einer „Frauenausstellung reloaded" und trug einige Themen zu Einkaufswelten und Frauensport bei. Sowohl Herrn Dr. Schmid als auch Frau Dr. Sutter gebührt unser Dank, dass sie ihre Texte für die Buchausgabe zur Verfügung stellten.

Das Buch vereint eine große Breite an unterschiedlichsten Frauenbiografien, die alle mit Cannstatt zu tun haben. Die Frauen sind hier geboren, hier gestorben oder haben einen Großteil ihres Lebens hier verbracht oder zumindest in Cannstatt ihre Spuren hinterlassen, wie Anna Haag mit dem „Anna Haag-Haus". Wir einigten uns darauf nur „historische", d.h., verstorbene Frauen zu beschreiben. Und doch reicht der Reigen über 10 Jahrhunderte bis fast in die Gegenwart, von Uta von Calw bis zu Andrea Sauter, einer der Mitbegründerin-

nen der „Dagobertas". Wir freuten uns besonders, dass uns die Geschichte eines Dienstmädchens aus Cannstatt angeboten wurde, die Enkelin recherchierte in der Familie und viele Familienmitglieder kamen zu einer Sonderführung. Beeindruckend war für uns auch das Leben der Theologin Lenore Volz, die unsere „Leitfrau" für die erste Ausstellung wurde mit dem „schwäbischen Lob", das ihr einst entgegenschallte, nach einer Predigt: „S'isch reacht gwäe!" Sie engagierte sich unermüdlich für die Gleichstellung der Theologinnen in der evangelischen Landeskirche Württembergs. Besonders stolz macht es das Team der Frauenausstellungen, dass sechs Frauen, die wir in den Ausstellungen vorgestellt haben, nach Vorschlag des Bezirksbeirats von Bad Cannstatt und Beschluss des Stuttgarter Gemeinderats im Neubaugebiet „Neckarpark" mit

Pressetermin des Vorbereitungsteams mit Patinnen am 11. April 2017 vor dem Stadtmuseum Bad Cannstatt – v.l.n.r.: Helga Müller, Yvonne Heil, Gaby Leicht, Vera Kauderer, Ursula Hamann, Dr. Manfred Schmid, Gaëlle Duranthon, Olaf Schulze, Sigrid Gruber, Christiane Dressler, Beate Dippold, Inge Utzt (Vorlage: Pro Alt-Cannstatt).

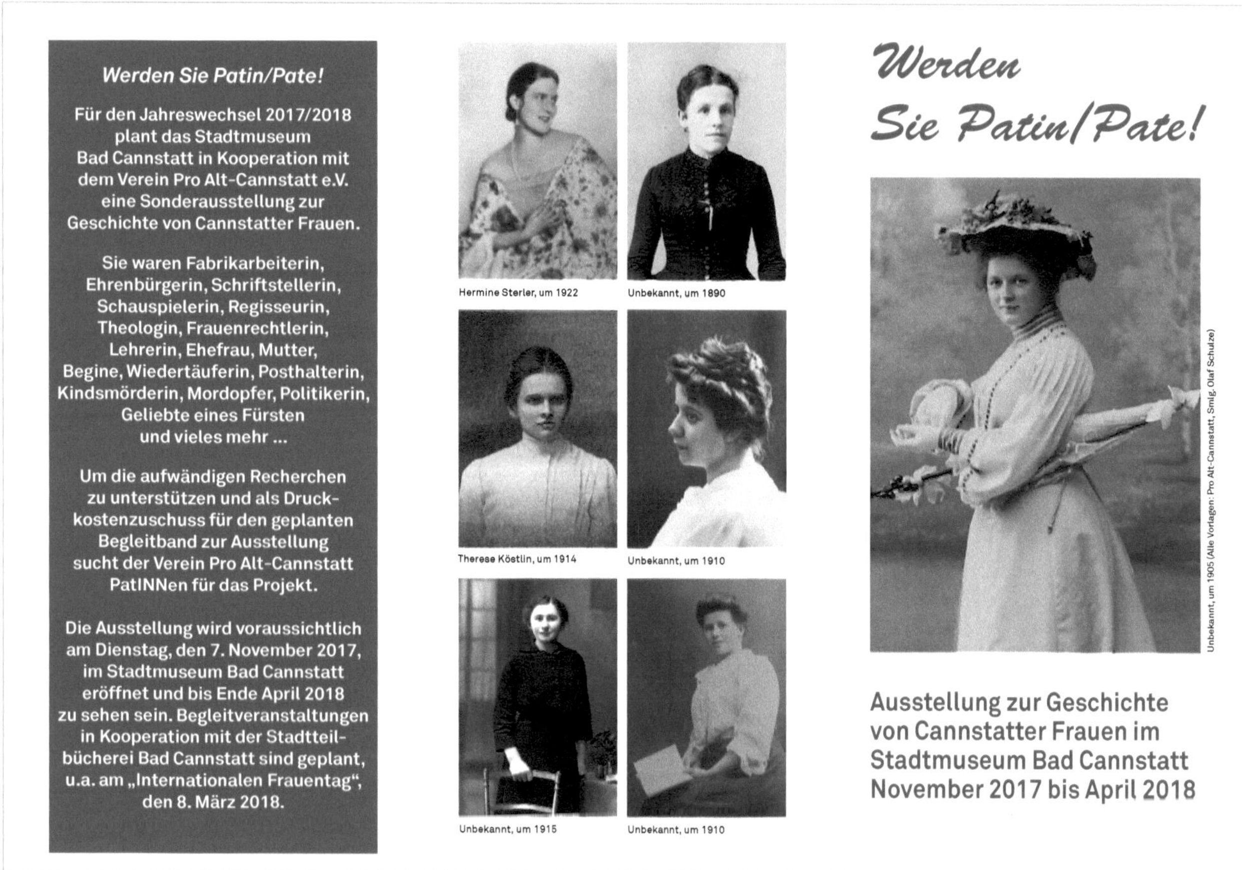
Werden Sie Patin/Pate!

Für den Jahreswechsel 2017/2018 plant das Stadtmuseum Bad Cannstatt in Kooperation mit dem Verein Pro Alt-Cannstatt e.V. eine Sonderausstellung zur Geschichte von Cannstatter Frauen.

Sie waren Fabrikarbeiterin, Ehrenbürgerin, Schriftstellerin, Schauspielerin, Regisseurin, Theologin, Frauenrechtlerin, Lehrerin, Ehefrau, Mutter, Begine, Wiedertäuferin, Posthalterin, Kindsmörderin, Mordopfer, Politikerin, Geliebte eines Fürsten und vieles mehr ...

Um die aufwändigen Recherchen zu unterstützen und als Druckkostenzuschuss für den geplanten Begleitband zur Ausstellung sucht der Verein Pro Alt-Cannstatt PatINNen für das Projekt.

Die Ausstellung wird voraussichtlich am Dienstag, den 7. November 2017, im Stadtmuseum Bad Cannstatt eröffnet und bis Ende April 2018 zu sehen sein. Begleitveranstaltungen in Kooperation mit der Stadtteilbücherei Bad Cannstatt sind geplant, u.a. am „Internationalen Frauentag“, den 8. März 2018.

Hermine Sterler, um 1922

Unbekannt, um 1890

Therese Köstlin, um 1914

Unbekannt, um 1910

Unbekannt, um 1915

Unbekannt, um 1910

Werden Sie Patin/Pate!

Unbekannt, um 1905 (Alle Vorlagen: Pro Alt-Cannstatt, Smlg. Olaf Schulze)

Ausstellung zur Geschichte von Cannstatter Frauen im Stadtmuseum Bad Cannstatt November 2017 bis April 2018

Flyer für die Patenschafts-Aktion (Vorlage: Pro Alt-Cannstatt).

Auf der folgenden Doppelseite: Blicke in die Austellungen (2017/2018); links: Stadtmuseum Bad Cannstatt, rechts oben: Galerie Wiedmann (zu Ida Russka im 1. OG), unten: Stadtteilbibliothek Bad Cannstatt mit Vitrine zu Elisabeth Bergmann (Fotos: Pro Alt-Cannstatt).

Straßennamen geehrt werden. Und auch, dass eine fusionierte evangelische Gemeinde in Bad Cannstatt sich nach Lenore Volz benannte. Das sind Ergebnisse für die Zukunft durch historische Arbeit. Auch hier ein Dank an alle, die daran mitgewirkt haben.

Dieses Buch wurde zwar mit wissenschaftlichen Kriterien erarbeitet, ist aber nicht wissenschaftlich im eigentlichen Sinn. Es fehlen die meisten Quellen, Literaturhinweise – und Anmerkungen sowieso. Die Autorinnen und Autoren versichern aber, dass sie alles, so gut es möglich war, belegen können. Auch ist dieses Buch kein Ausstellungskatalog, es zeigt fast keine Objekte, nur ausgewählte Bilder. Es ist ein durchweg biografisches Werk, durchmischt mit einigen allgemeinen Betrachtungen zu speziellen Themen. Es ist auch kein Handbuch der Cannstatter Frauengeschichte, manche Themen fehlen ganz oder sind nur sehr am Rand berührt. Wir wissen dies und sind die Auswahl eingegangen. Zum Thema Frauenbildung, Schulwesen, zum Thema Verfolgung im Dritten Reich, zu bestimmten Berufen haben wir auch erste Recherchen gemacht, die wir aber nicht weiterverfolgt haben.

Dennoch erschließt sich bei Durchsicht des Bandes die ungeheure Entwicklung auf dem Weg zu mehr Teilhabe in allen Lebensbereichen, die in den letzten zwei Jahrhunderten erfolgte und zu denen auch Cannstatterinnen ihren Beitrag geleistet haben (nicht ohne Rückschläge oder immer noch existente Ungleichbehandlungen) – immerhin haben wir eine „Mutter der Weimarer Republik" und eine „Mutter des Grundgesetzes" unter den Beschriebenen. Dazu eine interessante Vertreterin der bürgerlichen Frauenbewegung um 1900.

Lassen Sie sich, liebe Leserin und lieber Leser, überraschen von der Vielfalt der Frauengeschichten in diesem Buch.

An diesem Buch haben wieder viele mitgearbeitet. Das Impressum verrät die wichtigsten. Der Dank des Vereins Pro Alt-Cannstatt geht auch an die Verlegerin Petra-Marion Niethammer aus Ludwigsburg vom Nikros Verlag, die das Buch gerne in ihr Verlagsprogramm aufnahm und gleich noch einen Beitrag über ihre Mutter, eine Cannstatter Fabrikantentochter, schrieb – ebenso an die Grafikerin Yvonne Heil für das Grundlayout und Carmen Jud für die konkrete Umsetzung. Helga Müller danken wir für das Korrekturlesen und motivierende Kommentare bis zum Schluss.

Olaf Schulze, Historiker und
1. Vorsitzender von Pro Alt-Cannstatt

Stuttgart-Bad Cannstatt,
im Dezember 2020

Genovefa Schauber
Margret Neff, Margarete Lang

Fundstücke, Fragen, Frauenbiographien
Die vorgestellten Frauen
in drei Ausstellungen
Oma Elise glücklich

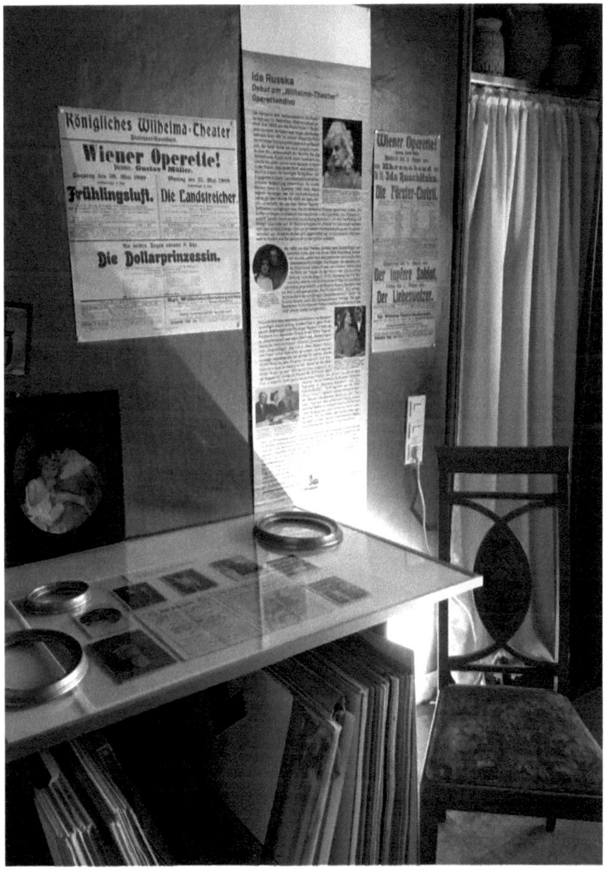
Königliches Wilhelma-Theater
Wiener Operette!
Frühlingsluft.
Die Landstreicher.
Die Dollarprinzessin.
Ida Russka
Wiener Operette!
Der tapfere Soldat.
Der Liebeswalzer.

Wäsche

CANNSTATTER FRAUENGESCHICHTE(N)

Vom Mittelalter bis zur Erhebung
Württembergs zum Königreich

UTA VON CALW

Reiche Erbin und Klosterstifterin – eine Zeile in Cannstatts Geschichte

Pate: Eberhard Köngeter

In der jüngsten Gesamtdarstellung von Jürgen Hagel heißt es: „1132 Cannstatt geht als Heiratsgut der Calwer Grafentochter Uta an die Welfen über." Mehr nicht. Ein Herrschaftsgebiet wechselt seinen Besitzer, eine Stadt geht als Mitgift an den Ehemann und damit an ein anderes Fürstenhaus. Ein gewöhnlicher Vorgang im hohen Mittelalter.

Wer war Uta von Calw, die auch als „Uta von Schauenburg" in die Geschichte eingegangen ist? Sie wurde um 1115, vielleicht auch erst um 1120 geboren. Ihr Vater stammte aus einem der bedeutendsten Grafengeschlechter des süddeutschen Raums in den vorangegangenen rund 150 Jahren, der Grafen von Calw, die über ausgedehnte Besitzungen im mittleren Neckartal verfügten. Gottfried von Calw war von 1113 bis 1126 zudem Pfalzgraf bei Rhein, seine Ehefrau Luitgard war die Tochter des Herzogs Berthold II. von Zähringen.

Uta hatte zumindest zwei Geschwister, Gottfried und Luitgard. Da ihr Bruder lange vor 1132 starb und

Uta von Calw (um 1115/1120 – bald nach 1196), dargestellt als Stifterin des Klosters Allerheiligen, um 1300; seit dem frühen 19. Jahrhundert an der Fassade des Klosters Lichtenthal (Baden-Baden; Foto: privat).

ihre Schwester nur mit einem Ritter verheiratet war, und es nach dem Tod ihres Vaters Gottfried am 6. Februar 1131 wohl keine andere Erben gab, war sie eine gute Partie mit reicher Mitgift. Wer sie ehelichte, würde die Position seiner Familie im südwestdeutschen Raum ausbauen können. Doch sie war schon versprochen. Und zwar an Welf VI.

Uta war, im Falle einer Geburt um 1120, gerade einmal sechs Jahre alt, als die Verhandlungen liefen, vorangetrieben durch den älteren Bruder von Welf VI., Heinrich den Stolzen, der die Position der Welfen gegenüber den Staufern ausbauen wollte. Vollzogen wurde die aus rein machtpolitischen Gründen geschlossene Ehe wohl fünf Jahre später. Die junge Uta wurde so die Tante des späteren Kaisers Friedrich Barbarossa und von Heinrich dem Löwen. Nach dem Tod Gottfrieds von Calw 1131 fielen dessen Besitztümer an den Schwiegersohn Welf VI., darunter zum Beispiel Weinsberg und Biberach, aber eben auch Cannstatt und zahlreiche Gemeinden im Umland, wie Fellbach, Botnang, Plieningen, Echterdingen, Möhringen.

Von zwei Kindern sind die Namen überliefert. Die um 1135 geborene Elisabeth wurde eine der Stammmütter der Habsburger. Um 1140 kam Utas einzig überlebender Sohn Welf VII. zur Welt. 1152 wurde ihr Ehemann Herzog von Spoleto und Markgraf von Tuscien und war einer der mächtigsten Fürsten im Reich.

Herzog Welf VI. (1115-1191), Idealporträt im Stifterbüchlein des Klosters Weingarten (um 1500; Vorlage: Württembergische Landesbibliothek Stuttgart).

Welf VI. stritt mit Utas Vetter Graf Adalbert von Calw um ihr Erbe. Uta fand dabei keine Erwähnung. Erst Jahrzehnte später, nach dem Tod des Sohnes Welf VII. im Jahr 1167, der den Vater völlig aus der Bahn warf, wurde in der „Historia Welforum" wieder über sie berichtet. Welf VI., der von ihr keinen Erben mehr erwarten konnte, habe sich von ihr abgewandt den Verkehr mit anderen Frauen vorgezogen – „zumal seine Liebe zu ihr gering war". Erst 1180 habe er sich wieder reuevoll mit ihr versöhnt, der „edlen und reinen Frau". Wo sie in der Zwischenzeit lebte, wird nicht erwähnt. Welf wies Burg Schauenburg in der Ortenau seiner Frau als Wohnsitz zu, die deshalb auch „Herzogin von Schauenburg" genannt wird. 1196, fünf Jahre nach dem Tod Welfs VI., stiftete Uta im Lierbachtal bei Oppenau das Kloster Allerheiligen, ein Prämonstratenser-Chorherrenstift, und starb bald darauf.

Text: Olaf Schulze

Die Ruine des Klosters Allerheiligen, Postkarte um 1920 (Vorlage: privat). Die lokale Gründungssage weiß zu berichten, Uta habe einen Esel mit einem Geldsack (das Bargut zur Klosterstiftung) beladen und unter Beobachtung ins Gebirge schicken lassen. Der Esel habe den Sack endlich auf dem mühevollen Weg über den Schwarzwaldkamm abgeworfen, dieser sei zu Tal gerollt, und wo der Sack anhielt, wurde das Kloster errichtet. Das Kloster wurde 1802 durch Markgraf Carl-Friedrich von Baden im Zuge des Reichsdeputationshauptschlusses aufgelöst und zehn Jahre später auf Abbruch versteigert, so dass sich von Utas Gründung nur malerische Ruinen erhalten haben.

Klosterruine Allerheiligen.
i. Schwarzwald, 620 m

FRAUEN IM SPÄTMITTELALTER UND IN DER FRÜHEN NEUZEIT

Frauen waren in der mittelalterlichen Gesellschaft ganz selbstverständlich sichtbar. Die vorwiegend agrarisch geprägte mittelalterliche Gesellschaft war darauf angewiesen, dass alle Menschen arbeiteten, also auch Frauen (und auch Kinder). Das „ganze Haus", die Lebensgemeinschaft aus mehreren Generationen inklusive Dienstboten, hätte sonst nicht überleben können. Es gab zwar geschlechtsspezifisch unterschiedliche Arbeitsbereiche: Frauen oblagen eher die Arbeiten im Haus und nahe des Hauses, während Männer die etwas entfernter gelegenen Arbeiten verrichteten. Da aber nur das Zusammenwirken aller Arbeitsbereiche das Überleben des gesamten Hauses sicherte, wurden die Arbeitsbereiche als weitgehend gleichwertig angesehen.

Ein Altar wird in die Stadtkirche gestiftet
(Urkunde, Konstanz, 23. Mai 1393):

„Heinrich Goldast, domdekan, und das kapitel zu Konstanz gibt seine zustimmung, daß Diethold schultheiß und bürger zu Cannstadt, dessen frau Hedwig und deren tochter Greta einen altar zu ehren der muttergottes, der Heiligen Jakobus Apostel und Barbara in der Pfarrkirche Cannstatt datum den 23. April 1394 gestiftet und bewidmet haben."

Aus den Regesten zur Geschichte der Bischöfe von Konstanz, Innsbruck 1913.

An der Nordseite der Uffkirche befindet sich das Grabmal des Cannstatter Bürgermeisters Jakob Speidel (1538-1613) und seiner beiden „ehelichen Hausfrauwen", Sybille Neuhäuser (gest. 1573) aus Augsburg und Barbara Vollmer (gest. 1617) aus Esslingen – die Frauen und die Männer knien bei solchen Darstellungen immer auf getrennten Seiten unter dem Kruzifix, die Männer zur Rechten Christi, die Frauen zur Linken (Foto: Pro Alt-Cannstatt).

In den entstehenden Städten arbeiteten Frauen darüber hinaus in den Handwerksbetrieben ihrer Väter, Brüder oder Männer mit. Einige Frauen waren sogar als Ärztinnen, Rechtsanwältinnen oder ähnlich qualifizierten Berufen tätig. Handwerkerwitwen konnten den Betrieb ihres verstorbenen Mannes weiterführen, wenn sie einen (männlichen) Meister einstellten. Aus einigen Städten, wie z.B. Köln, ist die Existenz von Frauenzünften überliefert.

Frauen waren grundsätzlich rechtsfähig. Sie standen allerdings unter der Vormundschaft eines Mannes und mussten von diesem vor Gericht vertreten werden. Seit dem 12. Jahrhundert waren Frauen erbberechtigt und konnten über ihr Vermögen frei verfügen. Das ermöglichte unter anderem die Beteiligung von Frauen an religiösen Bewegungen. Für Cannstatt relevant ist hier das Beginenwesen. Eine politische Mitwirkung war Frauen allerdings verwehrt.

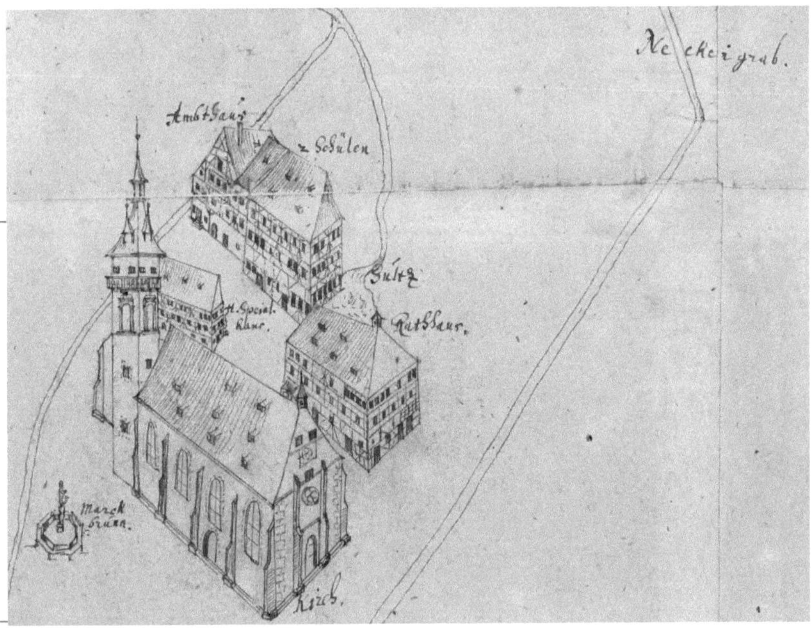

Stadtkirche, Rathaus, Schule, Amtshaus und Dekanat, das politische und religiöse Zentrum Cannstatts auf einem Plan von Georg Wilhelm Kleinsträttl, 1655 (Foto: Hauptstaatsarchiv Stuttgart) – die Stadtkirche Cosmas und Damian war Ort zahlreicher Altarstiftungen vor der Reformation. Zur Zeit der Stiftung der Familie von Diethold Schultheiß stand noch der Vorgängerbau, die heutige Kirche wurde ab etwa 1465 errichtet.

Lavierte Zeichnung der Uffkirche aus der Zeit um 1830, rechts gut zu erkennen das alte Friedhofstor aus der Zeit der Renaissance an der Waiblinger Straße (Vorlage: privat).

Die Priester und ihre „Weibspersonen" (aus dem Konzeptbuch des Bistums Konstanz, 15. Mai 1444):

„Johann Murer, Konrad Maiger, Petrus Sartoris, Johann Lemp, Heinrich Sartoris, Johann Schichter, Rueger von Staig und andere befründete Priester (... aus dem Dekanat Cannstatt ...) tragen vor: sie haben kürzlich das bischöfl. mandat wegen konkubinat und halten verdächtiger weiber mit den angedrohten strafen erhalten; sie bekennen sich als öffentlich schuldig; (...) sie bitten um absolution: wird gewährt, auflage die verdächtigen weibspersonen zu entfernen und ein priesterl. leben zu führen."

Aus den Regesten zur Geschichte der Bischöfe von Konstanz, Innsbruck 1941.

Die Veränderung in der beruflichen Situation von Frauen und damit auch ihrer Sichtbarkeit innerhalb der Gesellschaft begann im 13./14. Jahrhundert mit der Gründung der ersten Universitäten, von denen Frauen ausgeschlossen waren. Bis ins 16. Jahrhundert, also zu Beginn der als „Frühe Neuzeit" bezeichneten Epoche, war die Entwicklung hin zu standardisierten Berufsabschlüssen weitgehend abgeschlossen. Nun durften nur Universitätsabsolventen qualifizierte Berufe ausüben. Da Frauen der Zugang zu Universitäten verwehrt war, konnten sie nun nur noch gering bezahlte und abhängige Berufe ausüben.

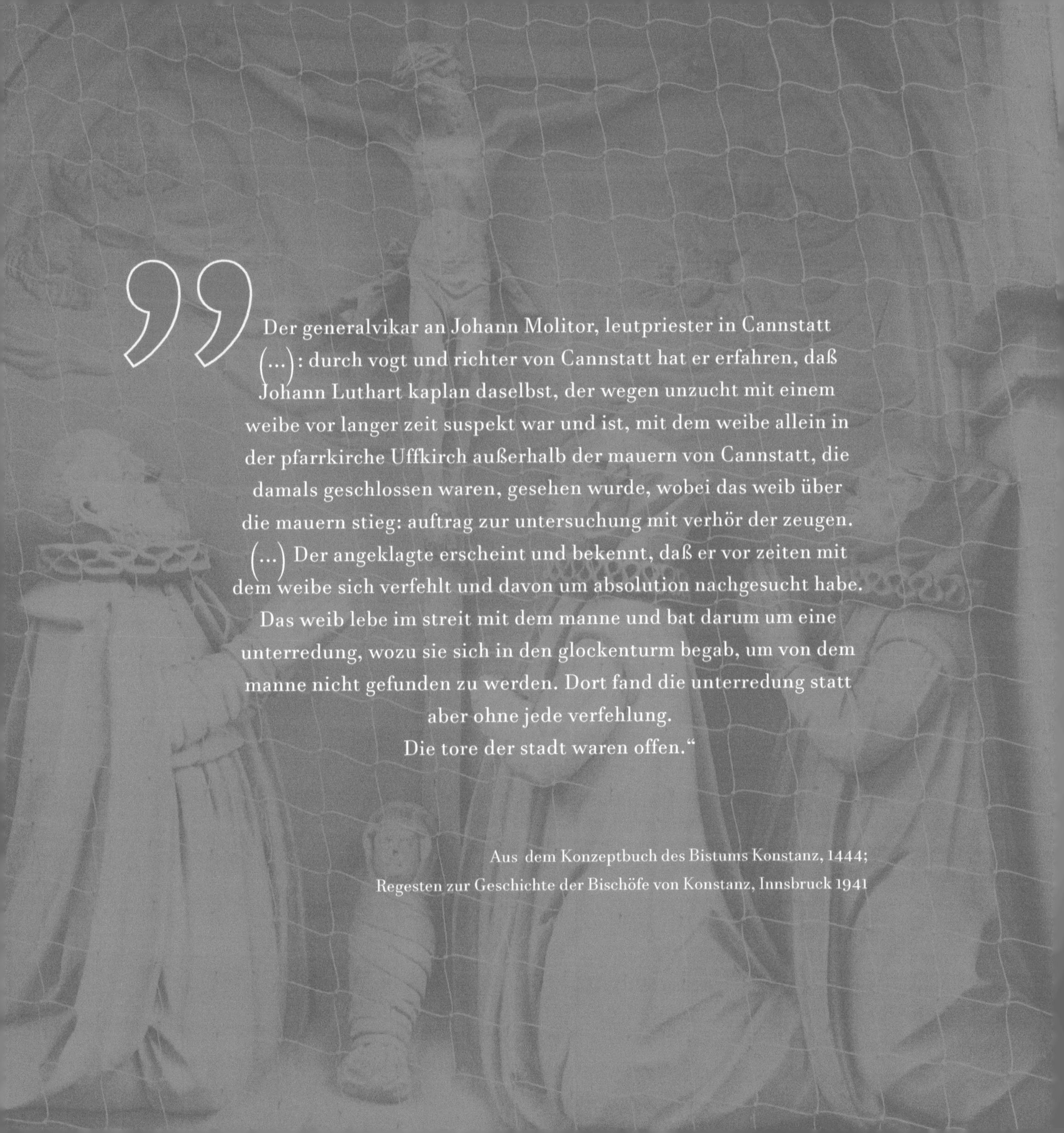

„Der generalvikar an Johann Molitor, leutpriester in Cannstatt (...): durch vogt und richter von Cannstatt hat er erfahren, daß Johann Luthart kaplan daselbst, der wegen unzucht mit einem weibe vor langer zeit suspekt war und ist, mit dem weibe allein in der pfarrkirche Uffkirch außerhalb der mauern von Cannstatt, die damals geschlossen waren, gesehen wurde, wobei das weib über die mauern stieg: auftrag zur untersuchung mit verhör der zeugen. (...) Der angeklagte erscheint und bekennt, daß er vor zeiten mit dem weibe sich verfehlt und davon um absolution nachgesucht habe. Das weib lebe im streit mit dem manne und bat darum um eine unterredung, wozu sie sich in den glockenturm begab, um von dem manne nicht gefunden zu werden. Dort fand die unterredung statt aber ohne jede verfehlung.
Die tore der stadt waren offen.“

Aus dem Konzeptbuch des Bistums Konstanz, 1444;
Regesten zur Geschichte der Bischöfe von Konstanz, Innsbruck 1941

Eine Absatzkrise von Handwerksartikeln im 17. Jahrhundert verschärfte die Situation. Mithelfende Frauen wurden aus den Handwerksbetrieben verdrängt und auf Reproduktionstätigkeiten in Haushalt und Familie reduziert. Die Anzahl der als „arm" klassifizierten Frauen stieg.

Die Verdrängung der Frauen aus der Öffentlichkeit wurde von der protestantischen Gesellschaftsordnung unterstützt. War die Ehe bislang nur eine der möglichen Formen des Zusammenlebens, so wurde sie nun für alle Schichten zwingend. Eine Frau wurde nur durch die Eheschließung als „richtige Person" anerkannt. Nur durch den Status „Ehefrau" konnte eine Frau gesellschaftliche Akzeptanz erlangen. Gleichzeitig wurde die Frau „biologisiert" und ihr aufgrund ihrer Physis ausschließlich reproduktive Tätigkeit zugestanden. Ebenfalls mit der Reformation einher ging eine Umwandlung des örtlichen Sozialwesens. Hatten zuvor Frauen, allen voran Beginen, selbstständig Krankenpflege und andere soziale Pflichten übernommen, gingen diese Arbeitsbereiche nun in städtische Trägerschaft über. Als Beispiel für Cannstatt mag das städtische Spital dienen, das seinen Sitz in einem ehemaligen Beginenhaus hatte. Frauen, die dort in der Pflege arbeiteten, waren nun abhängig beschäftigt.

In der mittelalterlichen Gesellschaft bildeten die Frauen des Hochadels eine Ausnahme. Der Hochadel war die einzige Bevölkerungsschicht, in der eine strikte geschlechtsspezifische Aufgabenverteilung herrschte: Männer hatten Kriege zu führen und das Territorium zu verteidigen oder zu vergrößern, Frauen hatten über Geburten den Erhalt der Familie zu sichern. Nur Frauen des Hochadels konnten sich „Bildung" leisten, neben Mönchen wurden sie zu Trägerinnen der Bildung (und Adressatinnen der Minnesänger).

Nur Frauen des Hochadels hatten politische Mitwirkungsmöglichkeiten. Während der häufigen kriegsbedingten Abwesenheiten ihrer Ehemänner wirkten hochadlige Frauen oft als Regentinnen des Territoriums. In der Frühen Neuzeit hatten adlige Frauen (nicht nur des Hochadels) vielfältige politische Einflussmöglichkeiten. Vor allem bei Verhandlungen über Eheschließungen waren sie federführend. Erst in jüngerer Zeit wird dies erforscht. In die Frühe Neuzeit fällt auch die Zeit der Hexenverfolgungen, die von beiden Kirchen unterstützt wurden und denen zu einem hohen Prozentsatz Frauen zum Opfer fielen. In der Forschung wird bis heute kontrovers diskutiert, inwieweit hier Menschen diszipliniert wurden, die sich der ‚herr'schenden Gesellschaftsordnung nicht unterwarfen.

Text: Claudia Weinschenk

Das Testament einer Cannstatterin aus der Zeit des Dreißigjährigen Krieges, 28. April 1630 (Foto: Stadtarchiv Stuttgart). Als die Besitzerin des „Klösterles" Anna Wacker am 1. Mai 1630 starb, hatte sie zwei Testamente hinterlassen. Im ersten Testament aus dem Jahr 1622 hatte sie ihre Brüder weitgehend enterbt, jedem sollte nur ein vergleichsweise geringer Betrag von 100 Gulden zustehen, den gesamten restlichen Besitz vermachte sie ihrem Ehemann Johann Pfeiffer. Nur einige Tage vor ihrem Tod aber, am 28. April 1630, änderte sie ihre Meinung und vermachte Pfeiffer nur die Hälfte ihres Vermögens, ihre beiden Brüder sollten je ein Viertel erben. Allerdings hatte ihr Mann das lebenslange Nutzungsrecht für ihre Güter. In ihrem ersten Testament hatte sie 1622 einige ihre Kleider ihrer Magd Katharina Fischer zugedacht. 1630 wurde diese allerdings wieder enterbt, weil sie sich „seidhero nit wie sichs gebürth verhalten" und sich „Hüerischer weiß" an einen Soldaten „gehenckhet" hatte.

Anderwertige Dispositio.

Frawen Annæ, Herrn Johann Pfeisters Haußfrawen Nach Ihrem seeligen Hinscheiden Zueröffnen.

Zuewissen, daß Mitwochs denn Acht: vnnd
Zwainzigisten Aprilis, Anno ain Tausendt sechß,
hundert vnnd dreyßig, Mittags zue ailff Uhren,
wir subsignirte Gerichtsmänner vnnd Statt,,
,,schreiber, vff hergegangene requisition, der
Ehr: vnnd Tugendtsamen, Frawen Annæ,
Herrn Johannis Pfeisters burgermaister Ambts,
,verwesers alhie, Ehelicher Haußfrawen, in
Ihrer behausung, bey dem Vndern: vnd Brückhen,,
thor, zu Ihrer Vndern Cammer erschienen
,,die Zwar etwaß kranckh, doch ainem Leibs sie-,
nich, jedoch richtigen vnnd guten ohnmangelhafften

BEGINEN IN CANNSTATT

1541 wurde die karitative Frauengemeinschaft aufgelöst

Patin: Ursula Fuhrer / Pate: Reinhard Staib

Nur wenige Zeugnisse über die Cannstatter Beginen sind überliefert. Es wird von (maximal) drei Beginengemeinschaften in der Stadt berichtet, die aber vermutlich nicht gleichzeitig bestanden. Die älteste befand sich wohl in der Brählesgasse, eine andere auf dem Gelände Überkinger Straße 16 mit einem Zugang von der Brunnenstraße. Das Haus der Letzteren ging nach der Auflösung der Beginengemeinschaften in Württemberg durch Herzog Eberhard 1541 in den städtischen Armenkasten über. Ob das „Klösterle", wie der volkstümliche Name des Gebäudes vermuten lässt, wirklich Wohn- und Arbeitsstätte einer Beginengemeinschaft war, ist mittlerweile umstritten.

Beginen waren unverheiratete Frauen und Witwen aller Stände, die alleine oder in Gemeinschaften ein frommes Leben führten, ohne einer kirchlichen Ordensgemeinschaft anzugehören, die also kein Gelübde ablegten und keine approbierten Regeln befolgten.

Frauen, die ehelos bleiben und ein religiöses Leben führen wollten, hatten bislang nur die Möglichkeit, als Nonne in ein Kloster einzutreten oder als Klausnerin oder Einsiedlerin unter der Kontrolle eines Abtes oder

Ein Beginn.

EIn ander Weiber Orden war/
Die hatten sich begeben zwar
Ein zeitlang ins Kloster Leben
Nach grosser Frombkeit zu streben/

Wann sie nun die Gottseligkeit
Erlehrnet im Beginnen Kleid/
Dann war es jhnen keine Schand/
Sich zu begeben in Ehstand.

„Ein Beginn" – Darstellung einer Begine mit Rosenkranz aus dem „Frauen-Trachtenbuch" von Jost Amann, Frankfurt a.M. 1586.

einer Äbtissin zu leben. Beides war verbunden mit einer strikten Abkehr von der Außenwelt. Der Eintritt in ein Kloster war zudem nur Frauen aus dem Hochadel möglich, da nur sie die hohe Mitgift, die die Klöster verlangten, bezahlen konnten. Aber auch die neu entstandenen Bettelorden, deren Ziel es war, innerhalb der Gesellschaft tätig zu sein, weigerten sich lange, Frauen aufzunehmen. Die frühesten zeitgenössischen Berichte über Frauen, die, ohne ein Gelübde abgelegt zu haben, ein frommes Leben führten und die Beginen genannt wurden, stammen aus der Zeit um 1200 aus der Diözese Lüttich.

In einer Untersuchung über die Beginengemeinschaften im deutschen Sprachraum (ohne Berücksichtigung der deutschsprachigen Schweiz) sind 636 Orte mit rund 1000 Beginengemeinschaften aufgeführt, davon über 150 Orte im heutigen Baden-Württemberg und knapp 20 Orte in unmittelbarer Nähe von Stuttgart. Erste urkundliche Nennungen von Beginen in Württemberg gibt es 1255 für Dornstetten und 1261 für Lustnau. Ende des 15. Jahrhunderts gab es in jeder fünften (Alt-)Württembergischen Gemeinde mindestens ein Beginenhaus.

„Wegen der Schwestern der dritten Regel S. Francisci des Hauses zu Stuttgart" – aus den Bestimmungen für die Beginen in Stuttgart, 1. April 1495:

„Es sollen nicht über 12 Schwestern im Hause sein; bedünkt es die Schwestern nötig, mehr als 12 darin zu haben, so sollen sie das vor Vogt und Gericht bringen (...). Wer in der Nacht zu einem Kranken 2 Schwestern begehrt, soll sie selber oder durch ehrbare Botschaft ‚erfordern' mit brennendem hellem Licht ‚heim in sein Haus beleiten und führen', darin ehrbarlich halten, mit Essen und Trinken nach Notdurft versehen, so lange er ihrer bedarf, und sie dann wieder heimgeleiten. Wer nur Eine bei dem Kranken haben will, der soll dennoch zwei nehmen, die mit einander bis in sein Haus oder davor gehen; dann soll er die andere wieder heimgeleiten. Schwestern, die ins Haus aufgenommen werden, sollen in der Kirche des Spitals ‚nit mit pump und hochfahrt', sondern ‚schlecht' und demütiglich eingesegnet und angethan werden, wie von alters herkommen ist."

Aus: Dr. Adolf Rapp (Bearb.): Urkundenbuch der Stadt Stuttgart, Stuttgart 1912; S. 591 f.

Beginen lebten meist innerhalb eines Ortes. Die einzelnen Beginengemeinschaften erarbeiteten sich gemeinschaftlich ein Regelwerk, das das alltägliche Leben regeln sollte und Bestimmungen über Ein- und Austritt aus der Gemeinschaft enthielt. Über die Einhaltung der Regeln wachte eine von der Gemeinschaft gewählte Meisterin. Inwieweit die einzelnen Gemeinschaften Kontakt untereinander pflegten, ist ungeklärt. Gewiss ist aber, dass die Regelwerke oder Statuten nur für die Gemeinschaft galten, in denen sie erarbeitet wurden. Zentral für alle Beginen war es, die Tugenden Armut, Keuschheit und Demut zu leben und sich ihren Lebensunterhalt selbst zu verdienen. Im Mittelpunkt des alltäglichen Lebens standen neben außer- und innerhäuslicher Arbeiten Gebet, Gottesdienst und Meditation. In Beginenkonventen bewohnten Gruppen von Frauen, in unserem Raum meist etwa 10 Frauen, gemeinsam ein Haus mit Wirtschaftsgebäuden. Die Vermögensverhältnisse der einzelnen Konvente waren sehr unterschiedlich. Wohn- und Wirtschaftsgebäude wurden meistens von vermögenden Bürgern gestiftet, die sich dadurch einen Bonus für ihr See-

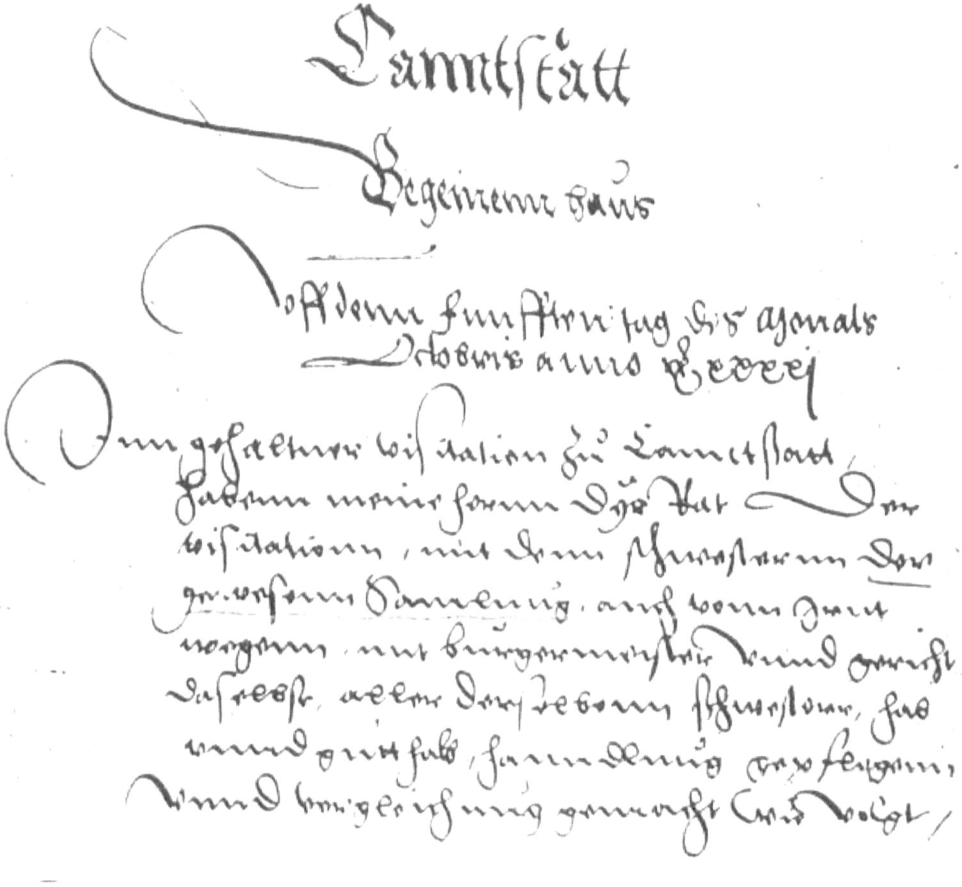
Canntstatt
Beginenn haus

Eintrag zum Beginenhaus in „Canntstatt" vom 5. Oktober 1541, Visitationsbericht in Stadt und Amt Cannstatt, Lagerbuch H 102/18, Bd. 16 (Vorlage: Hauptstaatsarchiv Stuttgart).

lenheil erhofften. Teil der Stiftung war oft, dass die Gemeinschaft Seelmessen für den Stifter lesen ließ. Anders als Klöster haben Beginenkonvente deshalb keinen eigenen Baustil.

Vermögende Frauen, die in eine Gemeinschaft eintraten, konnten, mussten aber nicht, ihr Vermögen in die Gemeinschaft einbringen und es, falls sie die Gemeinschaft wieder verlassen wollten, zumindest zum Teil auch wieder mitnehmen. Mit dem so entstandenen Gemeinschaftseigentum konnten dann weitere Gebäude und Ländereien gekauft werden. Die Aufnahme in ein Beginenkonvent war aber nicht an Vermögen gebunden.

Darüber hinaus erarbeiteten sie sich ihren Lebensunterhalt selbst. Sie betrieben Landwirtschaft und unterhielten manchmal große landwirtschaftliche Betriebe – die Gemeinschaft in Dornstetten besaß in den Jahren 1400 und 1500 den größten Bauernhof des Orts. Sie betrieben handwerkliche Arbeiten, vorwiegend im Textilgewerbe, aber auch in anderen Handwerken – für Hamburg und Köln sind Beginen als Bierbrauerinnen nachgewiesen –, und wurden dabei oft zur Konkurrenz der Zünfte, so dass die Produktionsmöglichkeiten der Beginen teilweise von den Magistraten eingeschränkt wurden. In Stuttgart wurde 1515 bestimmt, dass vier Schwestern sich einen Webstuhl teilen mussten, damit, wie es heißt, auch die anderen Einwohner sich ohne „Verhinderung" ernähren könnten. In Württemberg waren die Beginen nach der Neuordnung des Schulwesens zu Beginn des 16. Jahrhunderts auch für die Erziehung und den Unterricht von Mädchen zuständig. Nur selten aber konnten Beginengemeinschaften durch ihre Arbeit mehr als ein bescheidenes Auskommen erzielen.

Bis heute am bekanntesten und ein sehr wichtiger Lebens- und Erwerbszweig der Beginen war ihr karitatives Wirken, eng verknüpft mit ihrem spirituellen Leben. Beginen arbeiteten in der Krankenpflege und im Totendienst – sie hielten Totenwachen, wuschen und bekleideten die Toten. Damit erfüllten sie für die größer gewordenen Städte eine nicht zu unterschätzende Sozialfunktion, die die weltliche Gesellschaft in diesem Umfang nicht hätte leisten können.

Schon früh befand sich die Lebensweise der Beginen in der Kritik der Kirche. Beginen wurden der Häresie, also der Abweichung von den Grundlehren der römischen Kirche, beschuldigt. Es gab immer wieder Vorbehalte, Verbote, Repressionen und Verfolgungen von Beginengemeinschaften, die lokal und regional unterschiedlich ausfielen.

Krankensaal in einem Spital, im Vordergrund wird ein Toter in ein Leichentuch eingenäht, eine Arbeit, die häufig von Beginen übernommen wurde (Holzschnitt um 1500, aus Jehan Petit: Saint-Gelais, le Vergier d'Honneur).

Beginen beim Spinnen,
Holzschnitt 15. Jahrhundert.

In Württemberg mit den zwar vielen, aber sehr kleinen Gemeinschaften scheinen sich diese Behinderungen nur wenig ausgewirkt zu haben. Ein Grund könnte die dörfliche Struktur der Orte sein, in denen die Frauen, die aus dem Ort selbst oder aus Nachbarorten stammten, bekannt waren. Die württembergischen Beginen scheinen allerdings auch „brav" gewesen zu sein – in den wenigen überlieferten Quellen gibt es keinerlei Hinweise auf Anklagen wegen Ketzerei.

Die Verunsicherung durch die undurchsichtige Rechtslage und die Gefahr der Verfolgung bewogen viele Beginengemeinschaften, sich einem der Bettelorden anzuschließen, entweder als Nonnen in einem bestehenden Kloster oder als sogenannte Tertiarinnen, die nun, ohne ein Gelübde abgelegt zu haben, ein Leben innerhalb der Welt nach den jeweiligen Ordensregeln führten.

Mit der Reformation veränderten sich Status und Lebensführung von Beginen. Während in Gebieten, die dem alten Glauben anhingen, Beginengemeinschaften noch längere Zeit bestehen bleiben konnten, wurden sie in reformierten Staaten häufig aufgelöst. Die reformierte Kirche lehnte das Buß- und Ablasswesen der mittelalterlichen römischen Kirche ab. Beginengemeinschaften aber bezogen einen Teil ihrer wirtschaftlichen Grundlage aus Stiftungen, die reiche Bürger ihnen zu ihrem Seelenheil erbrachten.

In Württemberg nahm das Beginenwesen mit der Reformation ein Ende. 1541 verfügte Herzog Ulrich, dass alle Beginenkonvente geschlossen werden sollten. Die dort noch wohnenden Frauen sollten ein Wohnrecht auf Lebenszeit erhalten. Neue Frauen aber durften nicht mehr aufgenommen werden. Die letzten Cannstatter Beginen sind in diesem Erlass namentlich genannt.

Text: Claudia Weinschenk

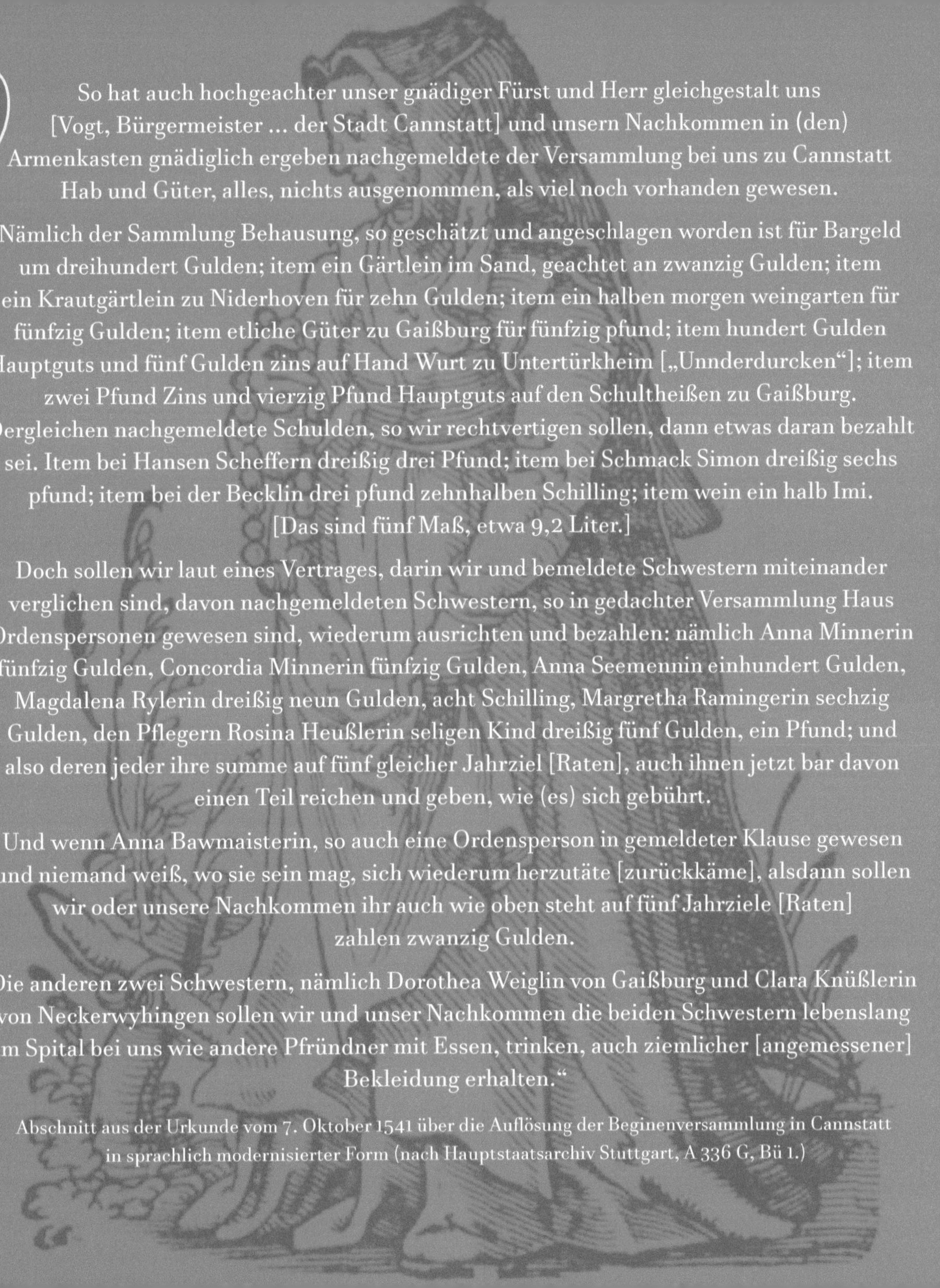

„So hat auch hochgeachter unser gnädiger Fürst und Herr gleichgestalt uns [Vogt, Bürgermeister … der Stadt Cannstatt] und unsern Nachkommen in (den) Armenkasten gnädiglich ergeben nachgemeldete der Versammlung bei uns zu Cannstatt Hab und Güter, alles, nichts ausgenommen, als viel noch vorhanden gewesen.

Nämlich der Sammlung Behausung, so geschätzt und angeschlagen worden ist für Bargeld um dreihundert Gulden; item ein Gärtlein im Sand, geachtet an zwanzig Gulden; item ein Krautgärtlein zu Niderhoven für zehn Gulden; item ein halben morgen weingarten für fünfzig Gulden; item etliche Güter zu Gaißburg für fünfzig pfund; item hundert Gulden Hauptguts und fünf Gulden zins auf Hand Wurt zu Untertürkheim [„Unnderdurcken“]; item zwei Pfund Zins und vierzig Pfund Hauptguts auf den Schultheißen zu Gaißburg. Dergleichen nachgemeldete Schulden, so wir rechtvertigen sollen, dann etwas daran bezahlt sei. Item bei Hansen Scheffern dreißig drei Pfund; item bei Schmack Simon dreißig sechs pfund; item bei der Becklin drei pfund zehnhalben Schilling; item wein ein halb Imi. [Das sind fünf Maß, etwa 9,2 Liter.]

Doch sollen wir laut eines Vertrages, darin wir und bemeldete Schwestern miteinander verglichen sind, davon nachgemeldeten Schwestern, so in gedachter Versammlung Haus Ordenspersonen gewesen sind, wiederum ausrichten und bezahlen: nämlich Anna Minnerin fünfzig Gulden, Concordia Minnerin fünfzig Gulden, Anna Seemennin einhundert Gulden, Magdalena Rylerin dreißig neun Gulden, acht Schilling, Margretha Ramingerin sechzig Gulden, den Pflegern Rosina Heußlerin seligen Kind dreißig fünf Gulden, ein Pfund; und also deren jeder ihre summe auf fünf gleicher Jahrziel [Raten], auch ihnen jetzt bar davon einen Teil reichen und geben, wie (es) sich gebührt.

Und wenn Anna Bawmaisterin, so auch eine Ordensperson in gemeldeter Klause gewesen und niemand weiß, wo sie sein mag, sich wiederum herzutäte [zurückkäme], alsdann sollen wir oder unsere Nachkommen ihr auch wie oben steht auf fünf Jahrziele [Raten] zahlen zwanzig Gulden.

Die anderen zwei Schwestern, nämlich Dorothea Weiglin von Gaißburg und Clara Knüßlerin von Neckerwyhingen sollen wir und unser Nachkommen die beiden Schwestern lebenslang im Spital bei uns wie andere Pfründner mit Essen, trinken, auch ziemlicher [angemessener] Bekleidung erhalten.“

Abschnitt aus der Urkunde vom 7. Oktober 1541 über die Auflösung der Beginenversammlung in Cannstatt in sprachlich modernisierter Form (nach Hauptstaatsarchiv Stuttgart, A 336 G, Bü 1.)

GENOVEFA SCHAUBER & MARGRET NEFF, MARGARETE LANG

Wiedertäuferinnen … … und Anhängerinnen Schwenckfelds

Das stattliche Brückentor diente auch als Gefängnis für Wiedertäufer und Schwenckfelder beiderlei Geschlechts, Detail aus einer stilisierten Ansicht „Kantstats" auf einer nach Entwürfen des Formschneiders Lang hergestellten Kartentafel des Herzogtums Württemberg, nach 1553.

Patin: Dr. Nicole Bickhoff

Am 2. Februar 1535 war an der Stiftskirche in Stuttgart und der Cannstatter Stadtkirche die letzte katholische Messe gefeiert worden. Im Laufe der nächsten sechs Jahre vollzog sich auch in der Amtsstadt Cannstatt der Wandel hin zum evangelischen Glauben, ein langsam vorangehender Prozess, der mit der Überschreibung aller Kirchengüter und Stiftungen in den städtischen Armenkasten 1541 einen gewissen Abschluss fand. Doch der Weg Luthers und seiner Anhänger war nicht der einzig mögliche Weg in dieser Zeit. So gab es Anfang der 1540er Jahre in der Stadt Cannstatt eine Gemeinde von rund 50 Anhängern, Männern und Frauen, der Schwenckfeldschen Glaubensrichtung, benannt nach Caspar von Schwenckfeld (1490-1561), dessen Abendmahlsverständnis 1525 zum Bruch mit Luther geführt hatte. Auch war sein spiritualistischer Ansatz und die Ablehnung jeder organisierten Kirche ein interessanter neuer Weg. Die Masse der Cannstatter Schwenckfelder waren eher „kleinere Leute", der „Buchführer" Andreas Neff, Barthel Binder, genannt Bechtle, der Schuhmacher Gall Dietz und Hans Koch, der später zu den Wiedertäufern übertrat. Sie besaßen allesamt eher kleinere Häuser im Wert von 100 bis 150 Gulden. Aber auch einige Ratsmitglieder sympathisierten mit den neuen Ideen. 1544 ging Herzog Ulrich massiv gegen die Cannstatter Schwenckfelder vor.

Zuvor schon hatte ab den späten 1520er Jahren die Täuferbewegung in der Reichsstadt Esslingen, aber auch im Remstal Fuß gefasst und manchen Bewohner aus den Dörfern des Amts und auch einige wenige aus Stadt Cannstatt für sich gewinnen können. Die Täufer wurden auch „Wiedertäufer" genannt, da sie sich als Erwachsene bewusst durch eine erneute Taufe für Christus entschieden und ihre eigenen Kinder erst als Erwachsene der Taufe zuführen wollten. Sie hatten ihre Versammlungen oft an „geheimen" Orten im Freien, wie der „Eiche im Esslinger Wald". Hartnäckiges Täufertum konnte in Württemberg mit dem Tode bestraft werden. So geschehen mit dem charismatischen Augustin Bader, einem Weber und Kürschner aus Augsburg, der sich selbst als Prophet und zukünftigen König in einem nahen Endreich sah und am 30. März 1530 in Stuttgart enthauptet wurde. Bereits drei Jahre zuvor waren in Rottenburg Michael Sattler und seine Frau Margaretha verbrannt bzw. ertränkt worden. Es war also nicht ungefährlich, sich als Wiedertäufer, egal ob Mann oder Frau, zu erkennen zu geben. Das macht die überlieferten Zeugnisse um so eindrücklicher. Am 24. Januar 1533 schwört Genovefa Schauber im Rahmen einer sogenannten „Urfehde" in Cannstatt dem Täufertum ab:

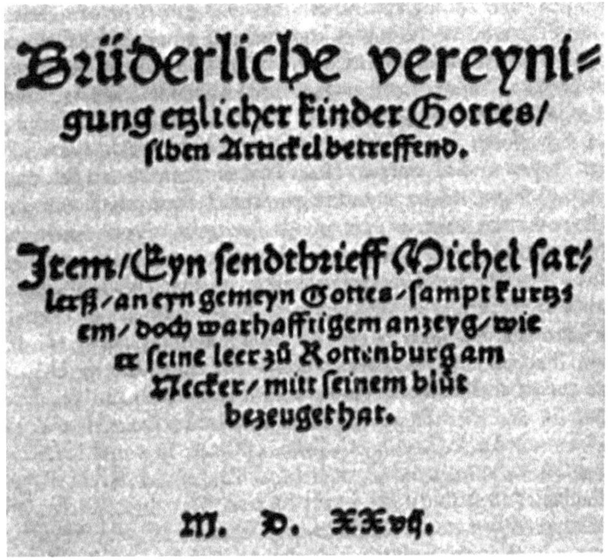
Brůderliche vereynigung etzlicher kinder Gottes/ siben Artickel betreffend.

Item/ Eyn sendtbrieff Michel satlers/ an eyn gemeyn Gottes/ sampt kurtzem/ doch warhafftigem anzeyg/ wie er seine leer zů Rottenburg am Necker/ mitt seinem blůt bezeugt hat.

M. D. XXvij.

Flugschrift der „Schleitheimer Artikel", der ersten ausformulierten Bekenntnisschrift der Täuferbewegung, mit einem „Sendbrief" des in Rottenburg a.N. hingerichteten Wiedertäufers Michael Sattler, 1527 (Foto: de.wikipedia.org/wiki/Schleitheimer_Artikel).

„Janufe (Genovefa), weiland Jaus (Jodocus) Schaubers Hausfrau (Ehefrau), die wider die Ordnung gemeiner christlicher Kirche sich wiedertaufen ließ und nichts vom Sakrament des Altars gehalten hatte, ist ins Gefängnis gekommen, auf Unterweisung gelehrter Leute über ihrem Irrtum abgestanden und hatte Widerruf getan und ist freigelassen. Sie schwört, sich künftig der ketzerischen Sekte zu entschlagen, und sich der gemeinen christlichen Kirche und ihren Ordnungen gemäß zu halten, sich für ihre Haft nicht zu rächen. Im Fall der Rückfälligkeit soll sie als treulos, meineidig bei Leib und Leben gestraft werden und keinerlei Einwand dagegen brauchen. Auf Bitten siegeln die beiden Bürgermeister Hans Schnurer und Hans Eschenbach." (Siegel der Stadt Cannstatt.)

Aus Gustav Bossert: Quellen zur Geschichte der Wiedertäufer. I. Band. Herzogtum Württemberg, Leipzig 1930, S. 29.

Todesstrafe für Wiedertäuferinnen: 1527 wurde Michael Sattlers Ehefrau Margaretha in Rottenburg im Neckar ertränkt; die Abbildung zeigt einen anderen Fall aus dem Jahr 1552, die Wiedertäuferin Maria aus Monschau in der Eifel an der Rur, aus dem „Märtyrer Spiegel“ des Künstlers Jan Luyken, Amsterdam 1685 (Foto: mla.bethelks.edu/holdings/scans/martyrsmirror).

Caspar von Schwenckfeld (1490-1561) fand mit seiner Interpretation der Bibel und des Glaubens auch in Cannstatt Anhänger und Anhängerinnen (Foto: wikipedia/commons/1/1e/-Kaspar-Schwenkfeld.jpg).

Für die Jahre 1541 bis 1544/45, als die Zerschlagung der Cannstatter Schwenckfelder in vollem Gange war, haben sich beeindruckende Briefe erhalten, die zumeist an Bartel Binder und Andreas Neff, an „alle Gutherzigen in Cannstatt", gerichtet sind. Sehr häufig sind deren Ehefrauen namentlich erwähnt. Am 3. Juni 1544 berichtet der Cannstatter Vogt Bernhard Fries Herzog Ulrich über das „selzam gesind", die „gen Stetten in die predig gegangen und in solicher schwermerei stecken". Einer heiße Andreas Neff, sei vor Jahren aus dem Bruderhaus in Esslingen gekommen, aber von Herkunft Cannstatter, und „hat ein beginen zu Cantstat zu seinem weib." Zu seiner Einstellung befragt, antwortete Neff, er sei ein Buchträger, der schwenckfeldische Bücher transportiert und verkauft habe, und das sei seine „narung". Und so habe er ihm die Bücher genommen und ihn in den Turm gesperrt.

Nachdem Neff fast ein Jahr in Haft blieb, weil er seine Urfehde nicht in allen Punkten akzeptieren wollte, schrieb seine Ehefrau, Margret Burgecker, um Ostern 1545 an einen nicht identifizierbaren, einflussreichen Mann, der ihr bereits mehrfach geholfen hatte, brieflich Kontakt mit ihrem Mann aufzunehmen. Sie bat um Hilfe und Haftentlassung, zumindest -aussetzung, und betonte, dass ihr Mann kein „Lehrer" (Prediger ihrer Gruppe) sei, er „habe sich alleweg einheimisch und still gehalten." Außerdem könne er in Glaubenssachen nicht abschwören, denn allein Gott urteilt, kein Mensch. Und „Predicanten" (gemeint ist der Cannstatter Pfarrer) seien eben auch Menschen, „und auch fäl [Fehl] und mangel bei i[h]nen sei" – das heißt, auch sie können irren.

Als der neue Pfarrer seine Stelle in Cannstatt angetreten hatte, so berichtet Margret Neff, habe ihr Mann ihm ein neues „lutersches buch" gekauft und verehrt.

„I[h]r aber, seiner frauen, tet ich ain vere[h]rung mit einem schleier zur schenk; und dieweil sie noch traurig waren, erbot ich mich, sie sollten mich und mein Andres anrichten, zu mitternnacht als wol als bei tag, wöllten wir ganz willig sein, i[h]nen baiden zu dienen." Und jetzt erzähle die Pfarrfrau anderen Frauen in der Stadt, ihr Mann „wölle kain prediger mer sein, wan man i[h]n [Andreas Neff] ledig lasse us dem gefengnus. Allmächtiger gott, ist sich nit groß zu verwundern an christenleit?" Mehrfach zitiert Margret Neff dabei die Bibel, kundig in Glaubensfragen.

Der Fall Neff zog sich noch viele Jahre. Caspar Schwenckfeld persönlich schrieb am 29. September 1545 dem Gefangenen einen langen Brief zur Glaubensstärkung. Auch Margret Neff erhielt einen ähnlichen Brief einer Schwenckfeld-Vertrauten aus Ulm, die riet, dass Neff dem Anschein nach abschwören soll. Was er wohl getan haben muss, denn spätestens 1548 ist er aus der Haft entlassen. Im Februar 1551 wird ihm das Schreiben seiner inzwischen verstorbenen Frau mit den Anschuldigungen gegen den Cannstatter Pfarrer vorgehalten und Andreas Neff schwört letztlich ab. Der Cannstatter Bürgermeister Aberlin Kerber betont in Stuttgart: „Bei seinem Eid, den er dem Herzog geschworen, wisse er niemand, der zu Neff wandere, als etliche Weibsbilder. Sonst besuchen sie männiglich in der Stadt fleißig die Predigt."

Text: Olaf Schulze

„... ein altes streitiges Weib“

1582/83 versuchte die Obrigkeit eine Pfründnerin des Cannstatter Spitals auf den rechten Weg zurückzuführen, doch Margarete, Hans Langs Witwe, „über 70 Jahre alt“, blieb ihrem Glauben treu, sie war (immer noch) eine überzeugte Anhängerin Schwenckfelds. Man hatte ihr bereits im März 1582 angedroht, „wenn sie in verachtung unserer religion und auf ihrem irrtum beharren und darin absterben werde, sie nicht wie andere christen zu begraben“ – also ohne Geläute und Leichenpredigt. Auch die Aufhebung ihrer Spitalpfründe hatte man ins Spiel gebracht. Doch Margarete Lang hat sich „trutzig gezeigt und gesagt, ... sie wolle dennoch auf ihrer Meinung bis ans Ende beharren.“ Der Kommentar des evangelischen Beauftragten lautete:

> „Dies ist ein altes streitiges Weib, eine Spitalpfründnerin, die nicht mehr ausgehen kann, auch von andern nicht Zugang hat. Weil man sie nicht zwingen, ließ der Synodus es bei vorigen Dekreten, daß man sie nicht wie andere Christen begraben soll.“

Links: Das 1545 erbaute „Alte Spital“ (Mitte) an der Brunnenstraße (Nr. 7), finanziert aus dem durch die Reformation 1541 geschaffenen „Armenkasten“ der Stadt, war weniger ein Krankenhaus als ein Altersheim. Hier lebten arme und reiche Pfründner/innen, wie zwei ehemalige Beginen, und auch die Schwenckfelderin Margarete Lang; Foto um 1905 aus „Alt Stuttgarts Baukunst“ (Vorlage: privat).

Die Zuschreibung des links abgebildeten Gebäudes als „Altes Spital“ ist in den letzten Jahren durch die hausgeschichtlichen Forschungen Peter Kieferles zunehmend unsicher geworden. Ein zweiter Kandidat für das Cannstatter Spitalsgebäude ist das im oberen Bild erkennbare große Fachwerkhaus an der Brunnenstraße, das bis zu seiner Zerstörung im Zweiten Weltkrieg als Schulhaus diente („Spitalschule“; Vorlage: Sammlung Pro Alt-Cannstatt).

HEXENVERFOLGUNG

Patin: Brigitte Lösch MdL

Seit dem 14. Jahrhundert wurden in Europa „Hexen" verfolgt. Das waren zunächst Menschen beiderlei Geschlechts, denen ‚Schadenszauber' zur Last gelegt wurde. Erst Heinrich Cramer (Institoris) hat in seinem 1487 erschienenen „Hexenhammer" die besondere ‚Anfälligkeit' von Frauen für einen Pakt mit dem Teufel beschrieben und mit Belegen aus der Bibel begründet. Er kommt zu dem Schluss: „Bezüglich des (...) Punktes, warum in dem so gebrechlichen Geschlechte der Weiber eine größere Menge Hexen sich findet als unter den Männern, frommt es nicht, Argumente für das Gegenteil herzuleiten, da außer den Zeugnissen der Schriften und glaubwürdiger [Männer] die Erfahrung selbst solches glaubwürdig macht. (...) Also schlecht ist das Weib von Natur, da es schneller am Glauben zweifelt, auch schneller den Glauben ableugnet, was die Grundlage für die Hexerei ist." In der Folge erhöhte sich der Frauenanteil der als ‚Hexe' Beschuldigten beträchtlich. Schätzungen gehen von europaweit ungefähr 60.000 Opfern der Hexenverfolgungen aus, von denen etwa 85% Frauen waren. Knapp die Hälfte von ihnen wurden auf dem Gebiet des ‚Heiligen Römischen Reichs Deutscher Nation' hingerichtet. Einen Unterschied zwischen katholischen und protestantischen Ländern gab es nicht.

Für das Herzogtum Württemberg sind für die Jahre 1497 bis 1750 Hexenprozesse belegt. In dem zwischen 300.000 und 450.000 Einwohner zählenden Territorium wurden etwa 600 Fälle von Hexerei untersucht. Etwa 350 der Untersuchungen führten zu einem formellen Prozess. 197 dieser Prozesse, also ein Drittel der untersuchten Fälle, endeten mit einem Todesurteil. Drei ‚Verfolgungswellen' lassen sich ausmachen (um 1560, 1626 bis 1630, 1650er Jahre), die mit widrigen Wetterphänomenen, daraus resultierenden Missernten und der Verunsicherung der Bevölkerung in Verbindung gebracht werden können. In der letzten ‚Welle' fällt auf, dass viele Kinder der Hexerei beschuldigt wurden oder sich selbst beschuldigten.

In Württemberg wurden Untersuchungen wegen vorgeblicher Hexerei nur selten ‚von Amts wegen' eingeleitet. Bezichtigungen wurden fast ausnahmslos von der Bevölkerung erhoben. Hexerei galt als Offizialdelikt, also als Kriminalfall, und wurde vor den weltlichen Stadtgerichten verhandelt. Gesetzesvorlage war neben der 1532 von Kaiser Karl V. erlassenen Constitutio Criminalis Carolina, in der für Schadenszauber die Todesstrafe durch Verbrennen angedroht wurde, die Württembergische Landesverordnung von 1567, in der erstmals der Teufelspakt als wesentliches Merkmal der Zauberei erwähnt wurde. Die verhältnismäßig geringe Zahl an Prozessen und Verurteilungen hängt vermutlich – neben der kritischen Meinung der württembergischen Geistlichkeit – mit der ausgeklügelt systematisierten Rechtsprechung in Württemberg zusammen: Die Laienrichter aus den Amtsstädten wurden von der württembergischen Kanzlei kontrolliert und mussten darüber hinaus die Prozessprotokolle zur Begutachtung an die juristische Fakultät der Universität Tübingen einreichen. Die Prozesse waren Indizienprozesse,

Titelkupfer des erneuerten „Gemein LandtRechts" des Herzogtums Württemberg, Stuttgart 1626; dieses enthielt prozess- und zivilrechtliche Vorschriften, auch für Hexenprozesse.

als Beweise galten die unter der Einfluss der Tortur, also der Folter, abgegebenen Geständnisse. In Württemberg wurden die zum Tod durch Verbrennen Verurteilten meist zunächst mit dem Schwert hingerichtet.

Für Cannstatt sind im Hauptstaatsarchiv Stuttgart 14 Kriminalakten wegen Hexerei aus den Jahren 1562 bis 1680 auffindbar. (Midelfort berichtet allerdings von ca. 20 Prozessen, bei allen bis auf einen, der mit einem Freispruch endete, konnte er aber kein Strafmaß benennen). Zum Vergleich: In der benachbarten Reichsstadt Esslingen wurden von 1543 bis 1666 72 Prozesse geführt, von denen 37 mit einer Verurteilung zum Tod endeten.

Drei der Cannstatter Akten betreffen Männer, elf Frauen bzw. Mädchen. Vor 1600 gab es kaum Untersuchungen, allerdings waren zwei der drei Berichte über Hexerei bzw. Zauberei, die Männer betrafen, schon 1563 und 1589. Nur vier der Frauen und einer der Männer waren Cannstatter Bürger. Die anderen Beschuldigten lebten in den zum Amt Cannstatt gehörenden Dörfern. Vier Frauen (kein Mann!) wurden der Tortur unterzogen und zum Tode verurteilt. Es wurden nicht nur ‚Hexen' verbrannt, die Todesstrafe durch Verbrennen wurde unter bestimmten Bedingungen auch für Mord, Sodomie u.Ä. verhängt. Die letzten Untersuchungen (1672 bis 1680) betrafen drei sieben- bis elfjährige Mädchen.

Text: Claudia Weinschenk

Titel einer Schrift „Von den Unholden oder von den Hexen", erschienen 1517 (Vorlage: www.oberstdorf-lexikon.de; Kapitel: Die Hexenprozesse 1586/1587).

Prozessakten gegen „Hexen“ aus Amt und Stadt Cannstatt
im Hauptstaatsarchiv Stuttgart

1562-1565
Bericht über die an einigen Hexen, Anne Wicker, Schwarzen Apel zu Cannstatt vorgenommene Tortur, und die Unholdin Magdalena Horn betreffend.

1628-1632
Waldburga, Sebastian Hammers Ehefrau von Cannstatt, die an Wahnsinnsanfällen litt, wird, weil sie viel Untaten begangen und sich dem Teufel ergeben haben soll, peinlich prozessiert.

1653
Akten betreffend den wegen Vergiftung seines Eheweibs mit dem Tode bestraften Mich. Ellwin von Dürrmenz und die wegen Zauberei gleichfalls mit dem Tod bestrafte Katharina Seeger von Maulbronn.

1663-1664
Untersuchung gegen Simon Huß wegen Segensprechens und gegen Anna Schnabel wegen des gleichen Vergehens und wegen Hexerei zu Rohracker.

1663
Catharine, Jakob Schmids, Gerichtsverwandten 63-jährige Wittich wird wegen angeschuldigter Hexerei mit glühenden Zangen gerissen, sodann mit dem Schwert hingerichtet und ihr Körper verbrannt.

1668/1670
Simon Kögels Witwe von Cannstatt wird der Hexerei bezichtigt.

1672, 1673, 1679
Untersuchung gegen die 11 ½-jährige Anna Essig aus Wangen und einige von ihr angegebene Weiber Personen wegen Hexerei.

Die Aufzählung ist unvollständig.

KATHARINA SEEGER

Als Hexe verbrannt

Patin: Brigitte Schreiner

Mit dem Titel: „Akten betreffend den wegen Vergiftung seines Eheweibs mit dem Tode bestraften Mich. Ellwin von Dürrmenz und die wegen Zauberei gleichfalls mit dem Tod bestrafte Katharina Seeger von Maulbronn" wird im Hauptstaatsarchiv die Prozessakte gegen Katharina Seeger geführt.

1653 wurde der Schäfer Michael Ellwein verhaftet und verhört. Die Anschuldigung lautete, er habe seinen Sohn vergiftet und Selbiges auch bei seiner Frau, die unter Epilepsie litt, versucht. Als Indiz für seine Schuld wurde die Tatsache herangezogen, dass Ellwein nie zuhause geschlafen habe, sondern bei der „aigenbrödtlerin Catharina". Michaels Frau sagte aus, „daß er mit seinnem Eheweib nit begehr zuehaußen, seinen lohn dargegen unnützlich verzährt, were nie in die Kirch gangen, weder in weyachten da er das Nachtmahl Empfangn (...) habe ihr auch gesagt Catharina Clauß Seegers dochter könndt ihme durch ein Schlieselloch Pfeiffen".

Im Laufe der Untersuchung rückte Catharina immer mehr in den Mittelpunkt. Sie hatte sechs Monate in einem Cannstatter Haus gedient, wurde aber wegen Gerüchten entlassen, dass „gesellen (...) nacht bei Jhro auß vnd einstiegen".

Catharina, die alleinstehend war und nach Cannstatt zugezogen war, hatte einen schlechten Ruf. Der verheiratete Michael aber bewies sich als schlechter Hausvater. Er war doch Cannstatter Bürger. Zu seiner Verteidigung sagte er aus, Catharina habe ihn verhext, nur unter diesem Einfluss habe er die Tat begangen: „nach ferrners, damit er Sie lieb gewinne, vnnd seiner frawen feindt werde".

Catharina wurde der peinlichen Befragung unterzogen. Unter Folter sagte sie aus: „Erstlich daß sie vff angeben, vnd befehl das bösen feindes, damit sie Einem mann könne bekhommen, dem Schäffer Michel Ellwein angredt (...) vnd wenn deß Schäffers weib vonn Jhr der Catharina eßen thete, wollte sie Jhr selbsten gifft darein thuen, wolle schon trachten wie sie gifft bekhomme". Die Richter des Magistrats waren nur zu gerne bereit zu glauben, dass eine solche Tat nur unter dem Einfluß von Schadenszauber, der von einer Frau ausging, vollbracht werden könne. Dennoch wurden beide mit der Todesstrafe belegt. Michael wurde wegen des Verbrechens ‚versuchter und vollendeter Giftmord' mit dem Schwert hingerichtet, sein Leichnam wegen des „abscheulichen Exempel" auf ein Rad gebunden und öffentlich zur Schau gestellt. Catharina wurde als Hexe hingerichtet.

Text: Claudia Weinschenk

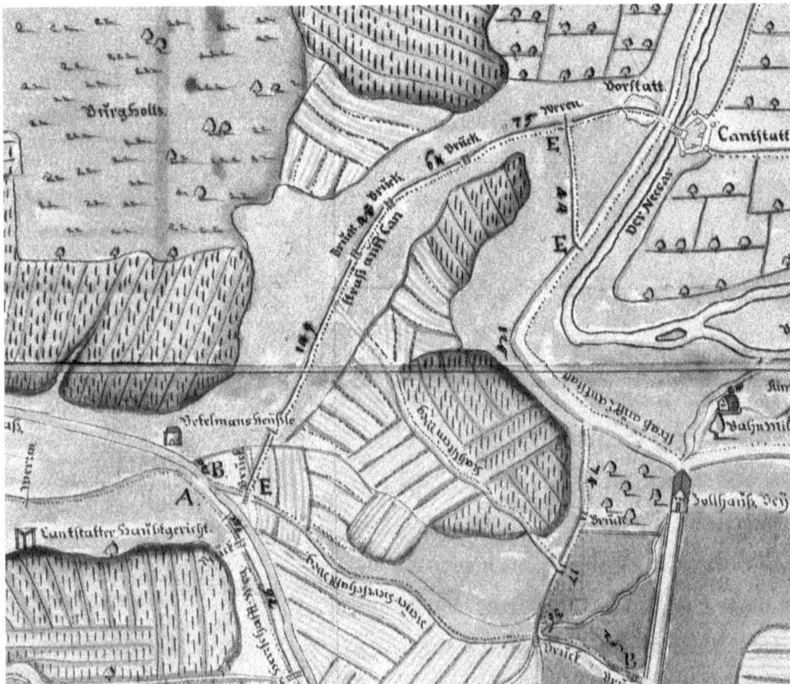

Ausschnitt aus dem „Entwurff wegen der Herrschaft Weg und Straßen", gezeichnet vom Baumesser Johann Georg Lawmayer, im März 1720. Rechts oben ist Cannstatt mit der Neckarvorstadt zu erkennen, die Landstraße (Pragstraße) führte über mehrere kleine Brücken zum Pragsattel hinauf. Dort ist das „Cantstatter Haubtgericht" zu erkennen, ein dreifüßiger Galgen, auf der Anhöhe, gut sichtbar zur Abschreckung (Vorlage: Hauptstaatsarchiv Stuttgart).

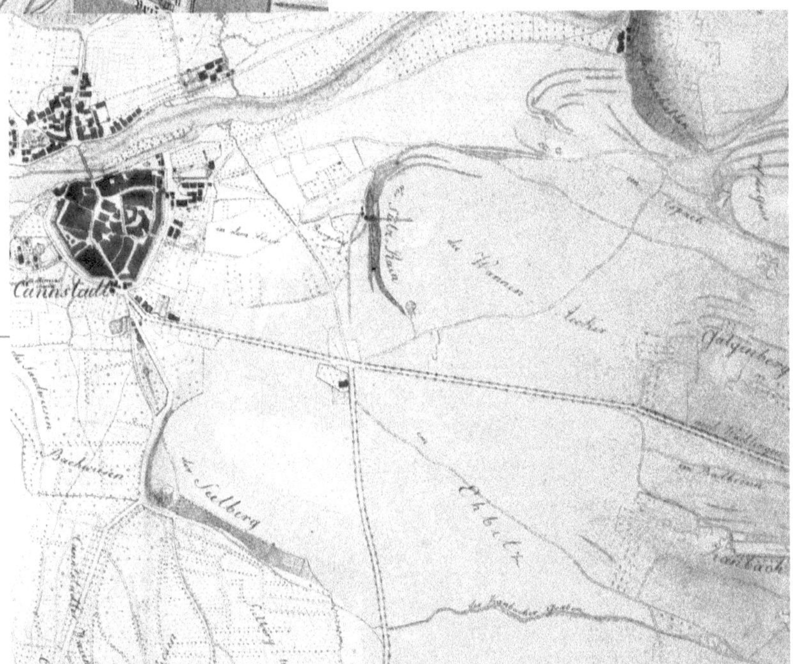

„Plan der Gegend um Cannstadt", Oktober 1816, gezeichnet von Guide Keinitz, links Cannstatt mit Altstadt und Neckarvorstadt, im Bildzentrum der Sulzerrain, nach rechts zieht die Landstraße nach Fellbach und Waiblingen, nördlich davon ist ganz rechts das Gewann „Galgenberg" zu erkennen, nicht weit vom heutigen Krankenhaus Cannstatt (Vorlage: Stadtarchiv Stuttgart).

Ein erschröcklich geschicht Vom Tewfel
vnd einer vnhulden/ beschehen zu Schilta bey Rotweil in der Karwochen. M.D.XXXiii Jar.

Newe zeytung geschehen drey meyl von Rotweyl da ist ein Stedlein im Hornberger tal das hayst Schylta do ist der teufel in das selbig stetlein in ein Wirts hauß kummen/ist vngefärlich drey oder vyer tag im selbingen Wirts hauß gewesen/ hat daselbst angefanngen zu Trummen vñ Pfeyffen in der Stuben vnd allenthalbē im hauß man hat aber nichts sehen künden sonder so seltzam ding/der gleichen vor nie/gehört Es sind ethlich abeterwrer kummen vnnd haben in wellen beschweren do hat der Teufel angefangen zu reden sie sollē sein miessig ghen/ Was sie in wellen beswerens sie seyn böser dañ er/hat in gesagt was sie gethō vnnd gestolen haben. Zu letzt hat er so vil mit dē wiert geredt er soll die mayd auß dē hauß thō er well im sunst daß hauß verbrennen dann die mayd sey sein vnnd er soll ims nit auffhalten / do hat der wierdt der mayd vrlawb geben. Nach dem ist der Teufel hinweg gefaren hat zū wierdt gesagt er soll sich dar zu rüsten er well jm das hauß auff den grenen Donerstag in der karwuchen verbrennen. Darnach auff dē Grienen Donerstag ist die mayd auff ein ofengabel gesessen ist in einer halben stūnd zwū meyl vō Rotweyl gē Schiltach in das wierds hauß auff ein hewbaren gefaren/do ist der Teufel zu jr kummen hat ein hefelein gepracht vñ zu jr gesagt sie soll das hefelein vmschütten so wer es gleych als brinnen/welchs so bald sie es gethō ist es als brinnent worden. Jn dē ist sie hinweg gen Oberndorff gefaren da ist von stundan das hauß angangen vnnd das gantz Stedtlein biß on drey kleine heußlein vngefärlich in anderhalber stund gar verbrunnē Aber vber die drey heußlein/wie sie in der vrgicht bekennt/hat der Teufel kain gewalt gehabt. Die zway sinnd zwayer armen gesellen gewest vnd das dritt eines dabey die armen vnnd was sunst niemants hat wellen beherbergē/herberg gehabt haben. Wie solchs beschehē hat mā nach jr gryffē sy gefēcklich angenūmē am Karfreytag zu Oberndorff/ vñ daselbst am mōtag vor sanct Görgē tag verbrent/vñ sechs vñ dreyssig artickel verlesē die sie in jrer vergycht bekent hat / fast schendtlich schröcklich vñ schedliche ding wie sie viech vnnd leut verderbt vñ schaden zugefügt hat Achtzehē jar hat sie mit dem Teufel zugehalten vnd jhr eygen mutter hat sie es selbst gelert. Sölch erschrecklich geschicht solt vns bililch zuhertzen ghen vñ zur besserung vnsers lebens raytzen/in eim rechten glauben gegen Got vnnd theriger lieb gegen dem nechstē zuwandlē/ dieweil er vns vmb vnser sündt willen so mit schröcklicher straff heymsucht/ Darbey auch erlernē/ wie vns Got imitten des vbels vnd der straff behüten kan/wie er auch Daniel in mitte der lewen vnd die drey kinder im feurigen ofen vnuerletzt behūt hat/damit wir auch in seiner forcht vnnd nach seinem willen wandlen / auff das er vns nit einfür in versūchung sonder behūt vns vor vbel vnnd verleych vns nach disem leben das ewig Amen.

Steffan hamer Briefmaler.

Der Einblattdruck „Ein erschröcklich Geschicht Vom Tewfel vnd einer unhulden" bringt die Nachricht von dem Schadenszauber einer vermeintlichen Hexe aus Schiltach, einer Magd, die in Folge eines Stadtbrandes am Gründonnerstag 1533 verhaftet, der Teufelsbuhlschaft überführt und schließlich verbrannt wurde. Die Abbildung schildert drastisch die Vollstreckung des Todesurteils (Vorlage: Zentralbibliothek Zürich).

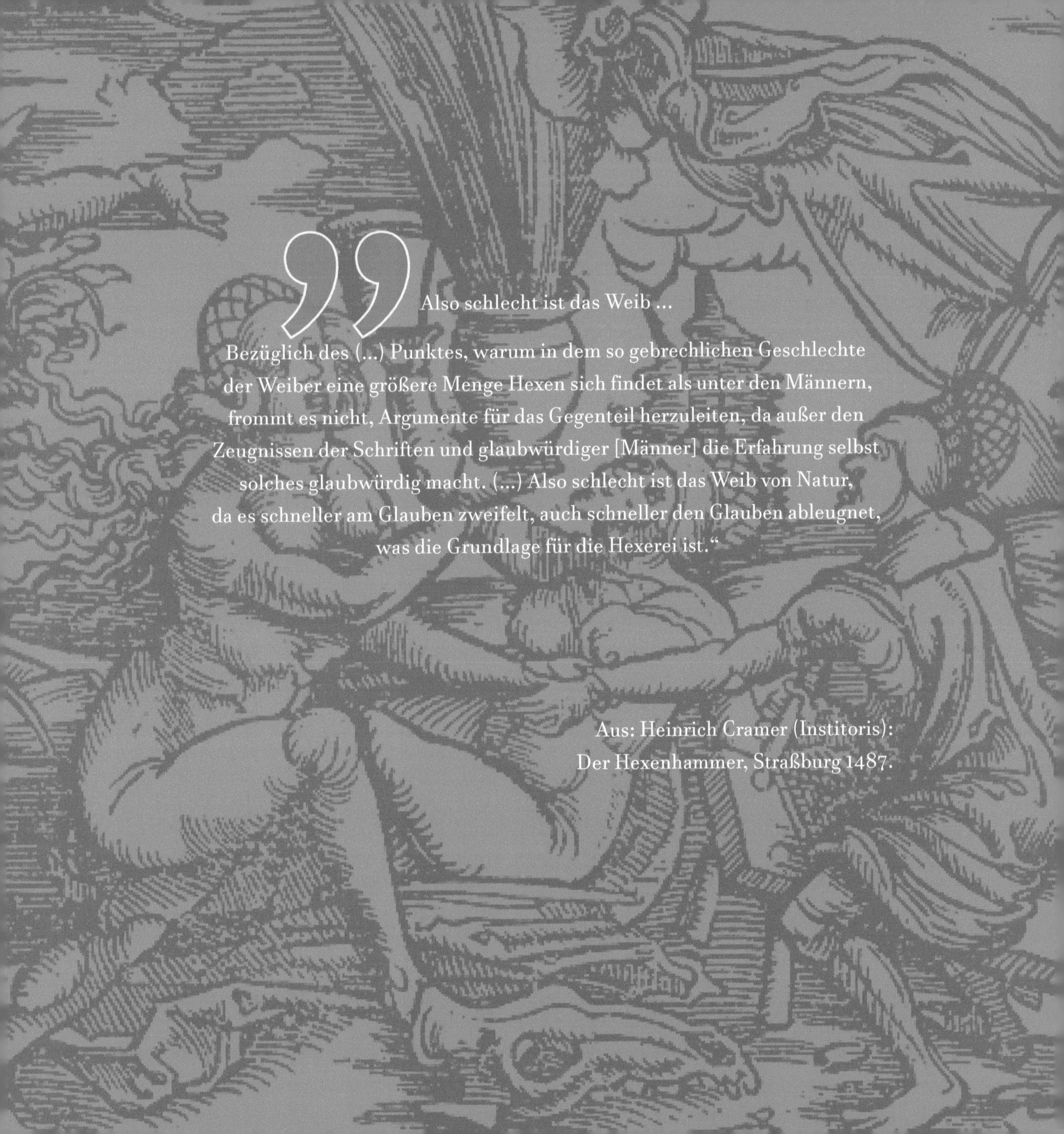

„Also schlecht ist das Weib …

Bezüglich des (…) Punktes, warum in dem so gebrechlichen Geschlechte der Weiber eine größere Menge Hexen sich findet als unter den Männern, frommt es nicht, Argumente für das Gegenteil herzuleiten, da außer den Zeugnissen der Schriften und glaubwürdiger [Männer] die Erfahrung selbst solches glaubwürdig macht. (…) Also schlecht ist das Weib von Natur, da es schneller am Glauben zweifelt, auch schneller den Glauben ableugnet, was die Grundlage für die Hexerei ist.“

Aus: Heinrich Cramer (Institoris):
Der Hexenhammer, Straßburg 1487.

CANNSTATTER FRAUENGESCHICHTE(N)

Vom Königreich Württemberg bis zur Gründung des Deutschen Kaiserreichs

VON 1800 BIS 1918
Das Streben nach gesellschaftlicher Partizipation

Weibliche Mitglieder des Turnvereins Cannstatt bei einem Frühlingsfest auf dem Seilerwasen, Postkarte um 1905 (Vorlage: Pro Alt-Cannstatt).

Das 19. Jahrhundert ist geprägt durch eine Verfestigung des „Bürgerlichen Frauenbilds", also der völligen Verdrängung von (bürgerlichen) Frauen aus der Öffentlichkeit, andererseits aber durch den Kampf von Frauen eben gegen diese Verdrängung und für die Möglichkeit einer gesellschaftlichen Partizipation.

Grundlage des Staatswesens war die tradierte Familienordnung. Der Ehemann war das Haupt der Familie und der Frau zum Unterhalt verpflichtet, während die Frau ihm zur Leitung des Hauswesens verpflichtet war. Der Ehemann hatte das Recht auf Nutznießung des von der Frau in die Ehe eingebrachten Vermögens. Die gesetzliche Vertretung der Familie, auch die der Kinder, lag allein beim Mann. Ihm stand die Entscheidung in allen das gemeinschaftliche eheliche Leben betreffenden Angelegenheiten zu. Bürgerrechte der Frau wie z.B. die Staatsangehörigkeit wurden durch den gesellschaftlichen Status ihres Ehemanns definiert, bei nicht verheirateten Frauen durch den des Vaters oder eines männlichen Verwandten. Inhalt des Bürgerrechts war die politische Berechtigung, die ausschließlich dem Mann zustand.

Einer Initiative Prinzessin Mariannes von Preußen während der Napoleonischen Befreiungskriege ist es zu verdanken, dass Frauen sich mit Hilfsdiensten an den kriegerischen Auseinandersetzungen beteiligen konnten: Sie gründete 1813 den Vaterländischen Frauenverein, dessen Mitgliedsfrauen die Erstellung von Verbandmaterial und von Fahnen, aber auch Krankenpflege übernahmen. In der Folge konnten bürgerliche Frauen sich im öffentlichen Raum ehrenamtlich, also unbezahlt, um Aufgaben in der Wohlfahrtspflege kümmern.

In der Vormärzzeit und in der bürgerlichen Revolution von 1848 beteiligten sich (auch dank lockererer Gesetze) viele Frauen. Mit der Gründung der „Frauenzeitung“ durch die Leipzigerin Luise Otto-Peters, die 1849 unter dem Motto „Dem Reich der Freiheit werbe ich Bürgerinnen“ erschien, wird der Beginn der Ersten Deutschen Frauenbewegung markiert. Es bildeten sich überall von bürgerlichen Frauen getragene Frauenvereine, die sich schließlich 1865 im Allgemeinen Deutschen Frauenverein (ADF) zusammenschlossen. 1894 wurde der Bund Deutscher Frauenvereine (BDF) gegründet.

Kurgäste vor dem Kursaal, um 1830, die Mode spiegelt das Weiblichkeitsideal der „Biedermeierzeit“ und auch des „Vormärz“ (Vorlage: Stadtarchiv Stuttgart).

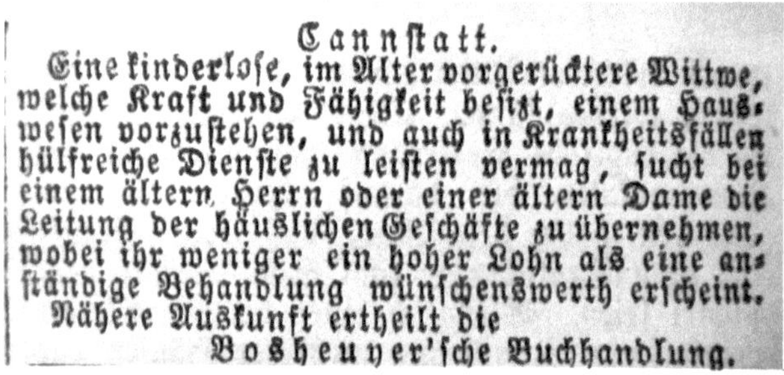
Cannstatt.

Eine kinderlose, im Alter vorgerücktere Wittwe, welche Kraft und Fähigkeit besitzt, einem Hauswesen vorzustehen, und auch in Krankheitsfällen hülfreiche Dienste zu leisten vermag, sucht bei einem ältern Herrn oder einer ältern Dame die Leitung der häuslichen Geschäfte zu übernehmen, wobei ihr weniger ein hoher Lohn als eine anständige Behandlung wünschenswerth erscheint.

Nähere Auskunft ertheilt die

Bosheuyer'sche Buchhandlung.

Eine Witwe sucht eine Stellung in Cannstatt, Anzeige aus dem „Schwäbischen Merkur" (22. April 1871; Vorlage: privat).

Geschäfts-Eröffnung und Empfehlung.

Hiermit mache ich die ergebene Anzeige, daß ich die auf meinem Hause betriebene

Schlosserei

wieder übernommen habe und solche durch meinen Sohn fortführen werde. Indem ich um geneigten Zuspruch bitte, sichere ich pünktliche und billige Besorgung aller in mein Fach einschlagenden Arbeiten zu.

Friederike Lämmle,
Schlossermeisters Wittwe.

Elne Witwe führt den Betrieb ihres Mannes für ihren Sohn weiter, Anzeige aus dem „Amts- und Intelligenzblatt für das Oberamt Cannstatt" (25. Februar 1868; Vorlage: Pro Alt-Cannstatt).

Stelle-Gesuch für eine französische Bonne.

Eine Schweizerin, Kant. de Vaud, welche wegen Abreise ihrer Herrschaft nach Rußland (die sie sehr empfiehlt) aus ihrer Stelle tritt, sucht sich bei nicht zu kleinen Kindern zu plaziren.

Mad. Cammerer, Cannstatt,
Königsstraße 309.

Eine „Bonne" sucht eine neue Stellung, Anzeige aus dem „Schwäbischen Merkur" (20. August 1871; Vorlage: privat).

Cannstatt.

Pensionat für junge Mädchen,

welche die hiesigen Lehranstalten besuchen oder aus Gesundheitsrücksichten hieher kommen. Gewissenhafte geistige und körperliche Pflege, Unterricht zu Hause in Sprachen, weiblichen Arbeiten und, wo es gewünscht wird, Haushaltung.

Referenzen:

Institutsvorsteher Dr. Sch[illegible]enbach, Cannstatt;
Dr. Nädelein, Cannstatt;
Professor Dr. v. Beck, Tübingen;
Legationsrath Wagner, Stuttgart;
Dekan Leibbrand, Stuttgart.

Anzeige eines Cannstatter „Pensionat für junge Mädchen", aus dem „Schwäbischen Merkur" (22. April 1871; Vorlage: privat).

Die 1865 von Cannstatter Bürgern gegründete „Höhere Städtische Töchterschule" befand sich seit 1865 in einem Neubau an der Ecke König-Karl-Straße und Kreuznacherstraße. Sie ist der Vorläufer des Elly-Heuss-Knapp-Gymnasiums. Bereits 1872 wurde ein größerer Neubau rechts nebenan in der Kreuznacher Straße bezogen, der sich bis heute erhalten hat (Sitz der Volkshochschule). Abbildung aus dem „Album von Cannstatt und Umgebung" von Dr. Heinrich Ebner, Stuttgart 1868 (Vorlage: Pro Alt-Cannstatt e.V.).

Vorrangiges Ziel war eine verbesserte Schulbildung für Mädchen und die Möglichkeit einer Berufsausbildung und -ausübung, um so unverheirateten (bürgerlichen) Frauen eine wirtschaftliche Eigenständigkeit zu ermöglichen. Erster anerkannter Ausbildungsberuf für bürgerliche Frauen war der der Lehrerin. Überall wurden Lehrerinnenseminare gegründet. Die Möglichkeit der Erlangung des Abiturs und der Zugang zu den Universitäten waren der nächste Schritt. Seit 1900 wurden Frauen in Baden als ordentliche Studentinnen immatrikuliert, 1904 folgte Württemberg. Preußen bildete 1908 das Schlusslicht.

Zahlreiche Frauen aus Cannstatt und Umgebung fanden in der zweiten Hälfte des 19. Jahrhunderts Lohn und Brot in der Textilindustrie. Junge Arbeiterinnen der Korsettfabrik S. Lindauer in der Hallstraße, um 1895 (Vorlage: privat).

Eugenie von Soden (1858-1930) war eine bedeutende Vertreterin der bürgerlichen Frauenemanzipationsbewegung im Königreich Württemberg. Sie lebte um die Jahrhundertwende in Cannstatt und gab kurz vor dem Ersten Weltkrieg „Das Frauenbuch", ein dreibändiges Handbuch für die Frau in Geschichte, Gesellschaft, Familie und Beruf heraus (vgl. die ausführliche Biografie, S. 110 ff. Vorlage: privat).

Ein Spiel mit den Geschlechterrollen zur Faschingszeit, Gruppe des Cannstatter Gesangvereins „Concordia", Frauen und Männer als „King Bell's Hof- und Leibkapelle", haremsgleich, beim Concordia Maskenball 1903 im Kursaal, Postkarte (Vorlage: privat).

Forderungen nach politischer Mitbestimmung wurden durch das 1850 in der Restaurationszeit erlassene Vereinsgesetz erschwert. Hier wurde festgeschrieben, dass Frauen (wie auch Schüler und Lehrlinge) keinen politischen Vereinen angehören durften. Deutschlandweit galt dieses Verbot bis 1908. In Württemberg löste König Karl 1864 das Vereinsverbot auf.

1875 wurde die Sozialistische Arbeiterpartei Deutschlands (heute SPD) gegründet. Hier entwickelte sich die proletarische Frauenbewegung, deren wichtigste Vertreterin über viele Jahre hinweg Clara Zetkin war, die seit 1891 in Stuttgart lebte. Die proletarische Frauenbewegung ging davon aus, dass nur in einer sozialistisch umgestalteten Gesellschaft eine völlige Gleichberechtigung der Frau möglich sei. Da für eine Umgestaltung der Gesellschaft die Mitwirkung von Frauen als nötig erachtet wurde, war die Hauptforderung die Einführung des aktiven und passiven Wahlrechts für Frauen. Weitere Forderungen waren die Verbesserung der Arbeitsbedingungen für Arbeiterinnen, Arbeitsschutz, Fort- und Ausbildung für Arbeiterinnen.

Die beiden Stränge der Deutschen Frauenbewegung grenzten sich bezüglich der Inhalte und Forderungen, aber auch in der Organisation, stark voneinander ab. Der Kampf um das Frauenwahlrecht wurde jedoch von einem radikaleren Teil der bürgerlichen Bewegung mitgetragen.

In einigen Staaten Deutschlands gab es im 19. Jahrhundert bereits ein Wahlrecht für unverheiratete (ledige oder verwitwete) Frauen, vorwiegend im kommunalen Bereich, das vor allem an Grundbesitz gebunden war. Frauen konnten z.B. in Ausschüsse gewählt werden. Eine eigene Stimmabgabe war aber fast nie möglich, dies musste durch einen männlichen Verwandten erfolgen.

In Württemberg wurde 1868 für die Landtagswahl das allgemeine, gleiche und direkte Wahlrecht eingeführt, eine Steuerleistung wurde nicht vorausgesetzt. Frauen waren nicht zugelassen. Auch im kommunalen Bereich standen Stimmrecht und Wählbarkeit nur männlichen Bürgern zu. Einzelne Frauen aber wurden in Gemeindeausschüsse hauptsächlich sozialen Inhalts berufen. Ein Cannstatter Beispiel dafür ist Anna Blos, die 1910 in den Stuttgarter Ortsschulrat berufen wurde.

Text: Claudia Weinschenk

„Auf Frauen ausgerichtete Cannstatter Vereine, zumeist kirchlichen Hintergrundes, Stand 1904, nach dem Adress- und Geschäftshandbuch der Stadt Cannstatt:

Bethanienverein für Fabrikarbeiterinnen.

Diakonissenverein.

Evangelischer Verein Cannstatt: (…), d) das Fabrikarbeiterinnenheim für Fabrikarbeiterinnen ohne Unterschied der Konfession.

Flickverein, in welchem Schulmädchen an drei Nachmittagen von einigen Fräulein Anleitung zur Herstellung zerrissener Kleider aller Art erhalten.
Lokal im Vereinshaus (…).

Frauenmissionsverein, Zweck: Für das Werk der Heidenmission Teilnahme zu erwecken und dasselbe durch Handarbeit zu unterstützen.
Vorstand: Frln. Anna Faber (…).

Gewerkverein der Frauen und Mädchen. Vorstand: Frl. A. Maier (…).

Gustav-Adolf-Frauenverein.

Jungfrauenverein. Zweck: Vereinigung christlich gesinnter Jungfrauen, Weckung und Stärkung christlichen Lebens, Gewährung christlicher Sonntagsfreude.
Leitung: Stadtmissionar Bläser (…)

Israelitischer Frauenverein. Vorstand: Frau Löb Rothschild, W[ittw]e.

Kathol. Krankenpflegeverein.

Marienbund (kathol. Jungfrauenverein).

Marthaverein (Asyl für weibl. Dienstboten am Sonntag Nachmittag).

SOPHIE LINKH, GEB. NAGEL

Ochsenwirtin und Posthalterin „Ein Denckmal der Liebe und Treue“

Patin: Ingrid Gohl-Schlanderer

Sie muss eine patente Frau gewesen sein, Heinrike Sophie Linkh, die „Ochsenwirtin“. Für ihre Kinder, vor allem um ihrem siebenjährigen Sohn die Profession des Vaters zu erhalten, übernahm sie die Arbeit ihres verstorbenen Mannes, was in dieser Zeit des ausgehenden 18. Jahrhunderts nicht völlig ungewöhnlich war, aber auch nicht allzu oft vorkam. Sie stammte aus Stuttgart, war die Tochter eines Hofschmieds namens Nagel und war, als sie 1807 starb, rund 40 Jahre alt.

„Dem
guten Vater und
redlichen Gatten
K. R. Posth. allhier,
geb. d. VIII. Febr. MDCCLXVII
gest. d. 22. Dec. MDCCXCIV
weihen dieses Denckmal
der Liebe und Treue seine Wittwe
Heinr. Soph. geb. Nagelin u.
deren beide Kinder
Jac. Linkh. u. Heinr. Soph. Linkhin.“

Inschrift auf dem Grabstein
des Posthalters Jacob Linkh.

Jakob Linkh jun., gezeichnet am 26. Mai 1819, in Rom durch den Porträtisten Carl Christian Vogel (Vorlage: Peter Goessler: Jakob Linckh. Ein württembergischer Italienfahrer, Philhellene, Kunstsammler und Maler (= Besondere Beilage des Staats-Anzeigers für Württemberg 1930, 3/4). Stuttgart 1930).

Das älteste erhaltene Grab des Steigfriedhofes setzte Sophie Linkh für sich und ihre Kinder für ihren Mann, den kaiserlichen Reichsposthalter Jacob Linkh (1767-1794). Es zeigt einen trauernden Genius in Knabengestalt, der eine brennende Fackel (das Lebenslicht) am Boden auslöscht und sich dabei auf eine Urne stützt, die den Namen des Verstorbenen trägt. Der Entwurf des herausragenden klassizistischen Grabmals stammt von Philipp Jacob Scheffauer und wurde 1796 von Joseph Wilhelm Ludwig Mack ausgeführt. Um 1908 wurde ein Schutzdach angefertigt (Foto: Pro Alt-Cannstatt, 2017).

Ihr Mann, Jacob Linkh, war Thurn- und Taxis'scher Reichsposthalter und betrieb mit seinem gleichnamigen Vater das traditionsreiche Gasthaus zum Ochsen, gleich bei der Cannstatter Neckarbrücke (später Wilhelmsbrücke), auf der linken Seite Ecke Wilhelma- und Brückenstraße gelegen. Als 1764 der Poststall (das Vorhalten frischer Pferde und die eigentliche Auslieferung der Post bis zu den jeweilig nächsten Stationen betreffend) von der Postexpedition getrennt wurde, übernahm der Ochsenwirt Johann Jacob Linkh diesen zunächst auf 20 Jahre, später ging das Patent auf seinen Sohn Jakob über. Der Ochsenwirt starb zwei Tage vor Heiligabend 1794. Im Jahr darauf gelang es Sophie Linkh, dass das Patent auf sie überschrieben wurde. Und sie scheute sich auch nicht, selbst Postritte zu übernehmen und werktäglich die Post nach Enzweihingen und zurückzubringen. Die Posthalterstelle hatte eine wichtige Funktion im vorindustriellen Cannstatt, in dem sich alte Heer- und Handelsstraßen kreuzten. Diese Posthalterei mit Poststall und Postlogis befand sich seit 1764 beim „Ochsen", 1767 wurden neue, größere Anbauten errichtet. Die Stallungen selbst hatten dann Platz für 100 Pferde.

Das Gebäude des traditionsreichen „Gasthauses Ochsen", mit dem langgestreckten Anbau aus dem 18. Jahrhundert an der Wilhelma-Straße, Postkarte um 1910 (Vorlage: Pro Alt-Cannstatt).

Württembergisches Adressbuch 1795

Kaiserl. Reichspostmeister
Hr. Johann Daniel Fischer
Posthalter
Joh. Jacob Link

Württembergisches Adressbuch 1796

Kaiserl. Reichspostmeister
Hr. Johann Daniel Fischer
Posthalter
Joh. Jacob Linken Wittib

Württembergisches Adressbuch 1799

Kaiserl. Reichspostmeister
Hr. Johann Daniel Fischer
Reichs-Posthalterin
Hr. Joh. Jakob Linken Wtb.

PRO ALT-CANNSTATT
Jakob Linckh jun.
1787–1841
Griechenlandforscher und
Entdecker des Äginetenfrieses
wurde in diesem Haus geboren als Sohn der
Sophie Linckh, geb. Nagel
+1807
Ochsenwirtin und
Thurn und Taxis'sche Reichs-Posthalterin
Pro Alt-Cannstatt
59

1851 wurde das „Gasthaus Ochsen" geschlossen, der Badebetrieb noch einige Jahre weitergeführt. Um 1900 diente das Gebäude als Bettfedernfabrik, heute sind dort Wohnungen, aber auch die „Cannstatter Tafel" untergebracht. Ein immer noch öffentlicher Durchgang führt von der Brückenstraße in den ehemaligen Innenhof der „Posthalterei". Eine Tafel des „Historischen Pfades" erinnert dort an Jakob Linkh jun., des berühmten Sohns von Sophie, und seit Frühjahr 2020 nun auch an seine Mutter, nach der eine Straße im Neubaugebiet „Neckarpark" benannt werden wird.

Doch letztlich hatte Sophies Sohn Jakob jun. (1787-1841) ganz anderes im Sinn. Er wandte sich der Kunst und der Antike zu und verkaufte nach dem Tod seiner Mutter seine ererbten Anteile an der „Postmeisterboutike" und zog zunächst nach Italien, nach Rom. Dort kam er mit anderen „Philhellenen" in Kontakt, die sich Griechenland und seiner antiken Kultur verschrieben hatten. Mit ihnen ging er schließlich in das Land seiner Träume und entdeckte 1811 den „Aeginetenfries" – seit 1830 ein Prunkstück der Glyptothek in München.

Der „Ochsen" selbst wurde vom Großvater Johann Jacob Linkh weitergeführt und ging 1810 auf Christoph Adam Link über, der ihn bis 1831 betrieb und 1816 eine Neuerung einführte, indem er dem Gasthaus eine Badeanstalt angliederte, mit 18 Badezimmern samt 28 Wannen, in welche das Wasser durch Röhren geleitet wurde. „Die Communication zwischen den Wohnzimmern und Badgemächern geschieht, ohne das der Curgast in's Freie tritt. Auch hier ist ein freundlicher Garten" – mit eigener Quelle.

Text: Olaf Schulze

EUPHROSINE ZOLLER, GEB. ZAIS

Die Witwe Zoller und das „Wilhelmsbad“

Paten: Tanja und Marius Blascheck

Der Cannstatter Heimatforscher Erwin Hageloh hat in zahlreichen Zeitungsartikeln nach dem Zweiten Weltkrieg immer wieder Cannstatts Geschichte zum Thema gemacht. Mehrfach schrieb er über eines der bedeutendsten und frühesten Hotels der Kurstadt des 19. Jahrhunderts, das „Wilhelmsbad“ an der Brunnenstraße mit Bad und Kuranstalt. Allerdings war er sich selbst nicht völlig einig, wer es denn gegründet hatte, der Chirurg Johann Wilhelm Zais oder sein Sohn, der Türkisch-Rot-Fabrikant Wilhelm Zais (1772-1840). Doch in beiden Artikeln hob er die Bedeutung einer Frau aus der Familie hervor, sie war Tochter des ersten Zais und Schwester des zweiten – es war Euphrosine Zais, die ihren seltenen Vornamen von ihrer Mutter Euphrosine Zais, geborene Hauser, hatte.

Euphrosine Zais, die Tochter, hatte 1811 einen Kaufmann Zoller geheiratet. Mit ihm gemeinsam führte sie das Haus bis zum frühen Tod ihres Mannes mit gutem Erfolg. Danach übernahm „Witwe Zoller“ das Regiment komplett. Das erste Wohn- und Gasthaus war noch recht klein, aber die „Witwe Zoller“ wusste, was sie wollte, und ließ durch ihren älteren Bruder Christian Zais (1770-1820) einen Anbau mit einem stattlichen Saal ausführen und auch dem Badhaus ein drittes Stockwerk aufsetzen. Sie schuf damit quasi einen Ersatzkursaal, lange bevor der Kursaal überhaupt im Bau begonnen wurde. Und ihr großer Bruder war auch nicht irgendein Architekt, sondern ein bedeutender Vertreter des südwestdeutschen Klassizismus.

.Das „Hotel Wilhelmsbad“ an der Brunnenstraße, rechts im Hintergrund der Turm der Stadtkirche. Darstellung aus dem „Album von Cannstatt und Umgebung“ von Dr. Heinrich Ebner, Stuttgart 1868 (Vorlage: Pro Alt-Cannstatt).

Aus der Oberamtsbeschreibung 1832:

„Die Zollerische Quelle, ganz nahe bey der vorigen (der alten Sulzerrainquelle) auf einer Wiese, im Burgstall genannt. Sie zeigte sich erstmals 1814; der Eigenthümer des Guts wollte sie durch Auftragen eines Hügels abtreiben, aber als man ihr im Frühjahr 1817 etwas Luft machte, brach sie neuerdings mit Macht in einem mannsdicken Strahle hervor und fließt nun seitdem in üppiger Fülle. Sie ist bedeckt und versieht das Zollerische oder Wilhelmsbad mit Wasser. (...) Die Anstalt hat das Angenehme, daß sie an die Allee zu dem Sulzerrain-Brunnen grenzt. Von dorther, der Quelle im Burgstall, erhält sie auch ihr Wasser, das ihr mittelst eines Pumpwerks in geschlossenen Teicheln zugeführt wird."

Christian Zais (1770-1820), der gebürtige Cannstatter und ehemalige Schüler der Hohen Carls-Schule in Stuttgart hatte es zum Herzoglich-Nassauischen Landbaumeister gebracht. Er war Schöpfer des Wiesbadener Generalbebauungsplans sowie des dortigen (leider nicht erhaltenen) Kursaals; zeitgenössisches Ölgemälde im Besitz der Familie (Foto: wikipedia/commons/5/59/Christian_Zais_1770-1820.jpg).

„Sie ist nicht gestorben, sondern sie schlaeft." Klassizistisches Grabmal auf dem Steigfriedhof (Detail) nach dem Entwurf von Theodor Wagner für die 1828 im Alter von 16 Jahren verstorbene Pauline Zais, einer Nichte der Witwe Zoller, Tochter des Fabrikanten Wilhelm Zais (Foto: Pro Alt-Cannstatt).

Seinen Höhepunkt erlebte das „Wilhelmsbad" unter dem späteren Besitzer Major von Brandenstein, der eine Tochter der Witwe Zoller geheiratet hatte. Brandenstein war ein fröhlicher Mensch mit einer großen Unterhaltungsgabe, der immer wieder betonte: „Lachen sei für Kranke schon halbe Heilung." Das „Wilhelmsbad" war damals gesellschaftlicher Mittelpunkt des Kurorts Cannstatt. Neben Konzerten und Bällen fanden auch Theateraufführungen und Vorstellungen sogenannter „Lebender Bilder" statt. Auch ausländische Künstler kamen, einmal trat ein Professor aus Athen mit einem „ägyptischen Zauberpalast" auf. Beliebt war der große Garten, an manchen Tagen wurden dort mehr als 500 Tassen Kaffee getrunken. Auch Adlige und Vertreter regierender Häuser beehrten das „Wilhelmsbad", das die Witwe Zoller zur Größe gebracht hatte, mit ihrer Anwesenheit und genossen dort die familiäre Atmosphäre.

Text: Olaf Schulze

„Gast- & Badhaus der Frau Wwe. Zoller/
Hotel et Bains de Mme. la veuve Zoller":
Ansicht des „Wilhelms-Bads", um 1825,
rechts der von Christian Zais entworfene Anbau
für den Saal (Vorlage: Stadtarchiv Stuttgart).

LOUISE BARBARA SCHRAY

Dienstmagd bei Metzgermeister Canz in Cannstatt, Kindsmörderin

Patin: Cornelie Eßlinger-Graf

Am 24. März 1846 wurde die Dienstmagd Louise Barbara Schray (vereinzelt auch „Schrey" geschrieben) nach einem Aufsehen erregenden Prozess vor dem Oberamtsgericht Cannstatt „wegen vollbrachtem Kindsmords, zu eilfjähriger Zuchthausstrafe verurtheilt, auch zu Bezahlung der Prozeßkosten verpflichtet. Vermöge höchster Entschließung vom 23. April haben Seine Königliche Majestät einer Begnadigung der Schray nicht Statt zu geben, vielmehr die Vollziehung des ergangenen Straf-Erkenntnisses nach seinem ganzen Umfange zu verfügen geruht."

Ein Abort im Haus des Metzgers Canz in der Marktstraße (heute Nr. 56, das hellblau kolorierte Haus in der Bildmitte) war der Tatort des Kindmords, Ausschnitt aus einer Ansichtskarte, um 1915 (Vorlage: privat).

Bis ins 12. Jahrhundert war Kindsmord straffrei. Erst in der Peinlichen Halsgerichtsordnung Karls V. von 1532 (Constitutio Criminalis Carolina) wurde das Delikt der Kindstötung erstmals erwähnt. Nun wurden drakonische Strafen verhängt: Frauen, die ihre Kinder getötet hatten, wurden lebendig begraben, gepfählt oder ertränkt – typische „Frauenstrafen", die im 16. und frühen 17. Jahrhundert häufig verhängt wurden. Die harten Strafen sollten zur Abschreckung dienen, denn die Tötung von Neugeborenen war weit verbreitet. Die Täterinnen stammten zumeist aus den Unterschichten. Wirtschaftliche Gründe – die Familie konnte ein zusätzliches Kind nicht ernähren – oder im Falle eines unehelichen Kindes die Angst vor gesellschaftlicher Ächtung standen dabei im Vordergrund.

In Württemberg wurde bei Kindsmord die Todesstrafe durch das Schwert verhängt. In den Jahren 1678 bis 1707 erhöhte sich die Anzahl der Verfahren so sehr, dass nun die Todesstrafe durch das Schwert zur Abschreckung mit dem Aufspießen der Köpfe verbunden wurde. Erst Ende des 18. Jahrhunderts im Zuge der Aufklärung veränderte sich die Rechtssprechung. Herzog Carl Eugen begnadigte erstmals 1785 Anna Catharina Ohnmaiß von Rotenberg zu einer Zuchthausstrafe.

Louise Barbara Schray war nach eigenen Angaben zum Zeitpunkt der Tat 23 Jahre alt. Sie war die Tochter eines „ehrbaren und nicht vermögenslosen Weingärtner zu Hedelfingen, der aber noch 11 Kinder" hatte. Seit ihrem 17. Lebensjahr war sie zunächst in Hedelfingen, dann in Untertürkheim, zuletzt bei Metzger Canz in Cannstatt als Magd in Diensten. Dort freundete sie sich mit dem Metzgerknecht Chr. Schippert an und wurde von ihm schwanger. Im Prozess sagte Schray aus, sie habe von der Schwangerschaft nichts gemerkt, sie sei schon immer kränklich gewesen, habe unregelmäßig menstruiert und ihr Unwohlsein auf einen verdorbenen Magen zurückgeführt. Auch als schließlich ihre Umgebung aufmerksam wurde und sie nach einer Schwangerschaft fragte, leugnete sie diese. Schließlich überzeugte sie aber ihre Dienstfrau, einen Arzt aufzusuchen. Das sollte am 8. November 1845 geschehen. Am Morgen diesen Tags aber wurde ihr schlecht, und noch vor dem Arztbesuch brachte sie das Kind auf dem Abtritt zur Welt. Im Stuttgarter Neuen Tagblatt wird darüber berichtet:

„Hier aber fühlte sie, daß das Kind komme; daher sie schnell aufstand und mit dem Rücken zur Thüre gekehrt das Kind erwartete; es schoß schnell hervor, mit dem Kopf zuerst und sie wollte darnach langen, es glitt ihr aber aus und fiel auf den Boden."

Schray geriet in Panik, schlug den Kopf des Kindes mehrmals auf den Boden, ging zu einem Ofenloch, um es zu verstecken und, da sie zu bemerken meinte, dass das Kind noch lebe, stach sie mehrmals mit einer Mistgabel auf es ein, „damit das arme Kind nicht länger leide", wie sie aussagte. Später nahm sie die Leiche des Kindes mit auf ihr Zimmer und legte sie an das Fußende ihres Bettes. Nachdem Blutspuren im Haus und die Leiche des Kindes gefunden worden waren, wurde Anzeige bei Gericht gemacht.

Schray sagte aus, dass sie auch ihrem Liebhaber ihre Schwangerschaft verheimlicht habe, da er ihr gesagt hatte, er würde sie in einem solchen Fall verlassen und nach Amerika gehen. Ihrer Herkunftsfamilie konnte sie sich nicht anvertrauen, da sie Angst vor der Reaktion ihres Vaters hatte. Dieser hatte, als eine andere Tochter schwanger wurde, angedroht, „die erste, die ihm wieder so komme, umzubringen, was er öfter wiederholte."

Die Verteidigung argumentierte, dass die Verzweiflung darüber, dass der Liebhaber sie verlassen habe, und die Angst vor ihrem Vater Louise Barbara Schray zu ihrer Tat bewogen habe und sie diese nicht mit Vorsatz verübt habe. Außerdem sei der Tod des Kindes vermutlich schon durch den Sturz auf den Steinboden erfolgt. Die Autopsie ergab auch tatsächlich, dass die Stiche mit der Mistgabel erst post mortem zugeführt worden waren. Das Strafmaß, 11 Jahre Zuchthaus, blieb hinter dem Antrag der Staatsanwaltschaft zurück. Das Gericht sah in der Tatsache, dass Schray die Aborttür nicht verriegelt, ja, noch nicht einmal eingeklinkt hatte, den Beweis dafür, dass die Tötung des Kindes nicht mit Vorbedacht geschah.

Der Prozess erregte großes öffentliches Aufsehen. Das Stuttgarter Neue Tagblatt berichtete am 26. März: „Die Zahl der Zuhörer war wieder so bedeutend, daß wer nicht gleich um 8 Uhr bei Eröffnung des Saals zugegen war, im Sitzungszimmer keinen Platz mehr finden konnte. Einer Person wurde es in dem Gedränge übel und sie mußte weggeführt werden."

Über den weiteren Lebensweg der Louise Barbara Schray ist nichts bekannt.

Text: Claudia Weinschenk

Haus Marktstraße 56, Herbst 2017 (Foto: Claudia Weinschenk).

† (Oeffentliche Schlußverhandlung zu Eßlingen am 24. März 1846. Die Zahl der Zuhörer war wieder so bedeutend, daß wer nicht gleich um 8 Uhr bei Eröffnung des Saals zugegen war, im Sitzungszimmer keinen Platz mehr finden konnte. Einer Person wurde es in dem Gedränge übel und sie mußte weggeführt werden. Nachdem die Angeschuldigte von den Gensdarmen auf Befehl des Präsidenten eingeführt war, erklärte sie auf Befragen, daß sie Louise Barbara Schrey heiße, von Hedelfingen gebürtig, 23 Jahre alt, ledig, Dienstmagd, protestantisch, noch nie gestraft und vorerst noch ohne Vermögen sey. Der Thatbestand des Verbrechens ist nach der vom Herrn Staatsanwalt von Jasmund verlesenen Anklageakte folgender: Am 8. Nov. v. J. Nachmittags wurde dem K. Oberamtsgericht Cannstatt die Anzeige gemacht, daß im Hause des Metzgermeisters Canz zu Cannstatt dessen Dienstmagd Louise Barbara Schrey von Hedelfingen ein Kind geboren, dasselbe aber mit allen Zeichen gewaltsamer Ermordung in ihrem Bette gefunden worden sey. Das K. Oberamtsgericht verfügte sofort das Nöthige, ordnete Legal-Inspektion an und verhörte die Verdächtige, die sofort verhaftet wurde. Wir übergehen den Erfund des ärztlichen Gutachtens und wenden uns gleich zu dem Ergebniß und dem Verlauf der Sache, wie sie sich aus der Untersuchung herausgestellt hat und Gegenstand der heutigen Verhandlung geworden ist.

Die Angeschuldigte ist die Tochter eines ehrbaren und nicht vermögenslosen Weingärtners zu Hedelfingen, der aber ausser ihr noch 11 Kinder hat. Ihr Vater war ein rechtlicher aber strenger Mann, der seine Kinder alle zur Arbeit anhielt und überhaupt strenge Kinderzucht übte. Als einmal eine der Töchter schwanger kam, gerieth er in höchste Wuth und drohte, die erste, die ihm wieder so komme, umzubringen, was er öfter wiederholte. Die Angeschuldigte hatte stets die besten Zeugnisse und erfreute sich bis zu ihrer Verhaftung eines unbefleckten Rufes; bis in ihr 17. Jahr war sie im elterlichen Hause, worauf sie in Hedelfingen, dann in Untertürkheim und zuletzt bei Metzger Canz in Cannstatt in Dienste kam. Hier wurde sie mit dem Metzgerknecht Chr. Schippert von Waldrems bekannt, der mit ihr bei Canz diente; von diesem wurde sie um Lichtmeß 1845 schwanger. Da sie indeß früher öfter kränklich gewesen und an Fieber u. dgl. gelitten habe, wo ihre Menstruation unregelmäßig gewesen, habe sie, als diese jetzt wieder ausblieb, nicht an eine Schwangerschaft gedacht, sondern geglaubt, es stellen sich die alten Umstände wieder ein. Ja auch später und selbst als das Kind sich regte, will sie an ihre Schwangerschaft nicht geglaubt haben, denn als es Kirschen gab, sagte sie, wurde ihr vom Arzte zweimal Arznei verordnet, als wäre sie vom Bandwurm, den sie früher schon gehabt, geplagt und

(...)

Aus dem Bericht über die öffentliche Schlussverhandlung über die Kindsmörderin Louise Barbara Schray (auch Schrey), Ausschnitt aus „Neues Tagblatt für Stuttgart und Umgebung" vom 26. März 1846 (Vorlage: privat).

Auf die Frage des Präsidenten an die Angeschuldigte, ob sie noch etwas zu ihrer Vertheidigung vorzubringen habe, sagte sie etwas beklommen und verworren, sie habe eben nicht gewußt was sie gethan, sie sey nicht bei sich gewesen, sie habe vorher keinen Gedanken gehabt, sie sey nicht entschlossen gewesen, es auszuführen und dgl. mehr, was der Präsident (vielleicht noch von dem Gedanken an den Aufrecht'schen Widerruf bei der Verhandlung wegen Falschmünzerei erfüllt) für einen Widerruf ihrer früheren Geständnisse hielt und demgemäß weiter und ernster in die Angeschuldigte drang, was sie noch verlegener und verwirrter machte, bis sie am Ende nur noch Stillschweigen entgegenzusetzen wußte. Dieß nahm der Hr. Präsident für Verstockung; er las deshalb der Angeschuldigten ihre früheren Geständnisse aus dem Untersuchungs-Protokoll vor und ließ ihren angeblichen Widerruf zu Protokoll nehmen. Indeß scheint es dem Referenten, wie dem ganzen Auditorium, was er deutlich bemerkte, daß der Herr Präsident sich im Irrthum befand und daß die Angeschuldigte mit ihrer Angabe nichts widerrufen, sondern nur ihren Zustand in dem Augenblick der That ausdrücken und höchstens die Annahme des Vorbedachts ablehnen wollte, nicht aber das, daß sie während der Geburt den Entschluß des Mords gefaßt habe.

„Etwas beklommen und verworren …", schien dem Berichterstatter Louise Barbara Schray bei ihrer Antwort auf die Frage, was sie zu ihrer Verteidigung vorzubringen habe – Bericht (Fortsetzung) über die öffentliche Schlussverhandlung, Ausschnitt aus „Neues Tagblatt für Stuttgart und Umgebung" vom 29. März 1846 (Vorlage: privat).

WITWE HAAG

Opfer eines Raubmords
„Ihre Erben waren – lachende“

Patin: Marie-Luise Lutz

Am 14. Dezember 1847 war der Verhandlungssaal des Esslinger Gerichtshofs mit Neugierigen aus Cannstatt und Esslingen gut gefüllt. Der Raubmord an der 82-jährigen Witwe des Cannstatter Schustermeisters Friedrich Haag, wohnhaft in ihrem Haus in der Heim'schen Gasse mitten in der Altstadt, war seit einem Jahr in aller Munde gewesen. Den geständigen Mördern drohte der Tod.

Georg Friedrich Schaff (1809 in Cannstatt geboren) war bislang ein unbescholtener und liebevoller Familienvater gewesen. Seit 1838 verheiratet, hatte er drei Kinder. Die 1840er Jahre waren eine wirtschaftlich sehr schwierige Zeit, Missernten und Teuerung führten zu Armut. Ursprünglich Weingärtner und Besitzer einiger ersparter kleinerer Güterstücke, geriet er in Not, musste als Tagelöhner arbeiten, die Wohnung verlassen und lebte allein auf der Heubühne im Haus seiner Mutter. Der gleichaltrige Conrad Mauthe (aus Hausen im Oberamt Tuttlingen), zuletzt Fuhrknecht, war ein anderer Fall. Er führte ein unstetes Leben, war aber nur einmal straffällig geworden. Beim „Kiesschießen“ als Taglöhner am Neckar zwischen Cannstatt und Gaisburg, hatte Schaff Mauthe von seiner Not und der stadtbekannt geizigen wie reichen Witwe Haag erzählt.

In der Nacht vom 15. auf den 16. Oktober 1846 durchsuchten sie bis auf die verriegelte Schlafstube das Haus und zogen sich unverrichteter Dinge in den Keller zurück. Als gegen 6 Uhr in der Früh die Witwe Haag aufstand, um die Gänse zu füttern, wurde sie von Schaff überrascht und gepackt und von Mauthe gewürgt. Es konnte nicht eindeutig festgestellt werden, ob das Opfer „vor Schreck“ gestorben war, oder als Folge des Würgens. Danach fanden die beiden rund 300 Gulden und machten sich aus dem Staub, wurden jedoch in den nächsten zwei Tagen gefasst und verhaftet. Das am 14. Dezember 1847 gefällte Todesurteil wurde durch das Königliche Obertribunal bestätigt. Bei der Hinrichtung der beiden auf dem Kieswasen am 14. Juni 1848 kam es zu tumultartigen Szenen, da ein Teil der Anwesenden die Aufmerksamkeit politisch nutzen wollte. Sie zerstörten das Schafott, warfen Teile in den Neckar, und riefen dabei: „Es lebe Hecker, es lebe die Republik, es lebe die Freiheit!“ Militär stellte die Ordnung wieder her. Und kurz nach 17 Uhr wurde die Exekution durch das Schwert vollzogen.

Das Besondere in diesem Fall liegt aber auch in der zeitgenössischen Beschreibung des Opfers, die kein Mitgefühl erkennen lässt (siehe Zitat rechts außen und Zeitungsausschnitt) und in dem Satz endet: „Ihre Erben waren wörtlich und wirklich – lachende.“ Ihr zum Teil unter Erbsen und Linsen und Stroh verstecktes Vermögen belief sich auf 16.000 Gulden.

Text: Olaf Schulze

Aktenmäßige Darstellung
des von

Conrad Mauthe von Hausen

und

Georg Fr. Schaff von Cannstadt

an der 82jährigen Wittwe **Haag** in Cannstadt
begangenen Raubmords.

Mit den Lebensbeschreibungen der Ermordeten und der Mörder,
nebst Beschreibung der Hinrichtung.

Manche Cannstatter „alte Weiber" sahen in der Witwe Haag sogar eine „Hexe". Ausriss aus einem Bericht über den Schlusstag des Prozesses im „Neuen Tagblatt für Stuttgart und Umgegend" vom 15. Dezember 1847 (Vorlage: privat).

Verena, begangen wurde. In Betreff der Gewohnheiten und des Charakters der Ermordeten, verweisen wir auf die Nro. 243 vom vorigen Jahre; sie war unendlich geizig, abgeschlossen, (Manche behaupten sogar, sie habe trotz dem, daß sich ein Vermögen von 16,000 fl. meist baar im Hause versteckt, bei ihr ergab, noch Armenunterstützung genossen; dies ist jedoch nicht wahr; es beruht wahrscheinlich diese Behauptung auf der Thatsache, daß sie um Erlassung der Kapitalsteuer eingekommen war) und wie sich allgemein zeigt, wegen ihres abstoßenden, grämlichen, widerwärtigen Wesens durchaus unbeliebt; alte Weiber meinten sogar, sie stehe mit dem Teufel im Bund, sie seye eine Hexe; Andere sagten, sie treibe Wucher. Das glaubte man aber allgemein, daß sie reicher sey, als sie dafür gelten wolle und daß sie viel Geld versteckt habe. Schaaff war durch Leichtsinn und

„Die 82jährige Wittwe Haag.

Seit ungefähr 16 Jahren lebte dieselbe still und zurückgezogen als Wittwe des Schustermeisters Friedrich Haag in der Stadt Cannstadt im sogenannten Heim'schen Gäßchen. Ihr Geiz, aber auch ihr Reichthum, war stadtkundig, namentlich stand sie allgemein im Ruf, bedeutende Summen baaren Geldes in ihrem Haus aufzubewahren, aus Furcht, beim Ausleihen dasselbe zu verlieren. Sie aß vor Geiz nicht satt oder schlecht; schlief vor Geiz nicht in ihrem Bett; verrammelte allnächtlich ihre Hausthüre mit verschiedenerlei Geräthschaften, nur um nicht einige Kreuzer auf Reparatur von Schloß und Thüre verwenden zu müssen. Ihr ganzes Häuschen war die förmlichste Lotterfalle, und es ist aktenmäßig, daß in demselben seit dem Jahr 1842, wo ein Diebstahl an ihr versucht wurde, kein Nagel darin geschlagen wurde.

Auch ihre Person gab ganz das Bild des ausgesprochensten Geizes: nicht groß, gebückt, abgemagert, ledern, – ungefähr 82 Jahre alt, aber stets gesund, rührig, geschäftig, noch einen Tag vor ihrem Ende mit einer kleinen Hauswasche beschäftigt.

Eine gute, menschenfreundliche, theilnehmende Handlung wird schwerlich aus ihrem langen Leben aufzuweisen seyn, auch wurde keine Stimme des Mitleides über ihr trauriges Ende laut. – Ihre Erben waren wörtlich und wirklich – lachende."

Aus „Aktenmäßige Darstellung des von Conrad Mauthe von Hausen und Georg Friedrich Schaff von Cannstadt an der 82jährigen Wittwe Haag in Cannstadt begangenen Raubmords." (...) Stuttgart 1848. Titel der achtseitigen Schrift, siehe Bild oben links (Vorlage: WLB Stuttgart).

ELISABETHE VON SPITZEMBERG

Ehrenbürgerin Cannstatts
Beruf: Staatsdame der Königin Pauline

Patin: Friederike Barth

Henriette Heine, die Ehefrau des bedeutenden Orthopäden Heine, war 1830 noch als Braut zusammen mit ihrem zukünftigen Mann zur ersten Ehrenbürgerin Cannstatts ernannt worden (siehe Kapitel über Henriette Heine, S. 82 ff.). Auch die zweite (und letzte) Ehrenbürgerschaft für eine Frau in Cannstatt erhielt diese aufgrund der Verdienste ihres Mannes um die Entwicklung der Kureinrichtungen. Es war im Mai 1843, als sich Franz Xaver Freiherr Hugo von Spitzemberg (1781-1864), königlich württembergischer Oberst-Kammerherr, Generalleutnant und Hofjägermeister, an den Stadtschultheißen der Stadt Cannstatt wandte, mit der Anfrage, ob sich „das fragliche Bürgerrecht nicht auf seine Kinder erstrecke", da er es am 7. Mai 1822, als zweiter in Cannstatt überhaupt, verliehen bekommen hatte und zwar aufgrund seiner Verdienste um den jungen Brunnenverein, dessen erster „einsichtsvoll und kräftig" wirkender Vorstand er im Jahr zuvor geworden war. Oder ob man nicht zumindest seinem ältesten, „kürzlich zum Lieutenant ernannten Sohn Wilhelm (...) gegen die Gebühren in das hiesige Bürgerrecht" aufnehmen könne. Als Franz Xaver Freiherr von Spitzemberg das Ehrenbürgerrecht bekommen hatte, war er noch unverheiratet gewesen.

Die Ehe mit Elisabeth Freiin von Massenbach hatte er am 24. Oktober 1823 geschlossen und das Paar hatte mittlerweile vier Söhne: Wilhelm (1825-1888), Carl (1826-1880), Alfred (1830-1848) und Franz (1841-1871). Das Cannstatter Stadtratsprotokoll vermerkt hierzu, dass der Rat der Stadt den „Dank für die thätigen u. erfolgreichen Bemühungen, mit welchen sich Dieselben als Präsident des hiesigen Brunnenvereins unausgesetzt das Aufblühen der Cur- u. BadeAnstalten angelegen seyn laßen, dadurch an den Tag zu legen, daß sie (am 30. Mai 1843) einstimmig beschließen: der ganzen Familie (...) das Ehrenbürgerrecht der hiesigen Stadt, frey von allen AufnahmeGebühren u. Sporteln zu ertheilen". Und so kam auch die Ehefrau des Anfragenden in den Genuss der Ehrenbürgerschaft, obwohl er für sie nicht angefragt hatte.

Über „Freifrau Elisabethe Charlotte Amalie Juliane (von Spitzemberg), geb. v. Massenbach, geb. d. 29. April 1803 in Berlin", wie das Protokoll ihren Namen aufführt, ist fast nichts in Erfahrung zu bringen. Ein Porträt hat sich vermutlich nicht erhalten. Die Freiherren von Massenbach sind ein altes, ehemalig reichsunmittelbares Rittergeschlecht aus Schwaben, die seit dem 12. Jahrhundert greifbar sind und ihren Stammsitz in Massenbach (heute ein Ortsteil von Schwaigern bei Heilbronn) hatten. Elisabeths Eltern waren der Königlich Württembergische Staatsrat Dorotheus Friedrich Eberhard Ferdinand Freiherr von Massenbach (1760-1825) und seine Frau Karoline Freiin von Seckendorff (1770-1839), die am 21. Mai 1797 ihre Ehe geschlossen hatten. Elisabeth von Spitzemberg war Hofdame bei Königin Pauline von Württemberg, der dritten Ehefrau

König Wilhelms I. Als sie am 17. Mai 1857 im Alter von nur 54 Jahren unerwartet an den Folgen einer Lungenentzündung in Stuttgart starb, hatte sie den Rang einer „Staatsdame" bei Königin Pauline inne. Die „Staatsdamen" bekamen für ihre Tätigkeit bei Hofe, die nicht nur in der Repräsentation bei Empfängen und Staatsakten bestand (um die Königin noch bedeutender erscheinen zu lassen), sondern auch Aufgaben als Gesellschafterinnen und engste Vertraute übernahmen, eine Apanage – es war ein Beruf. Auch auf der Inschriftenplatte des Familiengrabes der von Spitzembergs auf dem Pragfriedhof in den ehemaligen Gruftgräbern nahe dem Haupteingang liest man den Eintrag „Staatsdame" hinter dem Namen der Verstorbenen.

Text: Olaf Schulze,
Mitarbeit: Dr. Manfred Schmid und Matthias Busch

Grabmal der Familie von Spitzemberg auf dem Pragfriedhof, Herbst 2020 (Fotos: Pro Alt-Cannstatt).

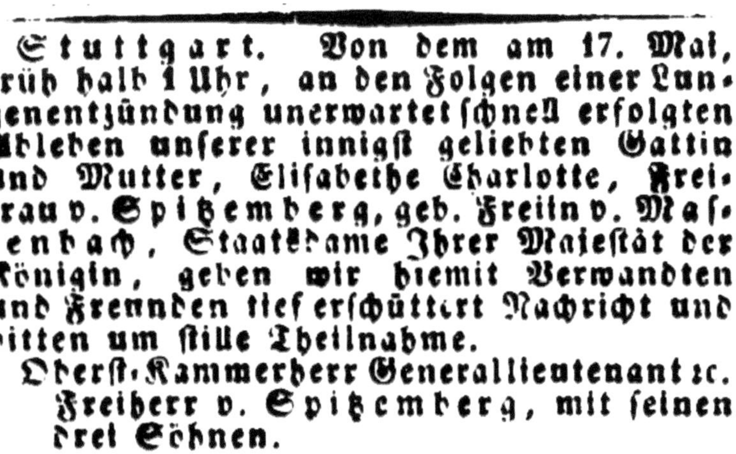

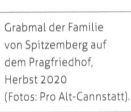

Stuttgart. Von dem am 17. Mai, früh halb 1 Uhr, an den Folgen einer Lungenentzündung unerwartet schnell erfolgten Ableben unserer innigst geliebten Gattin und Mutter, Elisabethe Charlotte, Freifrau v. Spitzemberg, geb. Freiin v. Massenbach, Staatsdame Ihrer Majestät der Königin, geben wir hiemit Verwandten und Freunden tief erschüttert Nachricht und bitten um stille Theilnahme.

Oberst-Kammerherr Generallieutenant ꝛc. Freiherr v. Spitzemberg, mit seinen drei Söhnen.

Todesanzeige der Familie in der „Schwäbischen Kronik" vom 20. Mai 1857 (Vorlage: Württembergische Landesbibliothek Stuttgart).

Titelblatt der Leichenpredigt für Elisabethe Charlotte von Spitzemberg (29. April 1803 in Berlin – 17. Mai 1857 in Stuttgart; Vorlage: Württembergische Landesbibliothek Stuttgart); den Nachruf am Grab am 19. Mai 1857 hielt Oberhofprediger Dr. von Grüneisen – in dem für die damalige Zeit typischen Sprachstil (Zitat unten):

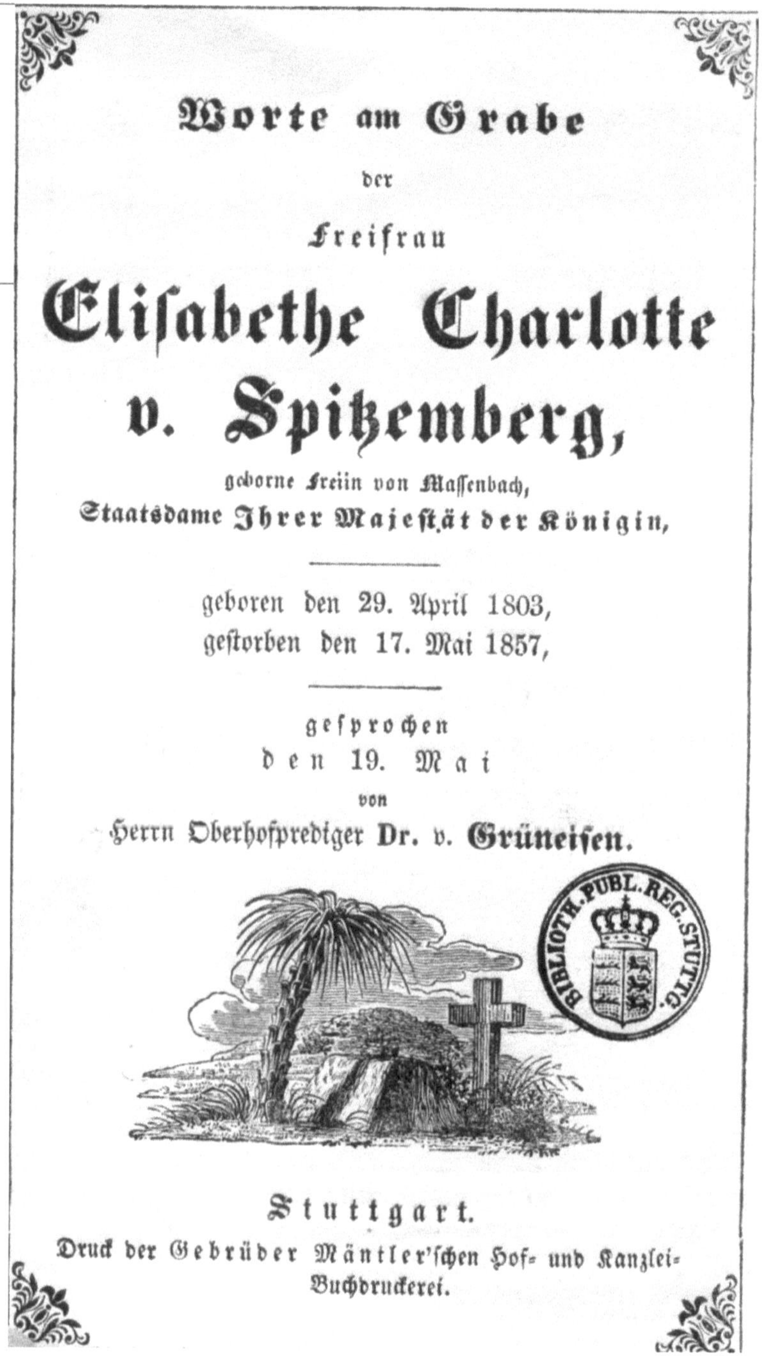

Worte am Grabe

der

Freifrau

Elisabethe Charlotte

v. Spitzemberg,

geborne Freiin von Massenbach,

Staatsdame Ihrer Majestät der Königin,

geboren den 29. April 1803,

gestorben den 17. Mai 1857,

gesprochen

den 19. Mai

von

Herrn Oberhofprediger Dr. v. Grüneisen.

Stuttgart.

Druck der Gebrüder Mäntler'schen Hof- und Kanzlei-Buchdruckerei.

„Mitten aus dem Wohlgefühl einer fast nie gestörten Gesundheit; von der Seite des Gemahls, der in seinen vorgerückten Jahren alles eher erwarten mochte, als daß er zurückbleiben statt vorausgehen sollte; aus einem Familienkreise, welchem eben zunächst die heiterste Feier bevorstand, um unter den Söhnen auch eine Tochter zu besitzen; aus einem ehrenvollen Berufe, dem die Hochachtung Aller zur Seite stand; – aus alle dem ist die edle Frau herausgetreten (...). Wir danken Gott, daß Er sie zum glücklichen Werkzeuge des Wohltuns ihrer hohen Fürstin gemacht, daß er ihrem eigenen Herzen so viel Sinn zu stillem Gutesthun eingeflößt, so viel gerechte Anerkennung, Liebe und Verehrung zugewendet, auch daß Er ihr noch über die letzten schweren Tage und dunklen Stunden unter ernstlichem Gebet und mit dem noch frischen Segen ihrer jüngsten Charfreitagsandacht hinübergeholfen hat. Dort wird sie schauen, woran sie hier geglaubt, ernten was sie gesäet, und mit ihrer Fürbitte segnend auf die theuern Hinterbliebenen niederschauen."

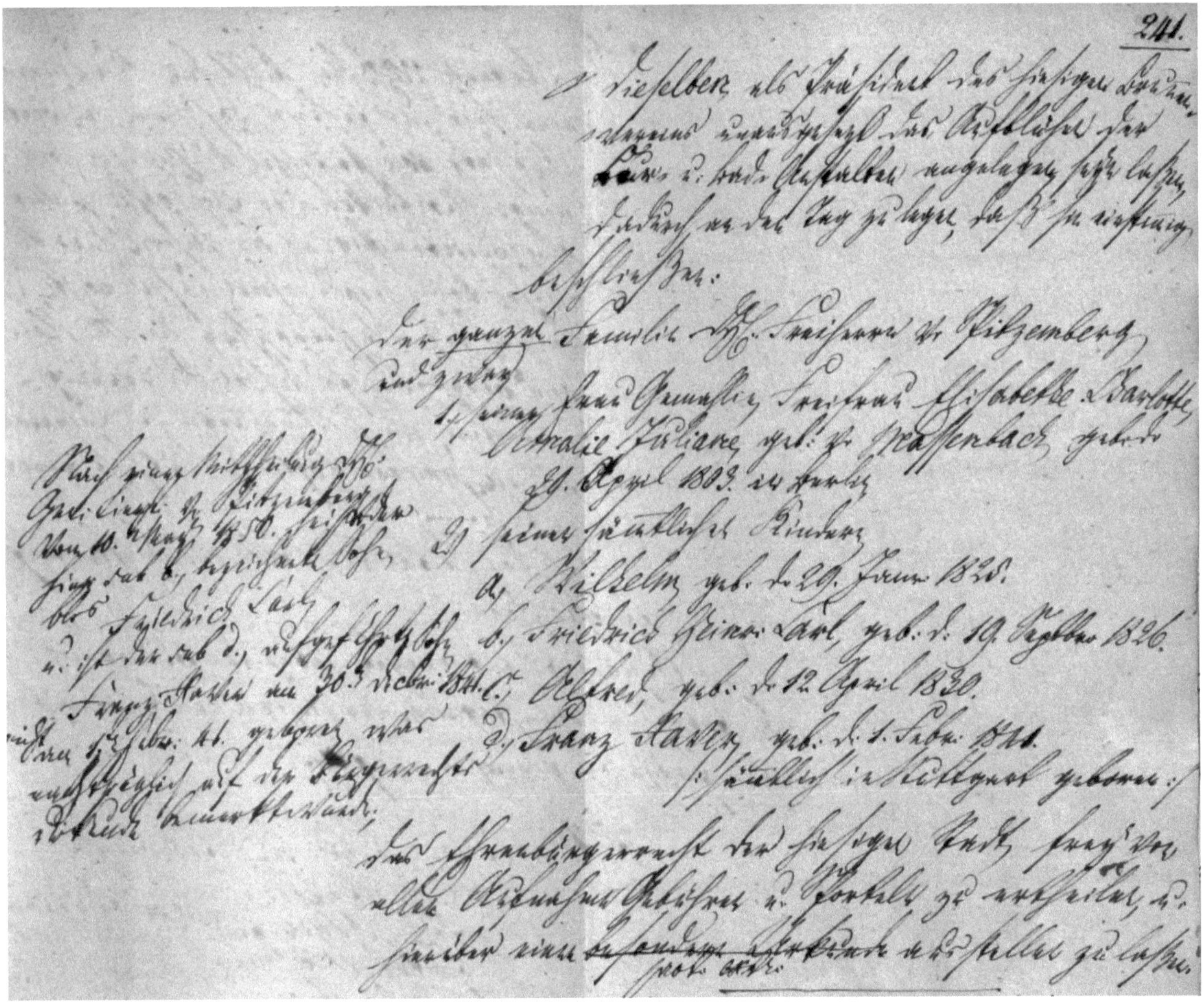

Auszug des Cannstatter Stadtratsprotokoll vom 30. Mai 1843 betreffend die Erteilung der Ehrenbürgerschaft an Elisabethe von Spitzemberg und ihre vier Söhne (Vorlage: Stadtarchiv Stuttgart).

HENRIETTE HEINE, GEB. CAMERER

Erste Ehrenbürgerin Cannstatts

Patin: Monika Rahm

Die Verleihung der Ehrenbürgerwürde begann in deutschen Städten in den Jahren um 1800. Die erste Person, die in Cannstatt Ehrenbürger wurde, war ein Mann: Hofrat Karl Friedrich Sick wurde 1818 für seine Verdienste um die Gestaltung des Kurparks und den Ausbau der Brunnenanlagen am Sulzerrain ausgezeichnet. Bis zur Vereinigung mit Stuttgart 1905 wurden insgesamt 24 Menschen Ehrenbürger Cannstatts, darunter waren nur zwei Frauen. Beide Verleihungen liegen in der ersten Hälfte des 19. Jahrhunderts und hängen unmittelbar mit der Entwicklung Cannstatts als Kurort zusammen.

Die erste Frau wurde 1830 ausgezeichnet. Es war die 23-jährige Braut von Jakob Heine, der 1829 in Cannstatt seine orthopädische Heilanstalt eröffnet hatte: Henriette Ludovike Camerer (1807-1874), Tochter des Kirchenratsdirektors Johann Bernhard von Camerer. Beide, Heine und seine damalige Braut und seit 1831 Ehefrau, wurden von der Gemeinde Cannstatt ausgezeichnet als „einen Beweis ihres Willkommens in der hiesigen Stadt und des Wohlgefallens an seinem Institut (...) In Anerkennung der Wichtigkeit dieses Etablissement und um die Wertschätzung ihrer Person (...).“

> „Frau Heine hat Decken, Bettwäsche, Handtücher und viele andere Dinge gekauft ... und sie wäre dir sehr dankbar, wenn Du einen Bankier in Stuttgart nennen könntest, von dem sie Geld, wenn nötig, erhalten könnte.“
>
> Brief von Emily Bulwer-Lytton, 15-jährige Patientin der Heine'schen orthopädischen Klinik aus englischem Adelsgeschlecht, Cannstatt, im Oktober 1843, an ihren Vater, den Schriftsteller Edward Bulwer-Lytton.

Henriette Heine war in der Cannstatter Gesellschaft integriert und kümmerte sich neben dem privaten Haushalt auch um die Patienten ihres Mannes. Sie war quasi die Pflegedirektorin der Heilanstalt, stellte und bezahlte Rechnungen und organisierte auch das Sozialleben und die Freizeit der zum Teil sehr jugendlichen stationären Patienten, die oft mehrere Monate in Cannstatt weilten. Kurzum sie trug gemeinsam mit ihrem Mann zum guten Ruf der Anstalt bei. Der berühmte Hautarzt Albert Veiel formulierte es 1852 in seinem Buch „Die Mineralquellen von Cannstatt“ so: „Neben der Sorge um die körperliche Genesung lassen die Mittel zur geistigen Ausbildung und die Erziehung im höheren Sinne des Wortes keinen Wunsch übrig, indem der Unterricht durch Hauslehrer und Gouvernanten auf das Gewissenhafteste besorgt wird, und die Frau des Vorstands den Curanden im vollsten Sinne des Wortes als Mutter zur Seite steht, sie treulich bewacht und unterstützt

Gartenansicht der Orthopädischen Heilanstalt der Heines an der Badstraße, mit (von links nach rechts) Pavillons, zwei Mineralbrunnen (im Hintergrund vor den Häusern), Saal der Gipsabdrücke, davor die Turnhalle und ganz rechts hinten das Sulzbad mit der „salinischen Eisenquelle", Lithographie von 1854 (Foto: Stadtarchiv Stuttgart).

Henriette Ludovike Heine, geb. Camerer (1807-1874), Carte de Visite-Fotografie des Stuttgarter „Hofphotographen Maler Buchner," vermutlich 1873, rückseitig bezeichnet mit „Frau Hofrath von Heine" (Foto: Sammlung Pro Alt-Cannstatt; erworben aus dem Besitz der Grafen von Adelmann).

Grabstein der Henriette Heine geb. Camerer (1807-1874) auf dem Uffkirchhof im Familiengrab Heine (Foto: Pro Alt-Cannstatt).

von ihren liebenswürdigen Töchtern für alle ihre Bedürfnisse sorgt." Henriette Heine hatte zwei Söhne, Karl Wilhelm und Adolf. Während Adolf in den diplomatischen Dienst ging, wurde Karl Wilhelm ein überregional bekannter Chirurg. Er war Professor und Leiter einer von ihm aufgebauten Klinik in Prag und starb bei einem Besuch in Cannstatt 1877 an Darmdiphtherie. Das Grab der Familie befindet sich auf dem Uffkirchhof. Bis heute gibt es in Cannstatt einen medizinischen Schwerpunkt im Bereich der Orthopädie. Den Grundstein dazu legten Jakob Heine und seine Frau Henriette. Die zweite Frau, der das Cannstatter Ehrenbürgerrecht verliehen wurde, war 1843 Elisabethe Freifrau von Spitzemberg (1803-1857; vgl. das Kapitel in diesem Buch, S. 78 ff.).

Text: Olaf Schulze und Dr. Manfred Schmid,
Mitarbeit: Matthias Busch

Teilrechnung für den Privatunterricht von Emily Bulwer-Lytton (Stunden in Deutsch, Literatur, Religion, Klavier, Gesang und Tanz) in der Heine'schen Klinik, ausgestellt von Henriette Heine auf Französisch am 28. April 1844. Um die 145 Gulden am Schluss (Zimmernutzung u.a.) wurde zwischen dem Vater der Patientin, Edward Bulwer-Lytton, und Frau Heine lange gerungen (Vorlage: privat).

Compte pour les petites dépenses de Mademoiselle Bulwer.

Pour l'instruction allemande du mois de Decembre 1843
de Janvier et de Fevrier 1844 — — — 5 f 4
pour les leçons allemandes avec Mademoiselle Bosch, le 1ier Fevrier 44 4. —
... 12 leçons de piano le 15 Fevrier 44 — — — 6. —
... les leçons de religion et de literature depuis le 11 Decemb
jusqu'au 11 Mars 1844 — — — 3. —
jusqu'ici allait l'autre compte, et depuis ce tems nous avons
encore dépensé:
Pour l'instruction allemande du mois de Mars 1844 — 1. 40
... les leçons de danse — 3. 24
... 12 leçons de chant a Madame Wallbach le 24 Avril 43. 12.
... 10 — — — allemandes avec Mademoiselle Bosch — 4. —
... le bois du 2 Decembre 1843 jusqu'a la fin de l'hiver 18. 29

88 / 49
145
233 —

Cannstatt le 28 Avril 1844

Henriette Heine.

HENRIETTE VON SECKENDORFF

Gebetsheilerin, Gründerin der Villa Seckendorff in Cannstatt

Patin: Sigrid Gruber

Henriette von Seckendorff-Gutend wurde am 22. April 1819 im Familienschloss zu Obernzenn in Mittelfranken geboren (heute Landkreis Neustadt an der Aisch – Bad Windsheim). Sie war das jüngste von acht Kindern.

Ihre Mutter Jeanette geb. Freiin von Seckendorf (die Eltern waren Geschwisterkinder) starb, als Henriette ein halbes Jahr alt war, ihren Vater verlor sie mit zwei Jahren. Während ihre älteren Geschwister von Verwandten aufgenommen wurden, verblieben sie und ihre ein Jahr ältere Schwester im Familienschloss, wo sie von einer französischen Gouvernante erzogen wurden. Pflegevater und Vormund wurde der Bruder der Mutter, der Forstrat in Wallerstein/Bayern war und nach zwei Jahren die Mädchen bei sich aufnahm.

Henriette von Seckendorff-Gutend (1819-1878), um 1870 (Vorlage: privat). Sie entstammte einem alten fränkischen Adelsgeschlecht und war die jüngste von acht Geschwistern. Nachdem sie mehrere schwere Erkrankungen überstanden hatte, sah sie ihre Lebensaufgabe darin, Jesus zu dienen – und zwar durch tätige Barmherzigkeit an Kranken.

Henriettes Erziehung war nicht geprägt von einer Hinführung zu christlich-pietistischen Werten. Ihre Pflegeeltern hielten sie im Gegenteil dazu an, standesgemäße gesellschaftliche Vergnügungen zu besuchen. Später schrieb sie darüber: „Es ist eine rechte Heuchelei, wenn man meint, man könne solche Lustbarkeiten mitmachen und dabei dennoch an den Heiland denken und bei ihm bleiben, da man bei diesen Gelegenheiten doch nur Augenlust und Hoffart treibt." Erst mit 22 Jahren fiel ihr eine Sammlung mit Liedern und Gedichten ihres Urgroßvaters, des Politikers und evangelischen Liederdichters Freiherr Christoph Carl Ludwig von Pfeil (1712-1784), in die Hände. Dieser Band sollte ihren weiteren Weg prägen.

Mit 23 Jahren zog Henriette nach Stuttgart, wo sie bei Frau Professor Klaiber, „einer ernsten Christin", wohnte. Kurz danach erkrankte sie schwer. Ein Rückenmarksleiden führte zur Lähmung der Beine, später kam noch Typhus dazu. Behandelt wurde sie in der Schweiz. Krankheit und Heilung wurden für sie zu einer entscheidenden spirituellen Erfahrung und vertieften ihren Glauben.

Ansichtskarte mit den Gebäuden der „Villa Seckendorff", gelaufen 1911 (Vorlage: privat). Unter Anna Schlichter, der Nachfolgerin der Henriette von Seckendorff-Gutend, wurde eine Kapelle errichtet, die am 20. August 1899 eingeweiht wurde.

Nach ihrer Genesung kam sie zurück nach Stuttgart und begann mit Besuchsdiensten bei den Bewohnerinnen des Stuttgarter Bürgerhospitals. Sie kam in Kontakt mit dem pietistischen Pfarrer Johann Christoph Blumhardt und mit der Heilerin Dorothea Trudel, die in Männedorf/Schweiz durch Handauflegen heilte. Beide beeinflussten von Seckendorff-Gutend nachhaltig. Vor allem ein einjähriger Aufenthalt bei Trudel hinterließ Spuren. Zurück in Stuttgart setzte Henriette ihre Krankenbesuche fort. Mittlerweile allerdings war sie so bekannt, dass Hilfesuchende sie auch in ihrer Wohnung aufsuchten. So entstand die Idee, ein Krankenerholungsheim zu errichten. Sie konnte ein Grundstück auf dem Cannstatter Seelberg erwerben und mit vielseitiger finanzieller Unterstützung von Freunden und Bekannten einen Krankenhausbau errichten – die Villa Seckendorff.

Am 4. Juli 1868 erhielt sie die Bauerlaubnis, im Frühjahr 1869 konnte das Gebäude bezogen und in Betrieb genommen werden. Zu ihren regelmäßigen Hausandachten, die allen offen standen, kamen auch Menschen aus Stuttgart und Umgebung. Auch Herzogin Wera war häufiger Gast bei Henriette von Seckendorff. Mit den Kranken führte sie Gespräche und suchte über Gebete und Handauflegen eine Heilung zu erreichen. Sie war nicht grundsätzlich gegen die Methoden der Schulmedizin eingestellt, ging aber davon aus, dass Krankheiten seelische Ursachen hatten, und sie setzte sich mit Sinn und Ursache von Leid im Leben von Menschen auseinander.

Krankheit hatte für sie die Ursache in Sünde und mangelnder Demut gegenüber Gott, Heilung konnte durch Selbsterkenntnis und demütiges, dankbares Verhalten gegenüber Gott, durch Gottesfurcht und Glaube erreicht werden. „Schwindsüchtige, Lahme, Augen- und Magenleidende, mit Geschwüren Behaftete, Schwermütige und Besessene" kamen zu ihr und fanden oft Heilung. Als Sensation wurde die Heilung einer Pastorenfrau aus Estland angesehen. Der dadurch verstärkte Ansturm von Gästen – nicht nur aus den baltischen Staaten – half dabei, die Schulden für den Bau der Villa zu tilgen.

„Eine völlige Übergabe meines Willens an den Herrn war die Folge dieses inneren Kampfes, und mit diesem Sieg über den eigenen Willen kam ein überaus großer, beseligender Friede in mein Herz, der mich während meiner Krankheit nicht mehr verließ, sondern im Gegenteil von Tag zu Tag sich vermehrte."

Zit. nach Michaela von Held: Henriette von Seckendorff-Gutend (1819-1878). In: Adelheid M. von Hauff (Hrsg.): Frauen gestalten Diakonie. Bd. 2: Vom 18. bis zum 20. Jahrhundert, Stuttgart 2006.

Am 27. Juni 1878 starb Henriette von Seckendorff unerwartet nach kurzer Krankheit. Ihre Nachfolge trat Anna Schlichter an, die 1838 in Ostelsheim (Landkreis Calw) geboren wurde und selbst bei Henriette von Seckendorff Heilung gefunden hatte. Sie war nach ihrer Genesung mit Henriette in Kontakt geblieben und wurde schließlich zur Nachfolgerin bestimmt. Unter ihrer Ägide konnte die Heilanstalt vergrößert werden: Ein zusätzliches Stockwerk und zwei weitere Wohngebäude wurden in den Jahren 1890 bis 1892 erbaut, 1899 dann noch eine Kapelle, da der bis dahin genutzte Versammlungssaal, in dem die Andachten abgehalten wur-

Schwester Anna Schlichter

„Schwester Anna Schlichter" (1838-1904), um 1900. Die Nachfolgerin der Gründerin der Villa Seckendorff war ein einfaches Bauernmädchen aus dem Schwarzwald, bevor sie als Todkranke in die Villa Seckendorff kam und Heilung fand. (Foto: Archiv Villa Seckendorff).

den, den Besucheransturm nicht mehr fassen konnte. Am 18. März 1904 starb Anna Schlichter. Danach wird die Villa von Pfarrer Heinrich Petri geleitet, der 1940 verstarb.

Seit 1909 lag die Trägerschaft der Villa Seckendorff bei der Pilgermission St. Chrischona bei Basel. Während des Zweiten Weltkrieges wird das Anwesen bei mehreren Bombenangriffen komplett zerstört. Nach dem Krieg wurden Teile der Gebäude aus Bruchsteinen wieder aufgebaut. 1950 wurde das Gelände an die benachbarte AEG verkauft, zeitgleich wurde das Ruinengrundstück der Terrot-Erben Ecke Freiligrathstraße und Wiesbadener Straße käuflich erworben und dort ein Neubau erstellt. 1951 ging die Trägerschaft an das Diakonissen-Mutterhaus St. Chrischona über. Heute ist die Villa Seckendorff, wiederum in einem Neubau, ein Pflege- und Seniorenheim mit betreuten Wohnungen.

Text: Claudia Weinschenk und Olaf Schulze

„Nach langem Zögern habe ich mich entschlossen, einige meiner Hausandachten, wie ich sie alle Morgen über das Kapitel der Losung oder des Lehrtextes halte, und die von geübter Hand nachgeschrieben worden sind, auf die dringenden Bitten meiner Freunde im Druck erscheinen zu lassen. (...) Daß das Büchlein vielen Seelen zum Segen werden möchte, dies ist mein herzlicher Wunsch und tägliches Gebet."

Mit diesen Worten leitete Henriette von Seckendorff-Gutend die 2. Auflage ihrer „Nachgeschriebenen Haus-Andachten" ein. Das Foto links zeigt die 11. Auflage, die 1890 im Selbstverlag erschien (Vorlage: privat).

Hausmutter Anna Schlichter (zentral hinter dem runden Tisch sitzend) im Kreis der Bewohner der Villa Seckendorff, um 1885 (Foto: Archiv Villa Seckendorff).

ELISABETH HAAG, GEB. MANN

„Tante Tony“ aus Cannstatt

Patin: Margit Mairhofer

Was war das für ein Paar, das 1870 den ersten Stock des Neubaus Untere Ludwigstraße 2 (heute Ecke Kreuznacher Straße, Wildbader Straße) in der Nobelgegend, im Volksmund „Pensionopolis“ genannt, bezog? Sie, eine elegante, kultivierte und standesbewusste Frau aus bester Lübecker Familie, und er, etwas hölzern wirkend, aus einer Esslinger Kaufmannsfamilie stammend. Elisabeth Haag, geborene Mann, und Gustav Haag, dazu Töchterchen Alice (geboren 1867). Sohn Henry kam am 7. Januar 1871 in Cannstatt zur Welt. Kein Gedanke daran, dass sie unsterblich in die Literaturgeschichte eingehen werden.

Für den 1901 erschienenen und 1929 mit dem Nobelpreis ausgezeichneten Roman „Buddenbrooks. Verfall einer Familie“ diente Thomas Mann die eigene Familiengeschichte der Manns ebenso wie die zahlreicher Bürger Lübecks als Vorlage. 1897 bat er seine Schwester Julia, einen Bericht über ihre Patentante Elisabeth Mann zu verfassen und so wurde deren Wesen und Leben Grundlage für die berühmte, auf Etikette so bedachte „Tony Buddenbrook“. Deren Lieblingssatz „das putzt ganz ungemein“ charakterisiert sie trefflich.

Elisabeth Mann wurde 1838 in Lübeck geboren und heiratete 1857 aus Gehorsam den Eltern gegenüber den Hamburger Kaufmann Ernst Ehlfeld. Als dieser Bankrott machte, verließ sie ihn 1861 und zog zurück zu ihren Eltern nach Lübeck. 1864 wurde sie schuldig geschieden. Die Ehlfeld entsprechende Romanfigur heißt „Bendix Grünlich“ und entpuppt sich als windiger Kaufmann, so schleimig wie betrügerisch. Über ihn sagt „Tony“ im Nachhinein: „Er war mir immer widerlich“.

Als geschiedene Frau fühlte sich Elisabeth Ehlfeld, geb. Mann, in der Lübecker Gesellschaft unbehaglich und nahm 1864 deshalb gerne eine Einladung zu einer Bekannten nach Esslingen an. Die dort ansässige Johanna Augusta Chelius, die in Julia Manns Bericht nur „die Intrigantin“ genannt wird, verkuppelte Elisabeth mit dem schon älteren Gustav Haag, der mit seinem Bruder die Haagsche (Bahnmayersche) Eisenwarenhandlung in Esslingen betrieb. Er soll laut Julia Mann bequem, eitel, heftig und grob gewesen sein. Mit der Eheschließung im April 1866 im Lübeck'schen Elternhaus schien für Elisabeth der Makel der Scheidung zu verblassen.

Nach den ersten Jahren in Esslingen ließ sich Gustav Haag vom Bruder auszahlen; man zog 1869 nach Stuttgart und 1870 nach Cannstatt, wo er sich als Kaufmann und Weinhändler selbstständig machte. Ohne Erfolg. Zinszahlungen konnten nicht geleistet werden, die Firma wurde nach drei Jahren geschlossen. Die Cannstatter Jahre wurden zum Desaster – die finanziellen Nöte immer prekärer und die familiäre Stimmung in der schönen neuen Wohnung immer angespannter. Die Lage verschärfte sich, als Friedrich Mann, Elisabeths Bruder, ab 1875 für längere Zeit krankheitsbedingt bei der Familie Haag Zu-

Buchtitel der Erstausgabe der „Buddenbrooks", erschienen 1901 im S. Fischer Verlag (Vorlage: Buddenbrookhaus Lübeck).

Maria Elisabeth Amalia Hippolite Haag, geschiedene Ehlfeld, geborene Mann (1838 in Lübeck – 1917 in Dresden) war das Vorbild für die „Tony Buddenbrook" im berühmten Roman ihres Neffen Thomas Mann (Foto: Buddenbrookhaus Lübeck).

flucht suchte. Dieser steht wiederum Pate für den hypochondrischen Possenreißer „Christian Buddenbrook". In der gereizten familiären Atmosphäre war für den gemütskranken Friedrich an Heilung nicht zu denken, obwohl Elisabeth sich intensiv um ihn kümmerte und er auch stationär im Stuttgarter Katharinenhospital aufgenommen worden war. Schließlich brachte sie ihn zum „Modearzt" Pfarrer Blumhardt nach Bad Boll.

Das Haagsche Familienleben nahm unterdessen unerträgliche Formen an. Gustav Haag wurde zunehmend aggressiv, sogar Sohn Henry nennt ihn einen „Grobian". Er tyrannisierte und verhöhnte Frau und Kinder, warf mit Geschirr um sich. Als er wegen Bankrotts eine Gefängnisstrafe in Stuttgart verbüßte, reichte Elisabeth die Scheidungsklage ein. Die offizielle Anklage lautete: Beklagter habe in den Jahren 1879 und 1880 in Frankfurt am Main „wiederholt mit prostituierten Dirnen geschlechtlich verkehrt und solcherart die Ehe gebrochen". Daraufhin wurde Elisabeth 1881 zum zweiten Mal, diesmal schuldlos, geschieden.

Im Roman ist es der Münchner Hopfenhändler „Alois Permaneder", der „Tony" bald nach der Hochzeit als wenig ehrgeizig und desinteressiert enttäuscht, und den sie schließlich bei einer sexuellen Übergriffigkeit mit der sich wehrenden Köchin „Babette" erwischt. Das Schlimmste für die auf „comme il fault" bedachte „Tony" ist aber die verbale Beleidigung, die er ihr ins Gesicht schleudert und die ihr selbst nicht über die Lippen kommen will: „Geh zum Deifi, Sauludr dreckats".

Elisabeth zog nach der Scheidung nach Dresden wo der Musiker Carl Gramann, ein Verwandter aus Lübeck, lebte und an dieser Ortswahl vermutlich Anteil hatte. Sohn Henry, der von ihr zeitlebens versorgt wurde, suchte 1920, drei Jahre nach ihrem Tod am 18. März 1917, den Freitod. Auch Tochter Alice entging nicht einer Scheidung, nachdem sie einem Versicherungsbetrüger aufsaß, der ebenfalls ins Gefängnis musste. Auch diese Geschichte fand Einzug in den Roman.

Thomas Mann gestaltete „Tony Buddenbrook" nach Elisabeth Mann als eine Frau mit unverwüstlicher Natur gepaart mit einer Naivität, aber auch Humor, die Schicksalsschläge fast unbeschadet übersteht, weil es ihr an seelischem Tiefgang fehlt. Während andere Familienmitglieder, die er fiktional zum Teil überzeichnete, den Autor „Nestbeschmutzer" nannten, fand Elisabeth nach anfänglicher Abwehr, mit den Worten „solch eine dumme Gans war ich wohl doch nicht" Gefallen an der Figur und war als „Tante Tony" in der Familie Mann ein stets gern gesehener Gast. Thomas Manns Bruder Viktor schreibt über sie:

„Sie strahlte Würde, Fröhlichkeit und Güte aus,
war in ihrem starren Seidenkleid immer Mittelpunkt
einer lachenden Gruppe und sprach mit einer Stimme,
in der mir eine kleine Trompete mitzuklingen schien,
besonders wenn sich die Tante als eine
‚vom Leben gestählte Frau' bezeichnete."

Text: Helga Müller

Rechts außen: Ein „Buddenbrookhaus" in Bad Cannstatt – die Wohnung der Familie Haag lag in bester Lage bei den Kuranlagen, Kreuznacher Straße 2 (Foto: Pro Alt-Cannstatt, 2016).

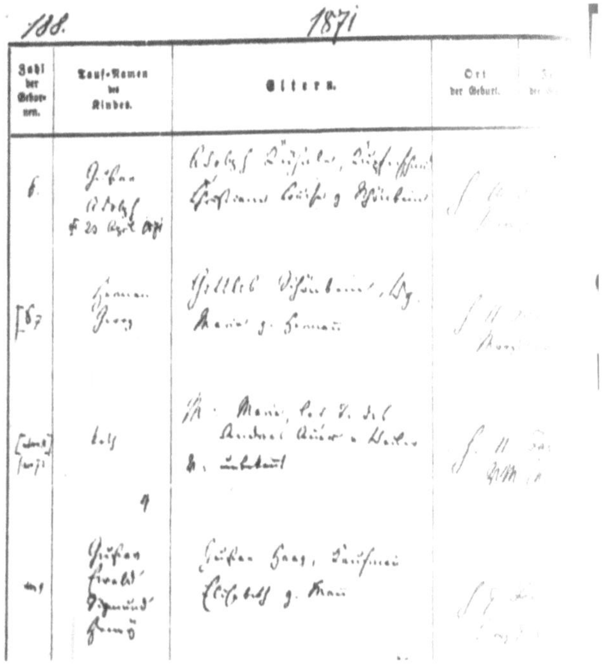

Oben: Das Ehepaar Gustav und Elisabeth Haag, geb. Mann, um 1870 (Foto: Buddenbrookhaus Lübeck).

Oben rechts: Geburtseintrag (ganz unten) für den am 7. Januar 1871 in Cannstatt geborenen Sohn Gustav Ewald Sigmund Henry Haag, das zweite Kind der Beziehung (Vorlage: Stadtarchiv Stuttgart).

CANNSTATTER FRAUENGESCHICHTE(N)

Von der Reichsgründung
bis zum Ersten Weltkrieg

ANNA TUHTEN, GEB. ZIMMERN

Lehrerin, Übersetzerin, Schriftstellerin

Patin: Florence Doucet

Anna Tuhten, geb. Zimmern (20. November 1842 in Ulm – um 1925 vermutlich in Baden-Baden), Foto um 1905 (Vorlage: privat).

Anna Tuhten wurde als Anna Zimmern am 20. November 1842 in Ulm geboren als Tochter des Kaufmanns Franz Karl Zimmern und seiner Frau Betty. Betty Zimmern, vermutlich verwitwet, zog Mitte der 1850er Jahre nach Stuttgart und lernte dort den Hauptmann, später Oberst in württembergischen Diensten Adolf von Seubert (1819-1880) kennen. Um 1860 heirateten sie. Seit 1873 ist das Ehepaar in Cannstatt nachweisbar.

Anna Zimmern erhielt eine zu der Zeit typische Mädchenbildung, die sie auf ihr zukünftiges Leben als Hausfrau und Mutter in einem großbürgerlichen Haushalt vorbereiten sollte. Sie war Schülerin des Königin-Katharina-Stifts in Stuttgart und später eines Heidelberger Mädchenpensionats. Nach ihrer Ausbildung lebte sie in London. Dort heiratete sie den Kunst- und Porträtmaler August Tuhten, der allerdings in seinem Beruf keinen Erfolg hatte. So sorgte sie als Sprachlehrerin für die wirtschaftliche Existenz der Familie. Spätestens ab 1884 lebte Anna Tuhten, eine Quelle spricht von einer „durch die vielfachen Sorgen arg mitgenommenen Gesundheit", mit ihren heranwachsenden Kindern bei ihrer mittlerweile wieder verwitweten Mutter in Cannstatt in der Königstraße 20 (heute König-Karl-Straße). 1899 verliert sich ihre Spur in Cannstatt. Vermutlich zog sie zu einem Sohn nach Baden-Baden. Nachfahren von ihr leben heute in Paris. Ihr Todesdatum ist bislang unbekannt. Vemutlich starb sie in den 1920er Jahren.

Großbürgerliches Wohnen in gehobener Lage von „Pensionopolis": Anna Tuhten (stehend) mit Ehemann August Tuhten, ihren Kindern und ihrer Mutter Betty Seubert (rechts) um 1885 in der Wohnung der Mutter Königstraße 20 – rechts im Hintergrund ist an der Wand ein Gemälde zu erkennen, das Oberst Adolf von Seubert zeigt (Vorlage: privat).

Das Wohnhaus König-Karl-Straße 20 – seit rund dreißig Jahren erinnert eine Tafel des „Historischen Pfads" an Adolf von Seubert, diese soll in naher Zukunft um den Namen Anna Tuhtens ergänzt werden (Foto: Pro Alt-Cannstatt, 2018).

4) Höhere Töchterschule.

Rector: Conz.
Lehrer: Frey, Rentschler, Nerz, Leyensetter.
Lehrerinnen: Frln. Friedel, Pöppel, Mayer, Jakobi, Frau Tuhten.

Das Lehrerkollegium der „Höheren Töchterschule" Cannstatt, Eintrag im „Adreß- und Geschäfts-Handbuch der Stadt Cannstatt" von 1884 (Vorlage: Stadtarchiv Stuttgart).

Rechts: „Ma mere a son bureau" (dt.: „Meine Mutter an ihrem Sekretär") ist auf der Rückseite dieses Bildes (ohne die französischen Akzente) verzeichnet, das Anna Tuhten in Cannstatt um 1890 zeigt (Vorlage: privat).

Anna Zimmern soll bereits als achtjähriges Mädchen ein Märchen geschrieben haben, „das Gross und Klein in Verwunderung setzte". Ihr Stiefvater, Adolf von Seubert, selbst schriftstellerisch tätig, ermunterte sie, ihr literarisches Talent weiter auszubauen. Vor allem in der Cannstatter Zeit arbeitete sie neben ihrer Tätigkeit als Sprachlehrerin, u.a. als Institutslehrerin der städtischen Höheren Töchterschule in Cannstatt, als Übersetzerin von englischen und französischen Texten für den Reclam-Verlag, für den auch schon Seubert als Übersetzer tätig gewesen war. Außerdem schrieb sie Novellen, Humoresken und Feuilletonbeiträge für die damals in Mode gekommenen Familienzeitschriften.

Anna Tuhtens Übersetzungen – zwischen 1880 und 1895 sind neun Übersetzungen bei Reclam nachzuweisen – fanden lange Zeit Verbreitung. Belegt ist eine Aufführung in den 1930er Jahren von Edouard Pailleron Lustspiel „Die Welt, in der man sich langweilt" in ihrer Übersetzung an den Kammerspielen des Deutschen Theaters Berlin. Allerdings wurde ihr Vorname bei Reclam auf „A." abgekürzt, so dass nicht zu erkennen war, dass eine Frau die Übersetzung gemacht hatte. Ihre Übersetzung des „Robinson Crusoe" von Daniel Defoe, erstmals erschienen 1886, wurde, in gekürzter Fassung, bis 2009 in der Reclams Universal Bibliothek aufgelegt. Erst ab den 1950er Jahren begann man den Vornamen der Übersetzerin auszuschreiben, manchmal fälschlich als „Antonie".

Text: Claudia Weinschenk, ergänzt durch Olaf Schulze

FRIDA VON KRONOFF

Kinder-, Jugend- und Anstandsbücher „Erzählt (…) mit Wärme und Geschick“

Patin: Gabriele Baumgartner

Frida Hummel, so ihr eigentlicher Name, wurde am 19. Februar 1853 in Cannstatt als jüngstes Kind „feingebildeter, tiefreligiöser Eltern“, des Kunstmalers Burkhard Hummel und seiner aus Lausanne stammenden Frau Louisa Francis Barraud De Lafoge, geboren. „Im zarten Alter schon erfüllte sie ein innerer Gestaltungsdrang, dem sie durch Schreiben von Märchen und Lustspielen zu genügen suchte. Dem Vater, einem rastlos thätigen Kunstmaler, verdankte sie Talent und warmes Interesse für die Kunst, der Mutter, einer frohsinnigen französischen Schweizerin, die Liebe zur Poesie und den offenen Blick für die Wunder und Reize der Natur. Dieser letzteren hatte sie außerdem auch noch den ganzen im Elternhaus genossenen Schulunterricht zu danken. Nach dem 1871 erfolgten Tode des Vaters griff sie zur Feder und schrieb ihre ersten Novellen, denen bald Märchen, Skizzen und Gedichte in bunter Reihe folgten. In der beseligenden Hoffnung auf frühen Erfolg zum Wohl und Nutzen der Ihrigen hatte sie die schöne Heimat verlassen; schwer enttäuscht jedoch kehrte sie nach fast dreijähriger Abwesenheit zurück. Der nach langem, schmerzvollen Leiden erfolgte Tod der heißgeliebten Mutter war der schwerste Schlag für die junge Schriftstellerin und lähmte ihr Schaffen für längere Zeit.“ So fasste 1891 Adolf Hinrichsen in seinem Buch „Das literarische Deutschland“ die ersten Lebensjahrzehnte von Frida Hummel zusammen.

Titel der mit ansprechenden Illustrationen versehenen Bearbeitung des „Robinson“ nach Campe, durch „F. von Kronoff“, o.J. (um 1915; Vorlage: privat).

Sie hatte für ihr literarisches Fortkommen das Pseudonym „Frida von Kronoff“ gewählt, weil man einer Adligen wohl mehr Stil und literarisches Talent zutraute oder auch Kompetenz in Benimmfragen. Mit ihrem Schreiben sorgte sie auch für ihre ältere Schwester Klara Hummel, die als „leidend“ bezeichnet wurde. Den Cannstatter Adressbüchern lässt sich entnehmen, dass den Hummels zunächst das Haus Hallstraße 8 gehörte, welches die beiden Schwestern um 1888 verkauften, um in eine Mietwohnung im Haus Badstraße 40 zu wechseln. Die Adressbücher dieser Jahre verraten auch, dass Frida Hummel damals verheiratet gewesen sein muss. Sie erscheint 1887 als Frida Krüger, „Buchhändlers Frau", bzw. 1910 als „Buchbinders Frau", wobei sie offensichtlich von ihrem Mann getrennt lebte. Ein Jahr darauf wird erstmals ihr eigener Beruf „Schriftstellerin" erwähnt. 1912 taucht sie wieder unter ihrem Mädchennamen auf, offensichtlich war eine Scheidung erfolgt. Von 1910 bis 1919 wechseln die Schwestern fünf Mal ihre Wohnung. Die letzten drei Mal scheinen auf eine immer schwierigere wirtschaftliche Lage hinzuweisen, sicher auch bedingt durch den Ersten Weltkrieg. Zuletzt wohnen sie „unterm Dach" im Haus Nauheimer Straße 48. Um 1926 stirbt die Schwester Klara, Frida Hummel folgt mit 76 Jahren am 30. November 1929.

In der Fülle ihre Produktionen ist sie zwar nicht als durchgängig erfolgreich, jedoch als ausgesprochen fleißig zu bezeichnen. Über 60 selbstständige Titel sind nachgewiesen, dazu traten noch zahlreiche Beiträge in Zeitschriften und Sammelbänden mit anderen Autoren. Als Kinder- und Jugendbuchautorin erlangte sie Popularität. Der Literaturwissenschaftler Max Geißler wertete ihre Werke 1913 wie folgt: „Ihre Jugendschriften übertreffen an Wert und Gehalt ihre Romane, (...) dort gewinnt sie an Sicherheit und entsprechender geistiger Durchdringung, und eine gemütvolle Frau erzählt mit Wärme und Geschick." Daneben engagierte sie sich auch als Tierschützerin. Um 1910 erschien ihr Benimmbuch, das bis um 1930 mehrere Auflagen erlebte: „Lebensart. Ein Wegweiser des feinen Taktes für Haus und Welt."

Text: Olaf Schulze

Ein Foto von Frida Hummel (19. Februar 1853 in Cannstatt – 30. November 1929 in Stuttgart-Cannstatt) hat sich bislang nicht auffinden lassen. Die Abbildung zeigt eine aufbegehrende junge Frau in Frida von Kronoffs Erzählung „Guck in die Welt" für junge Mädchen in Form einer moralisierenden Lebensgeschichte; Glogau, Verlag von Carl Flemming, o.J. (um 1890), in der Reihe „Bücherschatz für Deutschlands Töchter" (Vorlage: privat).

b) **Das Verhalten in Museen und Kunstausstellungen.** *

Kunstwerke aller Art sind ganz besonders dem Schutze des Publikums empfohlen, man merke sich daher vor allem:

Hut und Stock werden im Vorraum zurückgelassen.

Nur die Augen sind genußberechtigt, nicht die Hände; alles Berühren von Kunstgegenständen ist ausdrücklich verboten.

In Kunsthandlungen zur Ansicht aufliegende Kunstblätter werden vorsichtig nur am Rande angefaßt; Kartonränder wie Karten nur an der Schärfe des Schnittes. Nicht der weiße Rand besitzt Kunstwert, er kann erneuert werden und dient zum Schutze.

Der Kunstverständige und Gebildete verrät sich sowohl in der Art, ein Bild zu halten als auch es zu betrachten.

Unverlangtes Urteil halte man ebenso weise zurück wie unverständige Bemerkungen.

Zum richtigen Verständnis der Ausstellung gehört ebenso notwendig ein Katalog wie ein Textbuch zur Oper.

Man darf sich mit Andacht und Interesse in ein Kunstwerk vertiefen, allein nicht dauernd anderen den ungestörten Anblick vorenthalten.

139

„Das Automobil, heute noch Lieblingssport Reichbegüteter, wird in nicht allzuferner Zeit auch dem wohlhabenden Mittelstande für Sportzwecke erreichbar sein, besser aber noch sich als Lastfuhrwerk und raschestes Beförderungsmittel in allen dringenden Fällen betätigen müssen. (…) Für Damen eignet sich die Selbstbedienung des Autos, sei es nun im Sport- oder Berufsfalle, nicht auf die Dauer; das Motorrad verbietet sich für sie infolge seiner Bauart ohnedies. (…) Brünette Damen wählen feingetönte Rohseide, Blondinen bevorzugen mattblaue Bordüre zu hellem Grund. Den breitrandigen Hut, die Automobilmütze, das Pelzbarett schmückt ein weißer oder blauer, unter dem Kinn zu voller Schleife gebundener Gazeschleier. Der Mantel ist weit und faltig, blanke Metallknöpfe beleben den matten Farbenton."

Eine frühe, in Leinen gebundene Ausgabe der „Lebensart" von Frida von Kronoff im Reutlinger Verlag Enßlin & Laiblin, um 1910. Dazu drei Beispielseiten mit den illustrierten Kapitelanfängen im Stil der Jahrhundertwende und ein Zitat aus dem Kapitel VII. „Unsere Jugend", 38 (das Buch hat 38 Abschnitte insgesamt) „Das Recht des Schwächeren", d) „Der Automobilsport"; ebenda, S. 319 (Vorlage: privat).

22. Der Verkehr zwischen Gatte und Gattin.

Die Liebe herrscht im Haus auf goldnem Thron,
Ihr Ehrenwächter ist der gute Ton.

a) Feine Lebensart im Hause.

Die unerläßlich feine Sitte im engen Raum der eigenen vier Wände wird in erster Anregung von der Hausfrau ausgehen und gehütet werden.

Und dies mit vollstem Rechte. Schöne Vertraulichkeit, harmonisches Verständnis soll zwischen den Ehegatten herrschen, der gute Ton aber zieht die scharfe Grenzlinie, die niemals verrückt werden darf, soll sich dieses nicht in Formlosigkeit, jene in Nachlässigkeit umwandeln.

Am ehesten wird selbst der feingewohnte Gatte die Gebote guter Lebensart auf die Außenwelt beschränken, im eigenen Heim jedoch sich gewisse Freiheiten gestatten. An der

Unsere Dienstboten.

Leicht ist das Dienen, wo von beiden Seiten
Entgegenkommend sich die Hände breiten;
Doch wo der eine schilt, der andre widerspricht,
Da taugt das Dienen schlecht, da schmeckt das Herrschen nicht.

a) Pflichten gegen das Gesinde.

Vielleicht der wichtigste Punkt in der Dienstbotenfrage ist die Entlohnung.

Gute Dienstboten schätzen ihre Leistungen nicht allzugering ein, es ist daher klug getan, den Lohn lieber etwas zu hoch als zu niedrig zu bemessen. Selbstredend sind hierbei die persönlichen Verhältnisse maßgebend, desgleichen die Arbeitsmenge, die Beihilfe anderer Kräfte bei Ausnahms- oder gröberer Arbeit, die Vermehrung der Arbeitslast durch kleine Kinder.

Für guten Lohn darf man als Gegenleistung auch gute, gewissenhafte Arbeiter, treue Diener, ehrliche Verwalter des anvertrauten Gutes erwarten.

Die tägliche Nahrung sei gut, sorglich bereitet und vollauf genügend; verklatscht die Magd trotzdem ihre gütige Herrin, so wird ihr blühendes Aussehen derselben ein um so ehrenderes Zeugnis ausstellen.

Der Dienstmagd ist ein helles, luftiges Gelaß anzuweisen, das hinreichend Raum zu gelegentlichem Aufenthalt

LINA DAIMLER, GEB. SCHWEND

Frau Kommerzienrat mit ehrenamtlichem Engagement

Patin: Heidi Högl

Gottlieb Daimler hatte Lina Schwend bereits einmal in Cannstatt getroffen, so war sie ihm keine Unbekannte, als er ihr im Winter 1892/93 in Florenz begegnete. Sein Arzt hatte ihm wegen seines Herzleidens die Reise verordnet. Seine erste Frau Emma war im Sommer 1889 gestorben, seine fünf Kinder daheim waren im Alter zwischen 19 und 8 Jahren und die jüngeren brauchten noch eine Mutter. Und Freunde sorgten dafür, dass er eine passende Kandidatin traf. Lina Hartmann, geborene Schwend, betrieb in Florenz das Hotel „Città di Roma", war verwitwet und hatte auch eine Tochter aus dieser ersten Ehe (die Mutter von Mia Seeger; siehe S. 240 ff.). Lina Hartmann wird als sehr weltgewandt und sprachenkundig beschrieben. Nun entschied sie sich, mit Daimler nach Cannstatt zu gehen.

Am 8. Juli 1893 fand die Eheschließung des Paares auf dem Standesamt in Schwäbisch Hall, Linas Heimatstadt, statt, wo sie 1855 als Tochter eines Schreinermeisters zur Welt gekommen war, der sich im Laufe seines Lebens zum Besitzer einer Sägemühle hochgearbeitet hatte. Die kirchliche Trauung folgte am Tag darauf in der dortigen Stadtkirche. Die mehrmonatige „Hochzeitsreise", vorrangig eigentlich eine Geschäftstour zur Werbung für Daimlers Produkte, ging nach Chicago, auf die Weltausstellung – und Daimlers Anwesenheit mit seiner 21 Jahre jüngeren Frau brachte neben dem „Stahlradwagen" sicher weitere Publicity.

Zwei Kinder, Gottlieb junior (1894) und Emilie (1897) wurden geboren. Den Kindern Daimlers aus erster Ehe wurde Lina Daimler mit der Zeit zu einer „zweiten Mutter". Die Villa wurde erweitert, der Daimlerturm gebaut, der große Garten aufwendig umgestaltet. „Und die Ausländer, welche von Jahr zu Jahr in größerer Zahl nach Cannstatt kamen, um den berühmten Mann zu sehen (...) waren immer entzückt von dem Charme und der gesellschaftlichen Gewandtheit der Hausfrau, die sich mit fast einem jeden von ihnen in seiner Muttersprache unterhalten konnte."

1899 erhielt Daimler den Titel des Kommerzienrats verliehen. Am 6. März 1900 starb er nach längerer Krankheit im Alter von knapp 66 Jahren. Die Kinder aus der Ehe mit Lina waren noch klein. Wirtschaftlich war die ganze Familie abgesichert. Rund 1 Million Goldmark, meist in englischen Daimler-Aktien und französischen Papieren angelegt, dazu zwei große Grundstücke. Die Witwe verkehrte in den gesellschaftlichen Kreisen Cannstatts. Sie engagierte sich auch ehrenamtlich, so etwa bei Ausbruch des Ersten Weltkrieges für das Cannstatter Rote Kreuz. 1916 fiel ihr Sohn Gottlieb bei Ypern und wurde auf dem Uffkirchhof bestattet. Das Kriegsende, die Sperrung der ausländischen Guthaben und die zunehmende Inflation machten die wirtschaftliche Lage der „Frau Kommerzienrat" schwieriger. Die Tochter Emilie erinnerte sich, dass ihre Mutter für all ihre ausländischen Wertpapiere nach Ende der Inflation 1923 eine monatliche Rente von 82 Reichsmark bekam. 1924 hatte Lina Daimler die Villa an der Taubenheimstraße mit dem unteren Garten verkauft und sich zuvor im oberen Garten ein neues Wohngebäude errichten lassen, wo sie bis zu ihrem Tod am 14. Juni 1932 lebte (Wiesbadener Straße 71).

Text: Olaf Schulze

Lina Daimler erwies sich auf ihrer „Hochzeitsreise" zur Weltausstellung nach Chicago mit ihrem klugen Verstand und heiterem Wesen als Glücksfall und wusste mit Daimlers Krankheitsanfällen und Schwächezuständen umzugehen und beruhigend auf ihn einzuwirken. Sie schrieb ein Reisetagebuch, eine wertvolle Quelle. Ihr war „immer noch bange" bei dem Gedanken an die Kinder Daimlers:

„Weil sie gar so kalt waren und mich so gar nicht ermutigten die neuen Pflichten aufzunehmen und ich habe doch die besten Absichten, die ich mir aber durch nichts erschüttern lassen will. Ihr Vater ist umso lieber u. wenn sie sehen, dass wir uns lieb haben, dann werden sie doch auch weich werden."

Sehr eindrücklich schildert sie ihre Erlebnisse während des Aufenthalts in den Staaten, so auch ihr Missfallen an den Äußerungen des Berliner Hof- und Dompredigers Adolf Stöcker über die Sozialdemokratie in einer Rede vor rund 3000 Besuchern: „Darin irrt sich Herr Stöcker, ich kenne auch die Sozialdemokratie, die wöllen nicht mehr als was sie rechtlich anzusprechen haben, das ist meine Meinung." Es sei zwar nicht Sache einer Frau, „über Dinge zu sprechen, die sie nicht versteht, aber ich habe eben den einfachen Rechtlichkeitssinn meines guten Vaters."

Lina Daimler, geb. Schwend, verw. Hartmann (16. Mai 1855 in Schwäbisch Hall – 14. Juni 1932 in Stuttgart-Cannstatt), mit Gottlieb Daimler, um 1895 (Foto: Daimler AG).

Oben: Lina Daimler mit ihren Kindern Emilie (1897-1973) und Gottlieb (1894-1916), um 1905 (Foto: Daimler AG). Als die Kinder noch klein waren, war in der Villa und den beiden Daimlerschen Gärten immer ein reges Treiben mit Freunden, Nachbarkindern. In jedem Herbst veranstaltete Lina Daimler sogenannte „Kartoffelfeste" für die Kinder. Immer mit dabei „Fräulein Frida" Völter, das Kindermädchen von Gottlieb und Emilie, die von 1898 bis zur ihrer Verheiratung 1913 bei den Daimlers blieb. Rechts: Einweihung des Daimler-Denkmals am 1. Juni 1902 vor der Villa an der Taubenheimstraße, Postkarte (Vorlage: Pro Alt-Cannstatt).

Sommerfest

zu Gunsten der

Elisabethhäuser
in Deutsch-Südwestafrika

Samstag den 27. Juni 1914, von 5 Uhr N. ab
in den Gartenanlagen der
Frau Commerzienrat Daimler in Cannstatt

veranstaltet von den

Abteilungen Cannstatt der Deutschen Kolonial-Gesellschaft und des **Frauenbundes der Deutschen Kolonialgesellschaft.**

Tanz-, Gesang- und Deklamation-Darbietungen

Musikkapelle des Feldartillerie-Regiments „König Karl" (1. Württ.) Nr. 13. Leitung: Herr Musikdir. Schmidt.

Tee- u. Kaffeebuden – Wein- u. Bierschenken

=== Große Ueberraschungen? ===

Abends Festbeleuchtung.

Näheres ergeben die Programme.

Gartenöffnung punkt 5 Uhr nachmittags.

Eintritt für Jedermann Mk. 1.– die Person.

Straßenbahnhaltestellen: Linie 1 Kursaal, Linie 11 Taubenheimstraße.

Schluß 11 Uhr abends.

Die Schonung der Gartenanlagen wird den Besuchern dringend ans Herz gelegt. – Dem Aufsichtspersonal ist Folge zu leisten.

Deutsche Kolonialgesellschaft

Abteilung Cannstatt:
Dürr
Major a. D.
Vorsitzender.

Abteilung Cannstatt des Frauenbundes:
Lina Daimler
Commerzienrats Wwe.
Vorsitzende.

Oben: „Frau Com. Rat. Daimlern bittet um Zusendung von 20 Stück Weißwürsten ...", Postkarte, gel. 18.1.1911 (Vorlage: Pro Alt-Cannstatt); links: Lina Daimler engagierte sich auch ehrenamtlich, so als Vorsitzende der Cannstatter Abteilung des Frauenbundes der Deutschen Kolonial-Gesellschaft und öffnete am 27. Juni 1914, einen Tag vor dem Attentat in Sarajewo, ihren Garten an der Taubenheimstraße für ein Sommerfest mit aufwändigem Programm; Anzeige aus der „Cannstatter Zeitung" vom 27. Juni 1914 (Vorlage: Württembergische Landesbibliothek Stuttgart).

EUGENIE VON SODEN

Vorkämpferin der bürgerlichen Frauenbewegung

Patin: Inge Utzt

Eugenie von Soden, eine exponierte Vorkämpferin der bürgerlichen Frauenbewegung, lebte rund zwei Jahrzehnte in Cannstatt. Hier in Cannstatt begann sie auch schriftstellerisch ans Licht der Öffentlichkeit zu treten.

Einige Jahre vor ihrer Geburt waren die aus Stuttgart stammenden Eltern – Freiherr Theodor Julius August von Soden und Clementine Camerer – nach Cincinnati in die USA ausgewandert. Zurück in Deutschland eröffnete das Ehepaar 1856 in der Fabrikstraße 18 in Esslingen eine private Töchterschule mit Pensionat, welche sie 35 Jahre erfolgreich leiteten. Dort erhielten die drei Töchter ihre Ausbildung, während die drei Söhne studierten. Als junge Frau war Eugenie von Soden im elterlichen Institut tätig. Nachdem dieses aus Altersgründen geschlossen wurde, siedelte sie mit ihren Eltern 1892 nach Cannstatt über und pflegte die Eltern bis zu deren Tod. 1893 erschien Eugenie von Sodens erster kleiner Band mit Erzählungen unter dem Titel „Aus meiner Mappe", den sie posthum ihrer Mutter widmete. Die erste darin enthaltene Erzählung „Poesie" beginnt mit dem Satz: „Es war einmal ein kleines Mädchen, das sich viel einsam und unverstanden fühlte." 1904 veröffentlichte sie die Erzählung „Unbekannt" nach einer wahren Begebenheit über das Schicksal eines Findelkindes in Stuttgart. 1905 folgte ein Band mit Gedichten „Haidekraut", den sie ihrer Zwillingsschwester Frieda von Dameck zueignete. Sie stand mit Schriftstellern wie Cäsar Flaischlen (1864-1920) in Verbindung.

Eugenie von Soden (21. Oktober 1858 in Esslingen – 19. März 1930 in Baden-Baden), Vorkämpferin der bürgerlichen Frauenbewegung, lebte rund zwei Jahrzehnte in Cannstatt, in drei verschiedenen Wohnungen, so lange in der Daimlerstraße 29 im selben Haus wie Cannstatts Oberbürgermeister Nast; Abbildung um 1913 (Vorlage: privat).

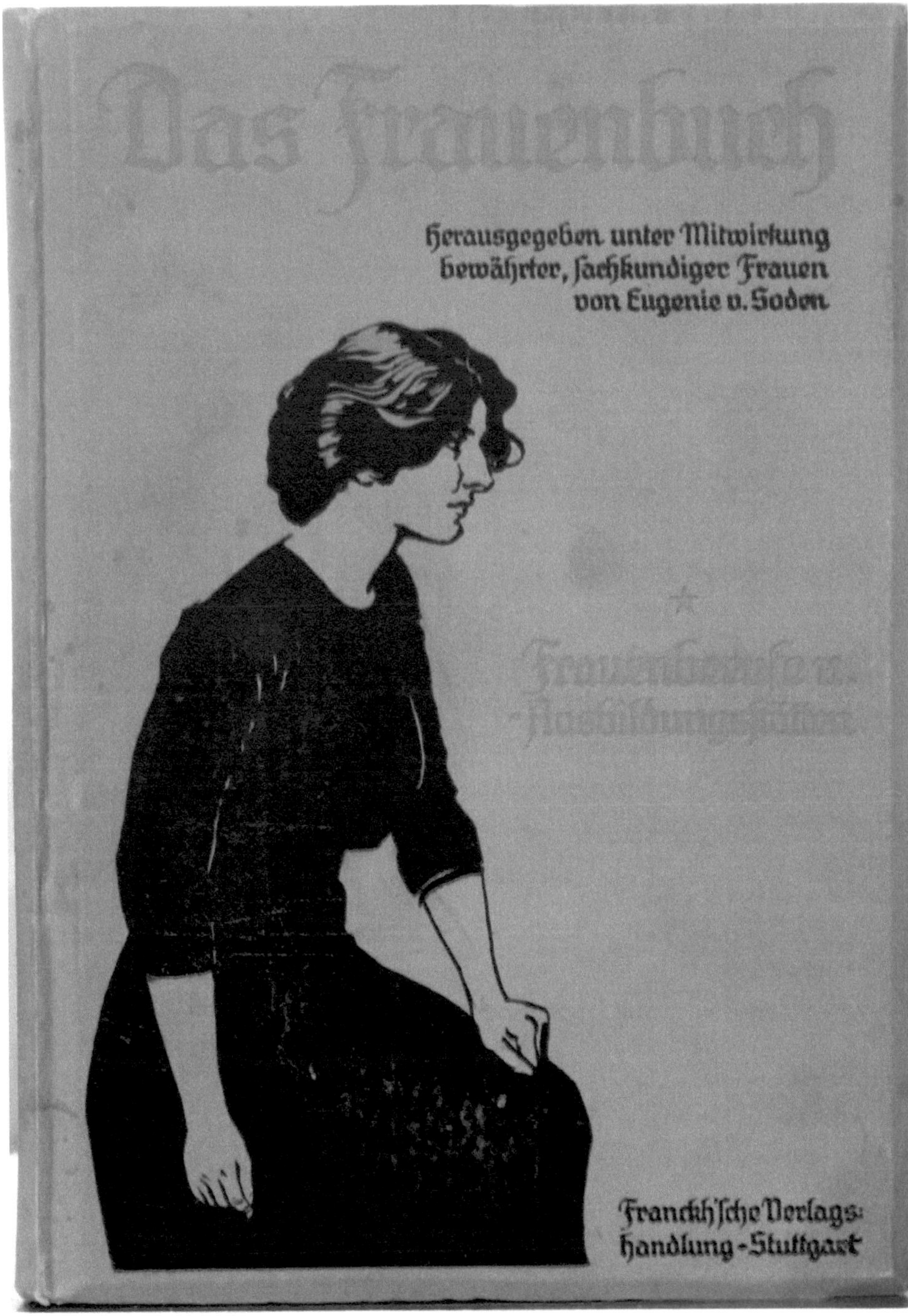

Das Frauenbuch
herausgegeben unter Mitwirkung
bewährter, ſachkundiger Frauen
von Eugenie v. Soden
Franckh'ſche Verlags-
handlung - Stuttgart

Titelgestaltung einer Ausgabe des von Eugenie von Soden herausgegebenen „Frauenbuches", 1913 (Vorlage: Antiquariat Inge Utzt).

Bedeutender als diese und andere eher konventionellen Texte sind die frauenpolitischen Veröffentlichungen Eugenie von Sodens. Hierzu zählen vor allem ihre Aufsätze in der „Schwäbischen Frauenzeitung" und die mit ihrem Namen als Herausgeberin verknüpften drei Bände des „Frauenbuches", die 1913 und 1914 in Stuttgart erschienen und einen Meilenstein der deutschen Frauenemanzipation darstellen.

Unter Mitwirkung kompetenter Kolleginnen wollte Eugenie von Soden mit dem „Frauenbuch" „eine allgemeinverständliche Einführung in alle Gebiete des Frauenlebens der Gegenwart" geben. Im ersten Band geht es um „Frauenberufe und Ausbildungsstätten", im zweiten um „Die Frau als Gattin, Hausfrau und Mutter" und der dritte Band befasst sich mit „Stellung und Aufgaben der Frau im Recht und in der Gesellschaft". Eugenie von Soden trug selbst dazu den Artikel über die Frauenbewegung bei. Noch heute sind in wissenschaftlichen Publikationen über die Frauenemanzipation Zitate aus diesem Buch zu finden.

Daneben war Eugenie von Soden in zahlreichen Frauenvereinen aktiv, so dem Württembergischen Verein für Frauenstimmrecht (zeitweise als Vorsitzende), dem 1898 ins Leben gerufenen Verein für weibliche Angestellte in Handel und Gewerbe, in dem sie die Kommission für Unterricht, Belehrung und Unterhaltung leitete, und der Frauenlesegruppe von 1896, in der mittels Vorträgen, Diskussionen und zur Verfügung gestellter Lektüre die Frauenbildung forciert wurde. Seit 1906 gab es sogar einen Stuttgarter Frauenclub, in dem Frauen und Mädchen gebildeter Stände sich treffen, gemeinsam speisen oder lesen konnten. Eine Adresse des Frauenclubs war die Alleenstraße 25 in Stuttgart, hier lebten viele alleinstehende Frauen „aus gebildeten Ständen", so auch nach dem Tod ihres Vaters 1913 Eugenie von Soden. Außerdem betätigte sie sich über Jahre im Verein für Volksbildung in Cannstatt und beim Goethebund Stuttgart, war im Vorstand eines Mädchengymnasiums und hielt immer wieder zahlreiche Vorträge zu Frauenfragen.

Von 1917 bis zu ihrem Todesjahr wohnte Eugenie von Soden mit Helene Lorenz in der Augustenstraße 118/2 in Stuttgart. Vermutlich suchte die Schwerkranke noch Heilung in Baden-Baden, wo sie am 19. März 1930 verstarb. Das Familiengrab auf dem Esslinger Friedhof, in dem auch ihre Urne beigesetzt wurde, existiert nicht mehr.

Text: Olaf Schulze

Eine nur von Frauen geleitete und bediente Apotheke
(St. Petersburg)

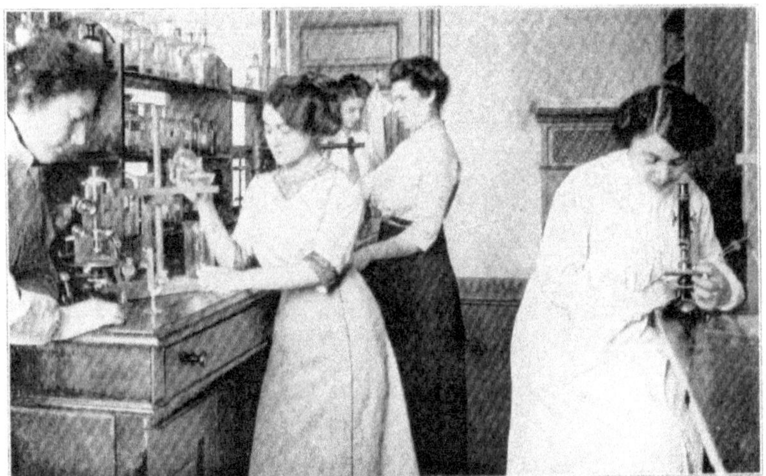

H. Vollger, Bern, phot.

Schülerinnenpraktikum im Laboratorium
(Chemisch-physikalisch. Laboratorium von Frl. Dr. G. Woker, Bern)

Tafelabbildung aus „Das Frauenbuch", 1. Band „Frauenberufe", Stuttgart 1913 (Vorlage: Antiquariat Inge Utzt).

PAULINE EINSTEIN, GEB. KOCH

Mutter eines Genies

Patin: Doris Schiffmann

Der Physiker Albert Einstein gehört ohne Zweifel zu den bedeutendsten und wichtigsten Wissenschaftlern des 20. Jahrhunderts. Bis heute haben seine beiden Arbeiten über die Allgemeine und Spezielle Relativitätstheorie nachhaltigen Einfluss auf die Forschung.

Ein Teil des Ruhmes kann auch Cannstatt für sich beanspruchen, wurde doch seine Mutter Pauline Einstein hier geboren. Sie war die Tochter von Julius und Jette Koch. Der Vater betrieb zusammen mit seinem Bruder Heinrich ein erfolgreiches Früchte- und Getreidegeschäft, das den Titel „Königlich-Württembergischer Hoflieferant" verliehen bekam. Pauline wuchs zusammen mit der älteren Schwester Fanny und zwei älteren Brüdern, Jacob und Caesar, zunächst in der Badstraße 20 auf, später zog die Familie in die Brückenstraße 44.

Am 8. August 1876 heiratete sie, 18-jährig, in Cannstatt den in Ulm lebenden Kaufmann Hermann Einstein (1847-1902). Nach der Hochzeit zog das junge Paar nach Ulm, wo auch ihr später berühmter Sohn, Albert, zur Welt kam. Beeinflusst von der Mutter, die eine gute Klavierspielerin war, lernte Albert Einstein mit fünf Jahren Violine. Eine Tochter, Maja, wurde 1881 geboren. Die beiden Geschwister hatten zeitlebens ein enges und herzliches Verhältnis.

Nach dem Tod ihres Mannes, 1902, zog Pauline Einstein zunächst zu ihrer älteren Schwester Fanny nach Hechingen. Deren Tochter Elsa wurde später, 1919, die zweite Frau von Albert Einstein.

1911 übersiedelte Pauline mit Fanny und deren Familie nach Berlin, ab 1914 lebte sie in Zürich bei ihrem Bruder Jakob. Während des Ersten Weltkrieges erkrankte sie an Krebs. Bei einem Besuch ihrer Tochter Maja in Luzern 1918 musste sie wegen ihres schlechten Gesundheitszustandes in ein Sanatorium eingewiesen werden. Ende 1919 holte Albert Einstein seine todkranke Mutter zu sich nach Berlin, wo sie am 20. Februar 1920 verstarb. Sie wurde auf dem israelitischen Friedhof in Cannstatt bestattet. Das Grab ist bis heute erhalten geblieben.

Text: Dr. Manfred Schmid

In Cannstatt geboren und aufgewachsen: Pauline Einstein, geb. Koch, um 1878 (Foto: einstein-virtuell.mpiwg-berlin.mpg.de/vea/SC1098931061_MOD-778631397_SEQ817366022_SL2026778588_en.html).

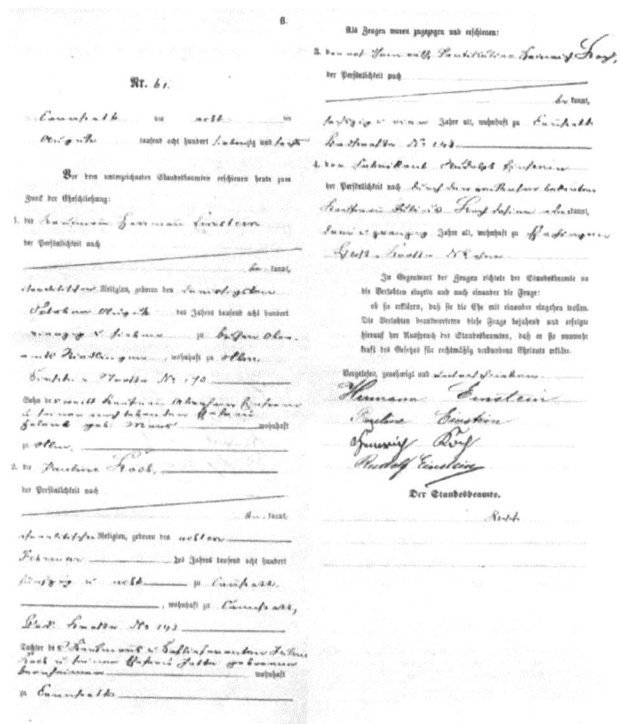

Nr. 61.

Der Standesbeamte.

Oben: Der Heiratsregistereintrag Nr. 61 vom 8. August 1876 bestätigt die Eheschließung von Hermann Einstein und Pauline Koch. Zeugen waren Heinrich Koch, der Onkel der Braut, und Rudolf Einstein, ein Vetter des Bräutigams, der mit Paulines älterer Schwester Fanny Koch verheiratet war (Foto: Stadtarchiv Stuttgart).

Links: Die Geschwister Albert und Maria „Maja" Einstein, 1891 (Foto: en.academic.ru/pictures/enwiki/69/Einstein_and_Maja_in_1891.jpg).

Hermann und Pauline Einstein, wenige Jahre nach der Eheschließung (Fotos en.academic.ru/pictures/enwiki/72/Hermann_Einstein.jpg und en.academic.ru/pictures/enwiki/80/Pauline_Koch.jpg).

ANNA BLOS, GEB. TOMASCZEWSKA

Lehrerin, Politikerin, Pionierin der Frauengeschichtsforschung

Patin: Gabriele Baumgartner

Anna Blos wurde 1866 in Liegnitz/Niederschlesien (heute Legnica/Polen) geboren. Sie war die Älteste der drei Kinder des Oberstabs- und Regimentsarztes Dr. Robert Tomasczewski und seiner aus einer ostpreußischen Gutsfamilie stammenden Frau Marie geb. Schulz.

Von 1878 bis 1892 war Robert Tomasczewski in Karlsruhe stationiert. Anna besuchte dort das Victoria-Pensionat, eine „höhere Töchterschule", und anschließend das dortige Lehrerinnenseminar Prinzessin-Wilhelm-Stift. Ab 1885 studierte sie Geschichte, Literatur und Sprachen an der Universität in Berlin und schloss 1890 ihre Ausbildung mit dem Oberlehrerinnenexamen ab. In Berlin lernte Anna Tomasczewska den SPD-Reichstagsabgeordneten Wilhelm Blos kennen, der seit 1893 in Cannstatt lebte. Durch ihn kam sie, die zuvor in der bürgerlichen Frauenrechtsbewegung engagiert war, in Kontakt mit der SPD und deren sozialen Ideen. Nun verfolgte sie das Ziel, die Situation von Arbeiterfrauen zu verbessern und die politische Mitwirkungsmöglichkeit von Frauen zu erkämpfen.

Bis 1905 sind nur wenige historische Zeugnisse zum Leben von Anna Blos überliefert. 1905 heirateten Anna und Wilhelm in seiner Heimatstadt Wertheim. Vermutlich erst danach, also ab 1905, lebte Anna mit ihrem Mann in Cannstatt, zunächst in der Schillerstr. 5 (heute Wiesbadener Straße), ab 1909 in der Paulinenstraße 7. Seit 1915 lebte das Ehepaar in Degerloch, seit 1922 in einer Pensionärswohnung im Stuttgarter Alten Schloss.

Ob und wo Anna Blos als Lehrerin arbeitete, ist unbekannt. Aber 1910 wurde sie vom Stuttgarter Gemeinderat einstimmig in den Ortsschulrat gewählt, als erste Frau in Deutschland überhaupt! In dieser Rolle setzte sie sich vor allem für eine bessere Bildung von Arbeiterkindern ein. Während des Ersten Weltkrieges initiierte sie die Einrichtung von kommunalen Kinderküchen, um die kriegsbedingte Mangelernährung von Kindern zu bekämpfen.

Seit 1905 ist die journalistische Tätigkeit von Anna Blos nachzuweisen. Ihre Themen waren die Gleichberechtigung der Frau, die Frauenbewegung, das Schulwesen (insbesondere der Einsatz von Lehrerinnen), die Mitarbeit von Frauen im Gemeindewesen. Sie schrieb für verschiedene sozialdemokratische Zeitungen, u.a. für die von der wesentlich radikaleren Clara Zetkin herausgegebenen „Gleichheit", für die „Schwäbische Tagwacht", den „Vorwärts" und viele andere deutschen Zeitungen und Zeitschriften. Seit 1918/19 war Anna Blos Mitglied im Landesvorstand der württembergischen SPD. Sie wurde 1919 als einzige Frau unter 17 Mandatsträgern aus Württemberg in die verfassunggebende Nationalversammlung in Weimar und Berlin gewählt.

Anna Blos, geb. Tomasczewska
(1866-1933), um 1910
(Foto: Stadtarchiv Heilbronn).

Wilhelm Blos
(1849-1927), um 1900
(Foto: Stadtarchiv Heilbronn).

Neben all diesen Verpflichtungen hielt sie nach der Gründung der Volkshochschule Stuttgart in der dortigen Frauenabteilung Vorträge und Schulungen für Arbeiterfrauen ab. Sie war (1918) Gründerin und Vorsitzende des Verbands Stuttgarter Hausfrauen, Mitglied im „Rat der geistigen Arbeiter und Arbeiterinnen Stuttgart", dem „Württembergischen Verein für Frauenstimmrecht" und Mitglied im Propagandaausschuss zur Aufklärung über das Frauenwahlrecht.

Ende der 1920er Jahre, nach dem Tod ihres Mannes (1927), erforschte und beschrieb sie das Leben von Frauen in der Geschichte und wurde so zur Pionierin der Frauengeschichtsforschung. Erst 50 Jahre später wurde von Feministinnen der Zweiten Deutschen Frauenbewegung wieder daran angeknüpft. Anna Blos beschrieb in ihren Büchern eine „Reihe von Frauen [die] Seite an Seite mit den Männern für Recht und Freiheit gekämpft hat". Sie beschrieb das Leben von Frauen aus dem Volk, die im Bauernkrieg, bei der bürgerlichen Revolution 1848 und in der sozialistischen Bewegung aktiv waren.

Anna Blos gehörte wie ihr Mann der gemäßigten Linie der SPD an. Ihr vehementer Kampf galt der „Frauenfrage". Sie setzte sich ein für das „Proletariat", für eine Verbesserung der Lebens- und Arbeitssituation von Arbeiterinnen und für eine verbesserte Bildungsmöglichkeit für Arbeiterkinder als Hoffnungsträger der Gesellschaft. In ihrer Schrift „Kommunale Frauenarbeit im Kriege" von 1917 bringt sie ihre Hoffnung zum Ausdruck, „daß nach dem Krieg die gesetzlichen Schranken fallen, die der Mitarbeit von Frauen in öffentlichen Ämtern noch entgegenstehen".

Sie selbst konnte sich schon früh (politische) Mitwirkungsmöglichkeiten sichern. Trotz ihrer herausragenden Stellung in Partei und städtischer Verwaltung bleibt ihr Bekanntheitsgrad aber weit hinter dem ihres Mannes zurück, der von 1918 bis 1920 das erste demokratische Staatsoberhaupt Württembergs war.

Anna Blos erlebte noch die Machtübertragung an Adolf Hitler. Wenig später starb sie. Sie wurde im Ehrengrab für ihren Mann auf dem Stuttgarter Pragfriedhof mitbestattet. Erst vor wenigen Jahren wurde auf Betreiben einer Stuttgarter Historikerin der bis dahin falsch geschriebene Geburtsname auf dem Grabstein geändert.

Text: Claudia Weinschenk

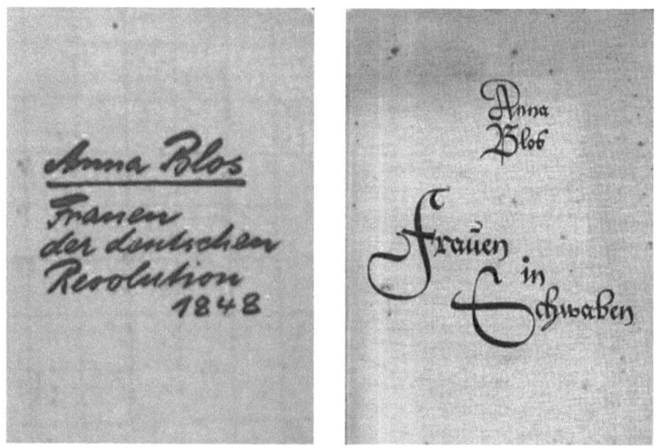

Buchtitel von Anna Blos aus den Jahren 1928 und 1929 (Vorlagen: privat).

Links: Am 28. Februar 1926 in Stuttgart ausgestellter Reisepass für Anna Blos (Foto: Staatsarchiv Ludwigsburg).

Rechts: Grabmal für Wilhelm und Anna Blos auf dem Stuttgarter Pragfriedhof (Foto: privat; 2020).

Montag, den 25. November 1918, abends 7½ Uhr,
im Wilhelmasaal in Cannstatt

Öffentliche Versammlung

mit dem Thema!

Das Wahlrecht der Frauen.

Referenten:

Frau Anna Blos und Gemeinderat Wasner, Stuttgart.

Nach dem Beschluß der provisorischen Regierung ist jede Frau und jeder Mann über 20 Jahre wahlberechtigt und wählbar. Mitbürgerinnen und Mitbürger jeden Standes, in der Versammlung. 4627²

des Soziald. Vereins Cannstatt.

Anzeige des Sozialdemokratischen Vereins Cannstatt aus der „Schwäbischen Tagwacht" vom 23. November 1918 mit der Ankündigung einer Versammlung mit Anna Blos im „Wilhelmasaal" (Vorlage: Württembergische Landesbibliothek Stuttgart).

ANNA BLOS UND DAS FRAUENWAHLRECHT

„Helft wühlen und helft wählen."

„Als Luise Otto im Jahre 1847 auf die in den „Vaterlandsblättern" von Robert Blum aufgeworfene Frage: „Haben die Frauen ein Recht zur Teilnahme an den Interessen des Staates?" die Antwort gab: „Die Teilnahme der Frau ist nicht allein ein Recht, sie ist eine Pflicht der Frau", da erregte diese Antwort allgemeines Erstaunen. Es sind mehr als sechzig Jahre vergangen, seit diese Forderung einer deutschen Frau gestellt wurde, aber eine befriedigende Lösung hat sie bis heute nicht gefunden. Zwar tritt die Sozialdemokratie mit allen ihr zu Gebote stehenden Mitteln für eine Gleichstellung der Geschlechter ein, aber in bürgerlichen Kreisen sind es nur verhältnismäßig wenige, die den Frauen alle Zugeständnisse machen wollen, die das männliche Geschlecht für sich beansprucht. Selbst die Demokraten erklärten auf die Forderung, den Frauen das Stimmrecht zu gewähren, diese für noch nicht reif genug."

So beginnt ein Artikel in der Wochenschrift der Deutschen Sozialdemokratie „Die neue Zeit", der 1911 veröffentlicht wurde und die Leserinnen und Leser an einen „vergessenen Frauenanwalt", den preußischen Staatsmann, Schriftsteller und Sozialkritiker Theodor von Hippel erinnern sollte, der sich Ende des 18. Jahrhunderts für die rechtliche Gleichstellung der Frauen einsetzte. Diese Zeilen entstanden mit hoher Wahrscheinlichkeit in Cannstatt, in der Parterre-Wohnung im Haus Paulinenstraße 7 (heute Mergentheimer Straße), gleich bei den unteren Kursaalanlagen. Die Autorin, es ist Anna Blos, referiert seine Thesen und wird auch in späteren Aussagen und Artikeln immer wieder seiner ehrend gedenken, hatte er doch u.a. formuliert:

„Wäre es dem Staate ernst, die große und edle Hälfte seiner Bürger nützlich zu beschäftigen, fühlte er die große Verpflichtung, diejenigen, welche die Natur gleich machte, auch nach Gleich und Recht zu behandeln, ihnen ihre Rechte und mit diesen persönliche Freiheit und Unabhängigkeit, bürgerliches Verdienst und bürgerliche Ehre wiederzugeben, öffnete man den Weibern Kabinette, Hörsäle, Kontore und Werkstätten, ließe er dem vermeintlich stärkeren Mann das Monopol des Schwertes, wenn der Staat sich nun einmal nicht ohne Menschenschlächterei behelfen kann oder will, und machte er im übrigen unter beiden Geschlechtern keinen Unterschied, so wie die Natur es wollte, und wie die bürgerliche Gesellschaft es auch wollen sollte, wenn sie sich nicht etwa ihrer natürlichen Herkunft schämt; so würden Staatswohl und Staatsglückseligkeit sich überall mehren, die Menschen wachsen wie die Weiden an den Wasserbächen, und die Menschheit ihrer großen Bestimmung mit schnellen Schritten zueilen!"

Anna Blos, 1919; aus dem „Handbuch der verfassunggebenden Nationalversammlung, Weimar 1919". Berlin 1919.

Keine acht Jahre, aber einen ganzen Weltkrieg später, um die Jahreswende 1918/19, wird sich Anna Blos im Stuttgarter Raum unermüdlich dafür einsetzen, dass die Frauen von ihrem neuen Wahlrecht Gebrauch machen, und schließlich selbst in den Reichstag einziehen. Wer war Anna Blos? Sie war eben nicht nur „die Frau an seiner Seite", die Frau des ersten württembergischen Staatspräsidenten nach der Revolution im November 1918, die Frau von Wilhelm Blos, sie war vieles mehr.

Bereits seit 1905 ist ihre journalistische Tätigkeit nachzuweisen. Ihr Thema war dabei immer wieder auch die Gleichberechtigung der Frau und die Frauen-

Nr. 289 • 35. Jahrgang

2. Beilage des Vorwärts

Sonntag, 20. Oktober 19

Und die Frauen?

Von Anna Blos.

„Und ich bin nichts, als ein gefesselt Weib!"

Wieviel Frauen mögen das empfunden haben, bewußt oder unbewußt, in diesen langen, langen Kriegsjahren, die so ungeheure Anforderungen gestellt haben an die Leistungsfähigkeit, an die Spannkraft, an die Geduld der Frauen, der Frauen, denen nichts zu tun blieb, als zu arbeiten, zu dulden, zu schweigen. Sie mögen es empfunden haben, als gewitterschwer und unheilvoll die Kriegswolken über Europa hingen, jeden Augenblick gewärtig, daß der zündende Blitz, der furchtbare Donnerschlag alle Elemente des Hasses und der Leidenschaft entfesseln würde. Dem zermalmenden Rad der Weltgeschichte hätten sich die Frauen in die Speichen stürzen mögen, um es aufzuhalten in seinem rasenden Lauf, als es die Blüte des Volkes zu zermalmen begann. Ohnmächtig standen die Frauen, sie, deren Aufgabe ist mit zu lieben, nicht mit zu hassen, die an ewigen Frieden geglaubt hatten. Gefesselt standen sie und mußten zusehen, wie man ihnen ihre Männer, ihre Söhne, ihre Brüder vom Herzen riß, sie dem Tode weihte. Aber aufrecht standen die Frauen. Sie wollten helfen, die Schäden heilen, gutmachen, die der Krieg über die Lande brachte. Da strömten die Tausende von Frauen herbei und boten sich an, zu helfen, wo es auch sei, beim Pflegen der Verwundeten, bei der Linderung der Not, bei der Fürsorge für die verlassenen Kinder. Gar manche hat damals eine rauhe Abweisung erlebt, mußte mit ansehen, daß Geld, Titel, Rang oft mehr Ausschlag gaben, als erprobte Tüchtigkeit und Sachkenntnis. Sie standen beiseite, die Abgewiesenen, und sie schwiegen.

Es kamen die Tausende von Frauen, die Arbeit nehmen mußten, um ihren Kindern den Ernährer zu ersetzen. Wie Bettlerinnen wurden sie empfangen, demütig mußten sie sich das Recht auf Arbeit erbitten und wie oft mit Hungerlöhnen zufrieden sein. Hier wenigstens kam der große Umschwung, als man die Frauen brauchte, als man sie heranholen mußte, um überall die Arbeitsplätze auszufüllen, die die Männer verlassen hatten. Aber wer kennt die Tränen der Scham und Verzweiflung, die gar manche Frau in jener ersten Kriegszeit vergossen hat, als ihr die Arbeit nur aus Gnade überwiesen wurde. Und selbst heute, da gut bezahlte Arbeit genug vorhanden ist, wie wird die schwerste, angreifendste Beschäftigung, oft verbunden mit Roheit und Anmaßung vonseiten der Vorsetzten, schweigend von den Frauen verrichtet, die immer noch die Fesseln, die dem Weibe jahrhundertelang auferlegt waren, nicht abzustreifen wagen.

Und die Scharen von Frauen, die in bitterer Kälte oder in glühendem Sonnenbrand vor den Lebensmittelgeschäften standen und noch heute stehen, um ein Stückchen Butter, ein Pfund Fleisch, ein paar Aepfel oder einen Krautkopf zu erhaschen. Welches Uebermaß von Geduld müssen diese Frauen aufbringen! Sie sehen mit an, wie andere Frauen mit Seidenkleidern und Lederhüten spazieren gehen, die nicht säen und nicht ernten und doch gespeist werden. Die einen jammern, daß sie kein Brot, keine Milch, kein Gemüse haben, um ihre Kinder satt zu machen. Die andern geben Gastmähler, essen Kuchen und leben heute noch, als wenn kein Krieg wäre. Die aber, die stundenlang unterwegs sein müssen, um nur das Notdürftigste an Lebensmitteln aufzutreiben, die mit ansehen müssen, wie ihre Kinder darben und frieren, und das ist heute die Ueberzahl der Frauen, sie schweigen und dulden, wenn sich auch ihr Herz empört gegen die Ungerechtigkeit. Und wenn sie reden wollten, wer hört sie heute an?

Gesetze werden gemacht, tief einschneidend in das Leben der Frau, Gesetze, die ihnen das freie Bestimmungsrecht über ihren Körper nehmen, die sie zur Mutterschaft zwingen wollen, ohne zu fragen, ob sie die Möglichkeit haben, gesunde Kinder zu gebären, ihnen eine gute Erziehung zu geben. Auch hier wurde die Stimme der Frau nicht zu Rate gezogen. Auch hier erwartet man ihre schweigende Unterwerfung.

Und heute, werden auch heute noch die Frauen schweigend beiseite stehen? In allem Leid, aller Not, die dieser Krieg über uns brachte, kommt auf leisen Sohlen der Frieden gegangen. Es wird nicht der Frieden sein, den viele erhofft und erträumt haben, aber doch der Frieden, der allem Blutvergießen ein Ende machen soll. Und dieser Frieden wird vom Volke selbst herbeigeführt. Heute verhandelt eine demokratische Regierung im Namen des deutschen Volkes und will dem Volke mit dem Frieden die Freiheit bringen. Werden auch jetzt noch die Frauen schweigend beiseite stehen müssen und wollen? Schon einmal gab es eine Zeit, in der alle Traditionen über den Haufen geworfen wurden, in der das Volk sich sein Recht eroberte. Aber damals wurden bei dem Ruf nach Gleichheit die Frauen vergessen. „Frankreich, wo jetzt alles gleich ist," schrieb Theodor von Hippel, der tapfere Streiter für die Gleichberechtigung der Frauen, „Frankreich ließ das weibliche Geschlecht unerlöst." Wohl hatte in der französischen Revolution eine Frau ihre Stimme erhoben. Olympe de Gonges rief in einer Adresse den Frauen zu: „Ist es nicht Zeit, daß auch unter uns Frauen die Revolution beginnt? Sollen wir immer vereinzelt sein? Werden wir nie an der Gestaltung der Gesellschaft tätigen Anteil nehmen?" Und sie begründete ihre Forderung mit dem berühmten Wort: „Die Frau ist frei geboren und von Rechts wegen dem Manne gleich". Aber der Konvent verurteilte die Frauen zum Schweigen, vertrieb sie von den Tribünen, untersagte ihnen die Teilnahme an öffentlichen Versammlungen, sprach ihnen die moralische und physische Kraft ab, im Interesse des Staates Beschlüsse zu fassen, sie durchzusetzen und der Gewalt zu widerstehen.

Mehr als jemals in der Weltgeschichte haben die Frauen in diesem Krieg gezeigt, welch ungeheures Maß an moralischer wie physischer Kraft sie aufzubringen vermögen. Auch heute, in der Schicksalsstunde des Volkes, schweigen sie noch. Sie warten der Stunde, da es Zeit sein wird, ihre Stimme zu erheben. In den Zeiten, die jetzt kommen, so ernst sie auch sein mögen, gilt es, aufzubauen, was zerst wurde, gilt es Wunden zu heilen, die geschlagen wurden, g es vor allem ein Geschlecht heranzuziehen, das, an den har Lehren dieses Krieges erstarkt, berufen ist, den Staat zu v walten, der ein Volksstaat werden soll. Das Volk aber best aus der Gemeinschaft von Männern und Frauen. Alle Fr densaufgaben, die die Zukunft bringt, können nur mit Hi der Frauen gelöst werden. Je größer ihre Anteilnahme s wird, um so nützlicher werden sie auch ihre Aufgaben lö als Frauen, als Mütter, als Staatsbürgerinnen.

Deshalb: Hört ihre Stimmen, verdamm sie nicht länger zur Rechtlosigkeit! Ge ihnen die politischen Rechte!

Gerichtszeitung.

Durch die Liebe zum Kinde brotlos geworden.

In einen schweren Seelenkonflikt brachte ein unsozialer Arb geber eine Frau Mathilde W., die vor der 4. Kammer des Berli Kaufmannsgerichts Klage erhob. Frau W. hatte es übernomm eine Filiale für den Kaufmann Friedrich Wick zu leiten, in Groß-Berlin 43 Strumpfreparatur-Anstalten unterhält. Klägerin, die mit ihrem fünfjährigen Kinde allein in der Welt st hatte ihr Kind meist bei einer Nachbarin tagsüber untergebra Wenn diese selber aber fortgehen mußte, dann nahm Frau das Kind mit in die Filiale. Als der Beklagte dessen gew wurde, untersagte er der Mutter strengstens, noch ein ihr Kind in das Geschäft mitzubringen, und drohte ihr den Wiederholungsfall die sofortige Entlassung an. Eines Ta wußte die geplagte Frau wieder nicht, wo sie das Kind lassen sol Das etwas zurückgebliebene kleine Wesen allein zu Hause zu las wagte sie nicht, auch bat das Kindchen inständig: „Mutti, g nicht fort. Lass' mich nicht allein!" So nahm sie kurz entschlo das Kind auf den Arm und eilte ins Geschäft. Unglücklicherw bekam auch bald darauf der Chef davon Kenntnis und sprach d wegen die sofortige Entlassung aus. Die Folge davon war, d die bedauernswerte Mutter krank wurde. Vor Gericht bestritt Beklagte die Krankheit und hielt sein Verbot bezüglich Mitnah des Kindes aufrecht. Kinder gehörten nicht in einen geschäftlic Betrieb, so meinte er.

Das Kaufmannsgericht kam wegen des Einwandes der Kra heitssimulation zur Vertagung, erklärte aber dem Prinzipal, d die Mitnahme des Kindes keineswegs einen Entlassungsgru bilden könne. Der Standpunkt des Beklagten mag vielleicht regulären Zeiten seine Berechtigung haben, aber nicht jetzt in Kriegszeit, wo man den außergewöhnlichen Umständen Rechnu tragen müsse. Es sei auch nicht anzunehmen, daß Kundinnen der Anwesenheit des Kindes im Laden Anstoß genommen haben.

Jugendveranstaltungen.

Arbeiterjugendheim Berlin, Lindenstr. 3. Der für heute ab angesetzte Lichtbildervortrag muß umständehalber um eine Wo verschoben werden. Er findet nunmehr am nächsten Sonntag, abends 7 U statt. Die ausgegebenen Karten behalten ihre Gültigkeit.

Cöpenick. Das Jugendheim befindet sich Schönerlinder Str. Nr Hof part. und ist vorläufig jeden Montag nachm. von 4 bis 9½ Uhr öffnet. Heute nachmittag Eröffnungsfeier.

Am 20. Oktober 1918 erschien im „Vorwärts" der Artikel von Anna Blos mit der berechtigten Frage im Titel: „Und die Frauen?" (Vorlage: Friedrich-Ebert-Stiftung).

bewegung. Ihr vehementer Kampf galt der „Frauenfrage“. Seit 1891 war das Frauenwahlrecht im Parteiprogramm der SPD verankert. Clara Zetkin wurde 1907 die Leitung des neu gegründeten Frauensekretariats der SPD übertragen. Beim „Internationalen Sozialistenkongress“, der im August 1907 in Stuttgart stattfand, u.a. auch mit Massenveranstaltungen auf dem Cannstatter Wasen, wurde die Gründung der Sozialistischen Fraueninternationale beschlossen – mit Clara Zetkin als Internationaler Sekretärin.

In den letzten Kriegswochen veröffentlichte Anna Blos am 20. Oktober 1918 im zentralen SPD-Parteiblatt „Vorwärts“ einen vielbeachteten Artikel mit der Überschrift „Und die Frauen?“

„Und ich bin nichts, als ein gefesselt Weib!“

Wieviel Frauen mögen das empfunden haben, bewußt oder unbewußt, in diesen langen, langen Kriegsjahren, die so ungeheure Anforderungen gestellt haben an die Leistungsfähigkeit, an die Spannkraft, an die Geduld der Frauen, der Frauen, denen nichts zu tun übrig blieb, als zu arbeiten, zu dulden, zu schweigen. [...]

Und heute, werden auch heute noch die Frauen schweigend beiseite stehen? In allem Leid, aller Not, die dieser Krieg über uns brachte, kommt auf leisen Sohlen der Frieden gegangen. Es wird nicht der Frieden sein, den viele erhofft und erträumt haben, aber doch der Frieden, der allem Blutvergießen ein Ende machen soll. Und dieser Frieden wird vom Volke selbst herbeigeführt. Heute verhandelt eine demokratische Regierung im Namen des deutschen Volkes und will dem Volke mit dem Frieden die Freiheit bringen. Werden auch jetzt noch die Frauen schweigend beiseite stehen müssen und wollen? Schon einmal gab es eine Zeit, in der alle Traditionen über den Haufen geworfen wurden, in der das Volk sich sein Recht eroberte. Aber damals wurden bei dem Ruf nach Gleichheit die Frauen vergessen. „Frankreich, wo jetzt alles gleich ist,“ schrieb Theodor von Hippel, der tapfere Streiter für die Gleichberechtigung der Frauen, „Frankreich ließ das weibliche Geschlecht unerlöst.“ Wohl hatte in der französischen Revolution eine Frau ihre Stimme erhoben. Olympe de Gouges [Anna Blos schreibt immer Olympe der Gonges, OS] rief in einer Adresse den Frauen zu: „Ist es nicht Zeit, daß auch unter uns Frauen die Revolution beginnt? Sollen wir immer vereinzelt sein? Werden wir nie an der Gestaltung der Gesellschaft tätigen Anteil nehmen?“ Und sie begründete ihre Forderungen mit dem berühmten Wort: „Die Frau ist frei geboren und von Rechts wegen dem Manne gleich“. Aber der Konvent verurteilte die Frauen zum Schweigen, vertrieb sie von den Tribünen, untersagte ihnen die Teilnahme an öffentlichen Versammlungen, sprach ihnen die moralische und physische Kraft ab, im Interesse des Staates Beschlüsse zu fassen, sie durchzusetzen und der Gewalt zu widerstehen.

Mehr als jemals in der Weltgeschichte haben die Frauen in diesem Krieg gezeigt, welch ungeheures Maß an moralischer wie physischer Kraft sie aufzubringen vermögen. Auch heute, in der Schicksalsstunde des Volkes, schweigen sie noch. Sie warten der Stunde, da es Zeit sein wird, ihre Stimme zu erheben. In den Zeiten, die jetzt kommen, so ernst sie auch sein mögen, gilt es, aufzubauen, was zerstört wurde, gilt es Wunden zu heilen, die geschlagen wurden, gilt es vor allem ein Geschlecht heranzuziehen, das, an den harten Lehren dieses Krieges erstarkt, berufen ist, den Staat zu verwalten, der ein Volksstaat werden soll. Das Volk aber besteht aus der Gemeinschaft von Männern und Frauen. Alle Friedensaufgaben, die die Zukunft bringt, können nur mit Hilfe der Frauen gelöst werden. Je größer ihre Anteilnahme sein wird, um so nützlicher werden sie auch ihre Aufgaben lösen als Frauen, als Mütter, als Staatsbürgerinnen.

Deshalb: Hört ihre Stimmen, verdammt sie nicht länger zur Rechtlosigkeit! Gebt ihnen die politischen Rechte!"

Am 25. November 1918 erfuhren die Leser der „Schwäbischen Tagwacht", des württembergischen SPD-Blatts, von der Gründung des „Propagandaausschusses zur Aufklärung über das Frauenwahlrecht".

„Er hat in vier Sitzungen unter Leitung der Genossin Blos im Landtagsgebäude seinen Aufgabenkreis festgelegt und seine Mitarbeiterinnen gewählt. Dem engeren Ausschuß gehören neun Vereine an, die sich hinter die neue Regierung stellen und im Zeichen des Sozialismus arbeiten wollen. Der weitere Ausschuß besteht aus Stuttgarter Frauenvereinen ohne parteipolitische Tendenz. Eine Reihe von Vorträgen, welche die verschiedenen Beziehungen des Frauenlebens, die Technik des Wahlverfahrens und andere nächstliegende Fragen beleuchten, sowie sonstige Aufklärung in Wort und Schrift ist in Aussicht genommen. Der erste Vortrag findet am Donnerstag, den 28. November, im großen Stadtgartensaal statt."

Doch es hatte schon zuvor Vorträge mit Anna Blos gegeben, dies belegt die Anzeigenseite vom Samstag, den 23. November 1918, in der „Tagwacht", allein drei Versammlungen mit Anna Blos sind dort angekündigt: Für den gleichen Tag eine Öffentliche Frauenversammlung im großen Saal des Stadtgartens, für den Sonntag eine Jugendversammlung im Kuppelsaal des Kunstgebäudes und für den Montag eine im Wilhelma-Saal in Cannstatt zum Thema „Das Wahlrecht der Frauen". In dieser Anzeige heißt es:

„Nach dem Beschluß der provisorischen Regierung ist jede Frau und jeder Mann über 20 Jahre wahlberechtigt und wählbar. Mitbürgerinnen und Mitbürger jeden Standes, erscheint in Massen in der Versammlung. Der Ausschuß des Sozialdemokratischen Vereins Cannstatt."

Ein kurzer Bericht über die „Frauenversammlung in Cannstatt" folgte am 30. November in der „Tagwacht":

„Die Frauenversammlung in Cannstatt war von zirka 300 Personen, überwiegend Frauen aller Schichten, besucht. Genossin Blos schilderte in ¾stündigen Ausführungen die Aufgaben, welche im Volksstaat der Frau im Besonderen zufallen. Die Bilder sozialen Elendes der Heimarbeit, der unehelichen Mütter usw., die die Referentin an Hand persönlicher Erfahrungen und Beobachtungen aus dem alten Klassenstaat vortragen konnte, erschütterten tief. Zum Schluß zeigte die Referentin, daß die Sozialdemokratie die einzige Partei ist, in deren Programm die Gleichberechtigung der Frau seit vier Jahrzehnten gefordert wird. (...)"

Ebenso erschienen in diesen Tagen Aufrufe aus der Feder von Anna Blos zur Mitarbeit der Frauen, so am 29. November 1918 ein Aufruf „An die Arbeiterinnen!":

„An die Arbeiterinnen!

Arbeiterinnen, die Revolution hat euch ein kostbares Geschenk gebracht. Sie hat euch das Recht gegeben,

Frieden, Freiheit, Frauen!

Von Anna Blos.

Eine neue Zeit ist angebrochen. Die Morgenröte der Freiheit leuchtet über ihr. Sie leuchtet auch den Frauen, denn über Nacht hat die Revolution ihnen Rechte gebracht, auf deren Erfüllung sie noch vor wenig Wochen nicht zu hoffen wagten. *Es ist die erste Revolution der Weltgeschichte, in der auch der Frauenrechte gedacht* wurde. Von der französischen Revolution schrieb der Staatsrat v. Hippel: Frankreich, wo jetzt alles gleich ist, hat das weibliche Geschlecht vergessen. Und auch in der deutschen Revolution von 1848 forderte Luise Otto vergeblich das Recht und die Pflicht für die Frauen, an den Interessen des Staates teilzunehmen. Die *Arbeiterschaft*, die die jetzige Revolution ins Leben rief, hat schon seit dem Jahre 1869 die Gleichberechtigung der Geschlechter gefordert. Gerade bei ihr hat der Einwurf, daß die Frau ins Haus gehöre, keine Gültigkeit, denn die Not hat die Frauen der arbeitenden Klassen stets aus dem Haus in den Erwerb getrieben, in den Kampf um Lohn und Brot. Daher sind die Arbeiterfrauen politisch weit aufgeklärter als die stets zufriedenen Bürgerfrauen, und es ist ihre Pflicht, ihre Aufgeklärtheit bei den *ersten Wahlen*, bei denen die Frauen herangezogen werden, zur Geltung zu bringen.

Anfang des Aufrufs von Anna Blos unter der Überschrift „Frieden, Freiheit, Frauen!" vom 30. November 1918 in der „Schwäbischen Tagwacht" (Vorlage: WLB Stuttgart). Diesem folgte am 3. Dezember 1918 schließlich ein Aufruf an die „geistigen Arbeiterinnen".

Die Kandidatenliste der Sozialdemokrat. Partei für Württemberg und Hohenzollern

zur Wahl der Nationalversammlung enthält folgende Namen:

1. **Keil, Wilhelm,** Redakteur, seitheriger Reichs- und Landtagsabgeordneter, Ludwigsburg.
2. **Hildenbrand, Karl,** Geschäftsführer der Volksfürsorge, seitheriger Reichstagsabgeordneter, Hamburg.
3. **Salm, Albert,** Mechaniker bei Daimler, Wangen bei Stuttgart.
4. **Renngott, Gottlieb,** Arbeitersekretär und Gemeinderat, Eßlingen.
5. **Schlicke, Alexander,** 1. Vorsitzender des Deutschen Metallarbeiterverbandes, Stuttgart.
6. **Steinmayer, Otto,** Gewerkschaftsangestellter, Stuttgart.
7. **Blos, Anna,** Schriftstellerin, Degerloch.
8. **Feuerstein, Franz,** Sekretär des Verbandes der württembergischen Konsumvereine, Stuttgart.
9. **Denker, Max,** Geschäftsführer, Ulm.
10. **Mattutat, Hermann,** Arbeitersekretär, Stuttgart.
11. **Sperka, Karl,** Handschuhfabrikant, Stuttgart.
12. **Ruggaber, Karl,** Schlosser, Ulm.
13. **Liebig, Hermann,** Lokomotivführer, Sigmaringendorf.
14. **Bauer, Albert,** Porzellanmaler, Schramberg.
15. **Krüger, Karl,** Krankenkassenangestellter, Hall.
16. **Wasner, Otto,** Parteisekretär, Stuttgart.
17. **Frey, Karl,** Buchbindermeister, Stuttgart.

An siebter Stelle der Kandidatenliste der SPD für Württemberg und Hohenzollern steht als einzige Frau „Blos, Anna, Schriftstellerin, Degerloch". Anzeige aus der Schwäbischen Tagwacht" vom 4. Januar 1919 (Vorlage: Württembergische Landesbibliothek Stuttgart).

euch wählen zu lassen und zu wählen. Seid ihr euch des Wertes dieses Geschenkes voll und ganz bewußt? [...] Nun regt euch, ihr Arbeiterinnen. Jetzt fragt euch, welche Partei von jeher kein anderes Streben hatte als das Wohl des Volkes, das Wohl der Familie, das Wohl der Kinder. Nun sammelt euch! Geht von Haus zu Haus und macht es den Frauen klar, die uns noch fern stehen, daß sie nur Vertreter und Vertreterinnen der Sozialdemokratie wählen, daß es überhaupt keine andere Partei gibt, die die Gesamtinteressen des Volkes vertritt. Und vergeßt vor allem das eine nicht: Nur die Sozialdemokratie sichert uns den Völkerbund, gibt euch und euren Kindern und Kindeskindern den Frieden für alle Zeit. Kommt in alle Versammlungen! Bringt überall eure Meinung zum Ausdruck! Helft wühlen und helft wählen. Von jeder einzelnen Stimme hängt es heute ab, daß der Volksstaat seine Aufgabe erfüllen kann, die darin besteht, allen Menschen Freiheit, Gleichheit und Brüderlichkeit zu bringen."

Und am Tag darauf, den 30. November 1918 ... wieder Anna Blos unter der Überschrift:

„Frieden, Freiheit, Frauen!

Eine neue Zeit ist angebrochen. Die Morgenröte der Freiheit leuchtet über ihr. Sie leuchtet auch den Frauen, denn über Nacht hat die Revolution ihnen Rechte gebracht, auf deren Erfüllung sie noch vor wenig Wochen nicht zu hoffen wagten. Es ist die erste Revolution der

Weltgeschichte, in der auch der Frauenrechte gedacht wurde. (...)

Keine andere Partei, von der äußersten Rechten bis zur äußersten Linken des Bürgertums, hat diese selbstverständliche Pflicht den Frauen gegenüber erfüllt. Jetzt gilt es für die Frauen der arbeitenden Massen zu zeigen, daß sie auf dem Plan sind. Keine von ihnen darf fehlen, um die Rechte auszuüben, um die sie 50 Jahre lang mit den Männern gekämpft haben. Keine darf zweifeln, wen sie wählen soll. Arbeiter und Arbeiterinnen haben die Revolution herbeigeführt und ihr zum Sieg verholfen. Nun gilt es, die Früchte der Revolution zu sichern. Die Nationalversammlung des Deutschen Reiches und die Landesversammlungen der Bundesstaaten werden die Aufgabe haben, die Sehnsucht der Völker nach Frieden und Freiheit für alle Zeiten zu erfüllen. Das können sie nur, wenn ausschließlich Männer und Frauen dort vertreten sind, die den Idealen des Sozialismus stets treu gewesen sind und die fest zu ihnen stehen. Jetzt liegt auch in den Händen der Frauen die Macht, daß sich die Sehnsucht und Verheißung alter Zeit, daß allen Menschen Frieden und Freude, nicht erst im Himmel, sondern schon hier auf Erden erfüllt."

Am 3. Dezember schließlich werden Frauen anderer Berufsgruppen angesprochen, die „geistigen Arbeiterinnen".

„Ihr werdet in euren Berufen selten euren Leistungen entsprechend bezahlt. Die Lehrerinnen, die Schauspielerinnen, die Künstlerinnen, die studierenden Frauen, die Handlungsgehilfinnen, wie hart war oft ihr Kampf um das tägliche Brot! Und wie habt ihr geistig Not gelitten! Man hat euch Steine in den Weg geworfen, wo man konnte, hat euch nur nach schweren Kämpfen eindringen lassen in die Berufe, die als Vorrecht der Männer angesehen werden. [...] Auch ihr müßt bei den Wahlen helfen, daß Männer und Frauen gewählt werden, die im Sinne des Sozialismus kämpfen gegen jede Ausbeutung, jede Unterdrückung."

Weitere Artikel und Veranstaltungen unterschiedlichster Referentinnen und Referenten folgten bis zum Wahltermin in dichter Reihe. Alles vor dem Hintergrund schwieriger Zeiten, rückkehrender Truppen, prekärer Versorgungslage, zahlreicher Umbrüche. Auf der Kandidatenliste der SPD für Württemberg und Hohenzollern zur Wahl der Nationalversammlung am 19. Januar 1919 erscheint Anna Blos mit dem Beruf „Schriftstellerin" als einzige Frau. Und sie wurde gewählt, als einzige Frau unter 17 Mandatsträgern aus Württemberg in die verfassunggebende Nationalversammlung in Weimar und Berlin und war Mitglied des Reichstags von Januar 1919 bis Juni 1920. Auch aus dieser Zeit finden sich Beiträge von Anna Blos, etwa im „Vorwärts" vom 25. Mai 1920 zum Thema „Frauenfragen in der Verfassung":

„Heute ist ja das Frauenwahlrecht, das die Sozialdemokratie seit so langer Zeit in ihrem Programm vertreten hat, zum Programmpunkt aller Parteien geworden, auch derer, die sich früher sehr heftig dagegen wandten. Dienen ihnen ihrerseits die Frauen als politisch gefügige Werkzeuge, so haben sie sich andererseits davon überzeugen müssen, daß keine der früher mit dem Begriff politisch tätiger und denkender Frauen verbundenen Bedenken sich erfüllt haben. Nirgends haben die Frauen durch Ungebärdigkeit irgendwie die Wahlhandlung gestört. Sie haben ihren Stimmzettel ruhig und wie selbstverständlich abgegeben. [...] Ebensowenig haben die in die Parlamente gewählten Frauen durch allzu

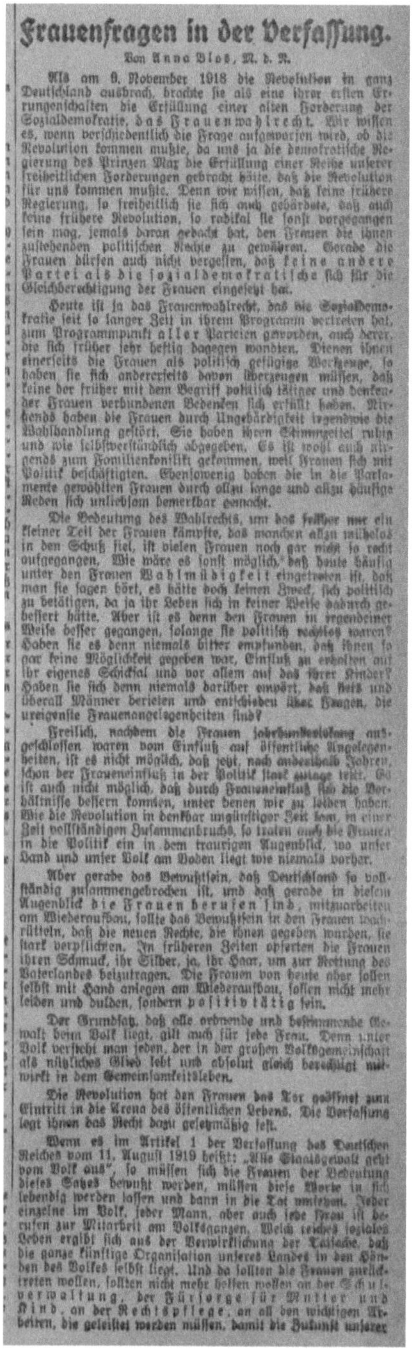

Frauenfragen in der Verfassung.

Von Anna Blos, M. d. R.

Als am 9. November 1918 die Revolution in ganz Deutschland ausbrach, brachte sie als eine ihrer ersten Errungenschaften die Erfüllung einer alten Forderung der Sozialdemokratie, das Frauenwahlrecht. Wir wissen es, wenn verschiedentlich die Frage aufgeworfen wird, ob die Revolution kommen mußte, da uns ja die demokratische Regierung des Prinzen Max die Erfüllung einer Reihe unserer freiheitlichen Forderungen gebracht hätte, daß die Revolution für uns kommen mußte. Denn wir wissen, daß keine frühere Regierung, so freiheitlich sie sich auch gebärdete, daß auch keine frühere Revolution, so radikal sie sonst vorgegangen sein mag, jemals daran gedacht hat, den Frauen die ihnen zustehenden politischen Rechte zu gewähren. Gerade die Frauen dürfen auch nicht vergessen, daß keine andere Partei als die sozialdemokratische sich für die Gleichberechtigung der Frauen eingesetzt hat.

Heute ist ja das Frauenwahlrecht, das die Sozialdemokratie seit so langer Zeit in ihrem Programm vertreten hat, zum Programmpunkt aller Parteien geworden, auch derer, die sich früher sehr heftig dagegen wandten. Dienen ihnen einerseits die Frauen als politisch gefügige Werkzeuge, so haben sie sich andererseits davon überzeugen müssen, daß keine der früher mit dem Begriff politisch tätiger und denkender Frauen verbundenen Bedenken sich erfüllt haben. Nirgends haben die Frauen durch Ungebärdigkeit irgendwie die Wahlhandlung gestört. Sie haben ihren Stimmzettel ruhig und wie selbstverständlich abgegeben. Es ist wohl auch nirgends zum Familienkonflikt gekommen, weil Frauen sich mit Politik beschäftigten. Ebensowenig haben die in die Parlamente gewählten Frauen durch allzu lange und allzu häufige Reden sich unliebsam bemerkbar gemacht.

Die Bedeutung des Wahlrechts, um das früher nur ein kleiner Teil der Frauen kämpfte, das manchen allzu mühelos in den Schuß fiel, ist vielen Frauen noch gar nicht so recht aufgegangen. Wie wäre es sonst möglich, daß heute häufig unter den Frauen Wahlmüdigkeit eingetreten ist, daß man sie sagen hört, es hätte doch keinen Zweck, sich politisch zu betätigen, da ja ihr Leben sich in keiner Weise dadurch gebessert hätte. Aber ist es denn den Frauen in irgendeiner Weise besser gegangen, solange sie politisch rechtlos waren? Haben sie es denn niemals bitter empfunden, daß ihnen so gar keine Möglichkeit gegeben war, Einfluß zu erhalten auf ihr eigenes Schicksal und vor allem auf das ihrer Kinder? Haben sie sich denn niemals darüber empört, daß stets und überall Männer berieten und entschieden über Fragen, die ureigenste Frauenangelegenheiten sind?

Freilich, nachdem die Frauen jahrhundertelang ausgeschlossen waren vom Einfluß auf öffentliche Angelegenheiten, ist es nicht möglich, daß jetzt, nach anderthalb Jahren, schon der Fraueneinfluß in der Politik stark zutage tritt. Es ist auch nicht möglich, daß durch Fraueneinfluß sich die Verhältnisse bessern konnten, unter denen wir zu leiden haben. Wie die Revolution in denkbar ungünstiger Zeit kam, in einer Zeit vollständigen Zusammenbruchs, so traten auch die Frauen in die Politik ein in dem traurigen Augenblick, wo unser Land und unser Volk am Boden liegt wie niemals vorher.

Aber gerade das Bewußtsein, daß Deutschland so vollständig zusammengebrochen ist, und daß gerade in diesem Augenblick die Frauen berufen sind, mitzuarbeiten am Wiederaufbau, sollte das Bewußtsein in den Frauen wachrütteln, daß die neuen Rechte, die ihnen gegeben wurden, sie stark verpflichten. In früheren Zeiten opferten die Frauen ihren Schmuck, ihr Silber, ja, ihr Haar, um zur Rettung des Vaterlandes beizutragen. Die Frauen von heute aber sollen selbst mit Hand anlegen am Wiederaufbau, sollen nicht mehr leiden und dulden, sondern positiv tätig sein.

Der Grundsatz, daß alle ordnende und bestimmende Gewalt beim Volk liegt, gilt auch für jede Frau. Denn unter Volk versteht man jeden, der in der großen Volksgemeinschaft als nützliches Glied lebt und absolut gleich berechtigt mitwirkt in dem Gemeinsamkeitsleben.

Die Revolution hat den Frauen das Tor geöffnet zum Eintritt in die Arena des öffentlichen Lebens. Die Verfassung legt ihnen das Recht dazu gesetzmäßig fest.

Wenn es im Artikel 1 der Verfassung des Deutschen Reiches vom 11. August 1919 heißt: „Alle Staatsgewalt geht vom Volk aus", so müssen sich die Frauen der Bedeutung dieses Satzes bewußt werden, müssen diese Worte in sich lebendig werden lassen und dann in die Tat umsetzen. Jeder einzelne im Volk, jeder Mann, aber auch jede Frau ist berufen zur Mitarbeit am Volksganzen. Welch reiches soziales Leben ergibt sich aus der Verwirklichung der Tatsache, daß die ganze künftige Organisation unseres Landes in den Händen des Volkes selbst liegt. Und da sollten die Frauen zurücktreten wollen, sollten nicht mehr helfen wollen an der Schulverwaltung, der Fürsorge für Mutter und Kind, an der Rechtspflege, an all den wichtigen Arbeiten, die geleistet werden müssen, damit die Zukunft unserer

Am 25. Mai 1920 erschien im „Vorwärts" (Abendausgabe) der Artikel von Anna Blos mit dem Titel: „Frauenfragen in der Verfassung" (Vorlage: Friedrich-Ebert-Stiftung).

lange und allzu häufige Reden sich unliebsam bemerkbar gemacht.

Die Bedeutung des Wahlrechts, um das früher nur ein kleiner Teil der Frauen kämpfte, das manchen allzu mühelos in den Schoß fiel, ist vielen Frauen noch gar nicht so recht aufgegangen. Wie wäre es sonst möglich, daß heute häufig unter den Frauen Wahlmüdigkeit eingetreten ist, daß man sie sagen hört, es hätte doch keinen Zweck sich politisch zu betätigen, da ja ihr Leben sich in keiner Weise dadurch gebessert hätte. [...] Aber gerade das Bewußtsein, daß Deutschland so vollständig zusammengebrochen ist, und daß gerade in diesem Augenblick die Frauen berufen sind, mitzuarbeiten am Wiederaufbau, sollte das Bewußtsein der Frauen wachrütteln, daß die neuen Rechte, die ihnen gegeben wurden, sie stark verpflichten. In früheren Zeiten opferten die Frauen ihren Schmuck, ihr Silber, ja, ihr Haar, um zur Rettung des Vaterlandes beizutragen. Die Frauen von heute aber sollen selbst mit Hand anlegen am Wiederaufbau, sollen nicht mehr leiden und dulden, sondern politisch tätig sein. [...] Die Revolution hat den Frauen das Tor geöffnet zum Eintritt in die Arena des öffentlichen Lebens. Die Verfassung legt ihnen das Recht dazu gesetzmäßig fest. [...] Der Geist der Verfassung muß in den Frauen lebendig werden. Sie bringen frische Kraft, warmes Empfinden in das politische Leben. Aber sie müssen auch von starkem Hoffen, froher Zuversicht erfüllt sein und bereit zu freudiger Mitarbeit auf Grund der Verfassung, die das freieste Wahlrecht der Welt für Männer und Frauen sichert."

Im Juni 1920 erlitten die Sozialdemokraten eine empfindliche Niederlage bei der ersten regulären Landtagswahl in Württemberg, was zum Rücktritt von Wilhelm Blos führte, der sich ins Privatleben zurückzog. Auch Anna Blos zog sich aus der aktiven Partei-Arbeit zurück. Im September 1920 veröffentlichte sie einen Beitrag in der Wochenschrift „Die neue Zeit", neun Jahre nach dem eingangs zitierten Artikel über Hippel. Aus diesem neuen Artikel spricht auch ihre Enttäuschung darüber, dass die SPD bei den Wählerinnen nicht so gewürdigt wurde, wie nicht nur Anna Blos es aufgrund der Verdienste der Partei um die Einführung des Frauenwahlrechts erhofft hatte:

„Die Frau in der Politik.

In den Oktobertagen 1918, kurz vor Ausbruch der Revolution, als die demokratische Regierung des Prinzen Max von Baden eingesetzt war, hatte ich die Frage aufgeworfen: „Und die Frauen?" Ich hatte darauf hingewiesen, daß die großen Leistungen der Frauen während des Krieges die Behauptung hinfällig gemacht hatten, daß das weibliche Geschlecht das schwächere sei, und ich hatte gefordert, daß die Frauen, denen der Krieg so unendlich viel genommen hat, das Recht erhalten müßten, bei den Friedensforderungen mitzuwirken. Der „Reichsbote", das fromme konservative Zeitungsorgan, griff meine Frage auf. Obwohl grundsätzlicher Gegner des Frauenstimmrechts, erkannte der Artikelschreiber, daß die Gewährung des Frauenstimmrechts nur noch eine Frage der Zeit sei. Es wäre deshalb dringend notwendig, daß auch die bisher frauenstimmrechtsfeindlichen Parteien mit der Politisierung der Frauen begännen, weil sonst die einzige entschieden für das Frauenstimmrecht eintretende Partei, die Sozialdemokratie, die meisten Frauenstimmen erhalten würde. Rascher, als der Artikelschreiber des „Reichsboten" ahnte, hat sich die Forderung des Frauenstimmrechts erfüllt. Der kurzen Regierungszeit des Prinzen Max wurde durch die Revolution des 9. November ein Ende gemacht. Und weil diese Revolution eine der sozialistischen Massen war, war es selbstverständlich, daß sofort die Frauen als gleichberechtigte Staatsbürger anerkannt und ihnen alle Rechte und Pflichten eines solchen eingeräumt wurden, vor allem also das Wahlrecht. Dagegen hat sich die Prophezeiung des „Reichsboten" nicht erfüllt, daß der Sozialdemokratie die meisten Frauenstimmen zufallen würden. In der belgischen Kammer wurde sogar die Forderung des Frauenstimmrechts abgelehnt mit der Begründung, in Deutschland hätten nur die klerikale und die konservative Partei Vorteil gehabt von der Stimmberechtigung der Frauen. Das ist nicht zu bestreiten, ist aber ein Beweis dafür, wie sehr die Frauen Neulinge sind in der Politik, wie sehr sie der Beeinflussung zugänglich sind und wie ihre Politik weit mehr von dem Gefühl als von dem Verstand geleitet wird. [...]

Die Stärkung der Sozialdemokratischen Partei durch die Wahlbeteiligung der Frauen ist nicht in dem Maße eingetreten, wie man erwartet hatte. Wir müssen uns darüber klar sein, daß auch innerhalb der Sozialdemokratie die Frauen keineswegs gleichberechtigt sind. Das liegt natürlich zum großen Teil an den Frauen selbst. Auch hier muß es heißen, daß sie sich die Rechte, die ihnen gegeben sind, erwerben müssen, um sie zu besitzen. Die Frauen sind keineswegs politisiert, wenn sie das Wahlrecht besitzen. Die Politisierung muß erst beginnen. [...]

Noch stehen die Paragraphen der Verfassung auf dem Papier, auch die zu den Frauenfragen. Nun gilt es, sie lebendig zu machen. Darum gilt es, die Frauen immer wieder aufzurütteln. Heute kennen die meisten Frauen noch nicht einmal die gesetzlichen Rechte, die ihnen zustehen. Die Verfassung gibt ihnen den Weg, unendlich viel für sich und ihre Kinder zu erreichen, indem sie sie lebendig machen durch Beeinflussung der künftigen Gesetzgebung. [...]

Auch bei uns findet man heute schon bei vielen Frauen eine große Wahlmüdigkeit. Sie haben erwartet, daß in anderthalb Jahren, noch dazu Jahren schwerster Not, gut gemacht werden könnte, was in Jahrhunderten versäumt wurde. So manches, was wir uns von der Revolution erhofft hatten, ging uns heute schon verloren. Leicht kann der Tag kommen, wo auch das Frauenwahlrecht wieder gefährdet wird. Ein neuer Bund gegen die Frauenemanzipation kann entstehen. An den Frauen ist es, durch eifrige Mitarbeit am Wiederaufbau unseres schwergeprüften Vaterlandes zu zeigen, daß sie als gleichberechtigte Staatsbürger notwendige und wertvolle Hilfe zu leisten vermögen. Sie brauchen deshalb ihre Frauenart nicht aufzugeben. Sie sollen es auch gar nicht. Aber sie sollen begreifen, daß sie eine ungeheure Verantwortung tragen bei allem, was unser künftiges Schicksal betrifft. Verantwortung ablehnen heißt feige sein. Feige sind Sklaven, sind Unfreie. Die Revolution hat die Frauen aber zu freien Menschen gemacht, und nur als freier Mensch kann das Weib seine höchste Bestimmung erfüllen, die Mutter zu werden eines starken freien Geschlechts. Die Politisierung der Frau ist ein Weg zu diesem Ziel, den sie nicht wieder verlassen darf."

Anna Blos war eine bedeutende Streiterin für die Rechte der Frau, sie hat, wie andere mutige Frauen auch, die Türen aufgestoßen.

Textzusammenstellung: Olaf Schulze

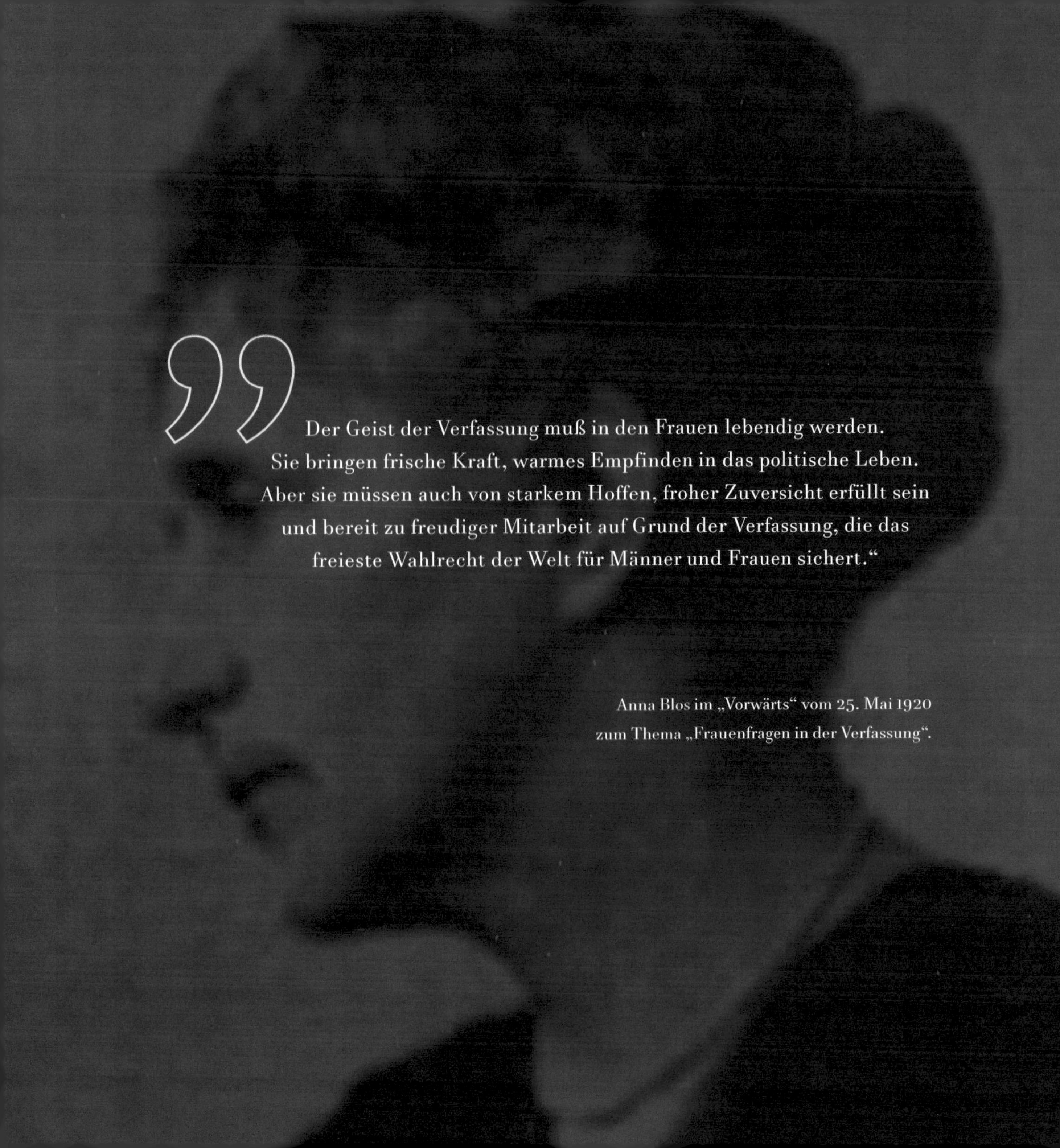

„Der Geist der Verfassung muß in den Frauen lebendig werden. Sie bringen frische Kraft, warmes Empfinden in das politische Leben. Aber sie müssen auch von starkem Hoffen, froher Zuversicht erfüllt sein und bereit zu freudiger Mitarbeit auf Grund der Verfassung, die das freieste Wahlrecht der Welt für Männer und Frauen sichert."

Anna Blos im „Vorwärts" vom 25. Mai 1920
zum Thema „Frauenfragen in der Verfassung".

LINA WERTZ, GEB. METZGER

Die „Bäcka-Wertze“ Mutter Wertz, Wirtin am Erbsenbrunnen

Patin: Margarete Hecht

Die „Mutter Wertz“, auch „Bäcka-Wertze“ genannt, war in der ersten Hälfte des 20. Jahrhunderts, ja bis zu ihrem Tod im Jahr 1963 eine „Institution“ in Cannstatt, auf ihre Weise ein Original, eine „Schaffere“, die ihre Familie, ihre Weinstube beim Erbsenbrunnen und ihre Gäste im Griff hatte. Geboren wurde sie am 20. Mai 1877 als älteste von neun Geschwistern in der Aachener Straße, in der Neckarvorstadt, sie war eine Tochter vom „Bäcka-Metzger“, Christian Metzger, der eine Bäckerei und eine stadtbekannte Wirtschaft betrieb, und die große Schwester vom Kunstmaler Hermann Metzger. Von Kind auf musste man mitschaffen, morgens vor der Schule Äpfel auflesen oder Brötchen austragen – und da sie die Älteste war, musste sie natürlich auf ihre jüngeren Geschwister aufpassen.

Lina Wertz, geb. Metzger (20. Mai 1877 in Cannstatt – 21. Februar 1963 in Stuttgart-Bad Cannstatt), um 1930 (Vorlage: privat).

August Wertz, ein Bäckergeselle, der zuvor, als Bäcker, zur See gefahren war, verliebte sich in die Tochter seines neuen Chefs. Die Ehe wurde am 11. Januar 1900 geschlossen und Christian Metzger, der Patriarch, kaufte den beiden ein Haus in der Marktstraße 33 für 80.000 Mark und sagte zu den frisch gebackenen Eheleuten: „Jetzt schaffet ond zahlet Eure Schulda ab!“ Und so eröffneten sie im neuen Haus eine Bäckerei und Wirtschaft. Da der Bäcker früh aufstehen muss und die Wirtschaft bis spät in die Nacht offen hat, waren sie rund um die Uhr beschäftigt. Bald war die „Weinstube Wertz“ für ihren guten „Roschtbrote mit greschte Kartoffla“, aber auch für ihren guten „Italiener“ bekannt. Der „italienische Salat“ bestand aus gekochten Kartoffeln, Schinkenwurst, Eiern, Essiggurken fein gewürfelt, einem Salzhering und wurde mit handgerührter Mayonnaise angemacht. In Kriegszeiten machte man „falsche Mayonnaise“, Eigelb wurde durch Mehlschwitze ersetzt. Sonntagmorgens, wenn die Herren vom Turnverein oder von der „Harmonie“ kamen, gab es zum Viertele frische Brezeln oder Hefezopf. Der Wein war meist aus dem Remstal, aber auch aus Südtirol, Marke „Kalterer See“. Der Lieb-

Lina Wertz (ganz links) mit ihren Geschwistern Emilie Rippmann, Hermann Metzger, der spätere Kunstmaler, und Emma Herpich, bei einem Ausflug um 1908 (Vorlage: privat).

lingswein von „Mutter Wertz". Jeden Morgen, zwischen 9 und 10 Uhr, wurde ein Stück Backsteinkäse mit Schwarzbrot gevespert, dazu trank sie eine „Tasse" „Kalterer See". Sie trank den Wein aus der Kaffeetasse, da man nicht auf den ersten Blick sehen sollte, dass sie morgens schon Wein trank. Sie bezeichnete den Vesperwein als ihre Medizin. Anderen Alkohol nahm sie nicht zu sich.

Im Lauf der Jahre bekam das Ehepaar sechs Kinder. Das Älteste, ein Junge, starb mit einem Jahr, dann kamen von 1901 bis 1908 fünf Mädchen: Liesl, Julie, Mathilde, Berta und Emma, auch „Emmäle" oder „Mälle" genannt, die schon als Kind ein schweres Hüftleiden hatte und oft im Krankenhaus war, aber zeit ihres Lebens ein sonniges Gemüt hatte und zur Lieblingstante der Kinder ihrer Schwestern wurde. August, der Vater, starb 1918 mit vierzig Jahren, die Bäckerei wurde aufgegeben und Lina Wertz führte die Wirtschaft weiter. Alle fünf Mädchen mussten in der Wirtschaft mithelfen, vom Trinkgeld mussten sich die Mädchen ihre Aussteuer anschaffen. Die älteren blieben bis zur ihrer Hochzeit, die jüngeren bis 1940, als „Mutter Wertz" die Wirtschaft während des Krieges schließen musste und eine Bank in die Räume einzog. Als die Luftangriffe zunahmen, zog sie mit einigen Enkeln zu ihrem ehemaligen Dienstmädchen Marie nach Neubronn und nun half sie ihr im Haushalt. Sie stopfte für das halbe Dorf die So-

cken gegen Naturalien, sonntags wurde mit den Enkeln „gegeigelt" oder „gebenokelt". Das Haus in der Marktstraße war bei einem Angriff zu Hälfte zerstört worden, die Verwandten hatten alle überlebt. Die Ruinen rund ums Haus waren ein Abenteuerspielplatz für die Kinder. Man legte auf dem fehlenden halben Dach einen provisorischen Gemüsegarten an. Tochter Emma arbeitete beim Ernährungsamt und „organisierte" immer wieder zusätzlich Lebensmittelmarken. 1949 wurde das Haus durch Lina Wertz und die Familie einer Tochter wieder aufgebaut, die alten Backsteine wurden wiederbenutzt, mit einer Enkelin bekochte sie die Bauarbeiter. Wenn später ein Brief vom Finanzamt kam, dann jammerte sie immer, dass man es im ganzen Haus hörte: „Dia machat mi no hee". Bis zu ihrem Tod am 21. Februar 1963 lebte Lina Wertz im Kreis ihrer Familie.

Text: Olaf Schulze

Oben: Lina Wertz mit ihren fünf Töchtern als junge Witwe um 1918; unten: die „Weinstube Wertz", um 1930 (Vorlagen: privat).

Einweihung des Erbsenbrunnens mit dem „Erbsenbrunnenbübele" von Fritz von Graevenitz am 13. Januar 1929 vor der „Weinstube Wertz", an diesem Tag lernte eine der Wertz-Töchter ihren zukünftigen Ehemann kennen – Familie Wertz schaut aus den Fenstern (Vorlage: privat).

THERESE KÖSTLIN

Enkelin Karl Geroks und religiöse Dichterin

Pate: Evangelischer Verein – Verein für diak. Arbeit e.V.

Therese Köstlin (30. Mai 1877 in Maulbronn – 8. März 1964 in Stuttgart-Bad Cannstatt), um 1916 (Vorlage: privat).

„Wenn aber die Dichter zum Schwerte greifen, / ... / Dann aufgepaßt! / Wenn so Einer haßt, / Lodern Himmel und Erde zusammen / In Heiligen Flammen. / Die Waffen blitzen, / Alle schützen/ Das Vaterland, / Das heilige Land!“,

So formulierte es Therese Köstlin in jenen Tagen des Ersten Weltkrieges in ihrem Gedicht „Deutsche Dichter im Felde".

Therese Köstlin (30. Mai 1877 in Maulbronn – 8. März 1964 in Stuttgart-Bad Cannstatt) wurde als Dichterin der Einsamkeit und des Leids bezeichnet, als „zartes, weltverlorenes Gotteskind". Man verglich sie mit Eduard Mörike. Sie war Tochter des Pfarrers und späteren Theologieprofessors Heinrich Adolf Köstlin (1846-1907), dem Gründer der Evangelischen Kirchengesangvereine, und von Sophie Gerok (1847-1930), einer Tochter des bekannten Lyrikers, Oberhofpredigers und Prälaten Karl Gerok (1815-1890). Durch ihre Eltern wurde sie früh mit Literatur und Poesie vertraut gemacht. Den beruflichen Stationen ihres Vaters folgend besuchte sie die Schule in Friedberg (Hessen) und Darmstadt. Die Zulassung zum Lehrerinnenexamen, auf das sie sich bereits vorbereitet hatte, wurde ihr aufgrund ihrer schwachen Konstitution verwehrt. Der Sanitätsrat Dr. Hermann Wildermuth, Sohn der Ottilie Wildermuth, schrieb der Zwanzigjährigen ins Stammbuch: „Schön ist die Dichtkunst, schön die Idee, / Erhaben das Schweben in geistiger Höh', / Doch eines, vergiß es ja net, / Das Beste im Leben ist Eiweiß und Fett."

Von 1904 bis 1930 wohnte Therese Köstlin im Haus Daimlerstraße 10, eine durch Pro Alt-Cannstatt gestiftete Tafel des „Historischen Pfades" erinnert dort an sie (Foto: Pro Alt-Cannstatt, 2018).

Ab 1895 lebte die Familie in Gießen, wo der Vater einen Lehrstuhl erhalten hatte, seit 1904 in Cannstatt und zwar im Haus Karlstraße 10 (heute Daimlerstraße), wo eine Tafel des historischen Pfades an Therese Köstlin erinnert. Therese Köstlin bleib das einzige Kind und war zeitlebens unverheiratet, erfreute sich aber eines großen Verwandten- und Freundeskreises. Mit den württembergischen Schriftstellerinnen Emma Aberle, Anna Schieber und Auguste Supper war sie eng befreundet. Besonders verehrte sie Isolde Kurz, die sie mit „Meine Königin" anzusprechen pflegte. Der gleichaltrige Hermann Hesse gehörte zu ihren langjährigen Briefpartnern.

Nach dem Tode ihrer Mutter, die sie zuletzt gepflegt hatte, zog Therese Köstlin 1930 in ein Heim für alleinstehende Frauen in Ludwigsburg, kehrte aber nach dessen Schließung durch die Nationalsozialisten 1936 nach Bad Cannstatt zurück. Die Nachkriegszeit verbrachte sie im Haus „Frauenheimat" in Hedelfingen, den Lebensabend seit 1955 im Altersheim des Evangelischen Vereins in Bad Cannstatt, wo sie am 8. März 1964 starb. Sie wurde auf dem Uffkirchhof im Grab ihrer Eltern beigesetzt – ihr Name ist jedoch dort nicht erwähnt.

Die sozialen Fragen haben Therese Köstlin zeitlebens bewegt: „Wie kann ich froh sein, wenn die Andern leiden." So fand sie früh zum Friedrich-Naumann-Kreis. Auch an der Frauenbewegung nahm sie regen Anteil. Sie schloss sich der Freien volkskirchlichen Vereinigung an und wirkte an der Gestaltung von Kindergottesdiensten mit. Mit „Bilder aus Geschichte und Leben in Gedichten", einer Sammlung von Balladen, trat Therese Köstlin 1899 an die Öffentlichkeit. Doch ist es eine tief empfundene christlich geprägte Gedankenlyrik, die ihre Poesie auszeichnet. „Gib acht auf die Gassen! Sieh nach den Sternen" (1904), „Traum und Tag" (1906), „Unter dem himmlischen Tage" (1911) und „Abglanz" (1916) sind ihre Gedichtbände betitelt. Die Begeisterung zu Beginn des Ersten Weltkrieges riss auch sie mit: „Vorwärts und durch! Kriegslieder" (1915). Die nationalpatriotischen, england- und frankreichfeindlichen Gedichte Therese Köstlins aus den ersten Kriegsjahren wurden in ihren späteren Gedichtbänden nicht mehr veröffentlicht. Eine Anthologie religiöser Dichtung alter und neuer Zeit vereinigte sie 1914 in dem Band „Das stille Königreich", der 1920 eine zweite Auflage erlebte. Nach dem Ersten Weltkrieg veröffentlichte Therese Köstlin nur noch vereinzelt Gedichte in Zeitungen und Zeitschriften. Daneben schrieb sie Buchbesprechungen und ehrte ihre Schriftsteller-Freundinnen und -Freunde mit einfühlsamen Würdigungen zu runden Geburtstagen oder in Nachrufen. Eine Auswahl ihrer Gedichte erschien 1951 und zuletzt 1977.

Text: Stefan J. Dietrich (leicht verändert), „Cannstatter Zeitung" vom 9. März 2009

Titel zweier Gedichtbände von Therese Köstlin – links „Gib acht auf die Gassen! Sieh nach den Sternen" 1904), rechts „Vorwärts und Durch! Kriegslieder" (1915, zum Teil zuvor ab 1914 in der „Cannstatter Zeitung" veröffentlicht; Vorlagen privat und Württembergische Landesbibliothek Stuttgart).

Vorwärts und Durch!

Kriegslieder

von

Therese Köstlin.

Dem Roten Kreuz gewidmet.

Motto:
Am guten Tage die Sonne fangen,
Am bösen an Gottes Herzen hangen,
In brandender Flut
Vorwärts und durch:
Und dein Gott eine starke Burg!
Carl Weitbrecht.

Berlin. Stuttgart. Leipzig.
Verlag von W. Kohlhammer.
1915.

Das große Fragen

Dem ward Verstand
und jenem hoher Mut,
Dem Künstlerhand und
jenem tapfres Wagen,
Dem kühler Scharfsinn,
jenem Feuerglut,
Mir aber wurde nur
das große Fragen.

Dem frohen Kind
bei seinem ersten Tritt
Kam eine Welt von Rätseln
schon entgegen,
Wohin ich ging,
die Fragen gingen mit
Auf meiner Jugend
sonnenhellen Wegen.

So frag ich mich
hinunter in das Grab,
So frag ich mich
empor in lichte Fernen,
Erst wenn mir Gott
die große Antwort gab,
Werd ich das Fragen
einst verlernen.

Aus Therese Köstlin. Gedichte,
Ludwigsburg 1951; S. 52.

Therese Köstlin im Alter von etwa 85 Jahren, 1962 (Vorlage: Sammlung Pro Alt-Cannstatt).

CLARA RITTER, GEB. GÖTTLE

„E Schokolädle für unterwegs“

Patin: Susanne Mann

„Das kleine und sehr energische Fräulein Clara Göttle“ eröffnete um 1900 gemeinsam mit ihrer Schwester ein Süßwarengeschäft in der Cannstatter Bahnhofstraße, wo die Reisenden auf dem Weg zur Eisenbahn eine kleine Stärkung einkaufen konnten. Damit legte sie den Grundstein für die Schokoladendynastie Ritter-Sport.

Clara Göttle kam am 2. Dezember 1877 in Tomerdingen nördlich von Ulm auf die Welt. Ihre Eltern führten das Gasthaus „Lamm“ und die acht Kinder mussten selbstverständlich in Landwirtschaft und Gastwirtschaft helfen. Dabei fiel für sie, wie damals nicht unüblich, häufig der Schulbesuch aus, wegen „Kartoffelferien“ oder der Geburt des nächsten Kindes. Trotzdem achteten die Eltern darauf, dass alle Kinder Bildung und Ausbildung erhielten, die Söhne lernten Landwirt und Schreiner, Clara und ihre Schwester durften eine Lehre zur Verkäuferin machen. Sie arbeiteten als „Handelsmamsell“ mit langer, dunkler Kittelschürze und weißer Bluse bei Feinkost „Gaissmaier“ in Ulm. Clara war fleißig, schnell, kreativ, aufnahmefähig und risikofreudig.

Cannstatt galt im 19. Jahrhundert als international bekannter Kurort für höhere Gesellschaftskreise und ein Schokoladengeschäft war ein gutes Investitionsobjekt. Bis zum 19. Jahrhundert wurde Schokolade noch vom Apotheker als Kräftigungsmittel verkauft und entwickelte sich später zum Statussymbol der Aristokraten. Heiße Schokolade zu trinken war vornehm und teuer. Stuttgart und Cannstatt, Badestadt der Reichen, avancierten zur „Schokoladenmetropole“ (u.a. Waldbaur, Eszet, Moser-Roth).

Clara Göttle möchte in ihrem fein ausstaffierten Laden die prominente und wohlhabende Kundschaft erreichen und lässt sich dafür einiges einfallen. Als adrette Inhaberin reicht sie Köstlichkeiten, edel und verlockend ausgestellt und verpackt, so dass einem das Wasser im Mund zusammenläuft. Als sie den Konditor Alfred Ritter kennen und lieben lernt, wird ganz schnell am 4. Juli 1912 geheiratet und kurz darauf gründet das Ehepaar in Cannstatt die Schokoladen- und Zuckerfabrik Ritter.

Alfred Ritter wurde 1885 als Sohn des Tierarztes Karl Ritter in Gammertingen in der Nähe von Sigmaringen geboren. Im dortigen Fürstenhaus gab sich der europäische Hochadel ein Stelldichein und Alfred Ritter lernte in der Hofkonditorei „Seelos“ das Bäckerhandwerk. Seinen Meisterbrief erhielt er am 8. Mai 1910. Gleich danach machte er sich mit seiner Schwester in Backnang mit einer eigenen Konditorei selbstständig, aber bald zieht es ihn in die Schokoladenmetropole Stuttgart.

Nach der Heirat wird in der Süßwarenfabrik in Cannstatt in der Inneren Moltkestraße produziert, und gleich nebenan logiert. Der Sohn Alfred kam 1914 auf die Welt, ein zweiter Sohn lebte nur zwei Wochen, und er

Clara Göttle (1877-1959), um 1900
(Foto: Archiv Alfred Ritter GmbH).

Clara Ritter mit Sohn Alfred (1914-1974) im Kreise ihrer Mitarbeiterinnen, Stuttgart-Cannstatt 1924 (alle Fotos: Archiv Alfred Ritter GmbH).

erinnert sich, dass der Hausflur als Warenlager diente und das Familienleben von der Firma stark beeinflusst war. Mutter Clara lebte ganz für das Geschäft und immer ging es um Einkauf, Verkauf, Kundschaft, Werbung und mehr. Haushalt und Kochen mochte sie überhaupt nicht, dafür gab es später zwei Hausangestellte, die die von Alfred Ritter vierzehntägig erstellten Kochpläne erfüllten.

Der freundliche Herr Ritter im weißen Arbeitsmantel war bei der Produktion der Süßigkeiten bei den Nachbarkindern überaus beliebt. Gab es doch im Sommer Eis auf der Untertasse als Versucherle und natürlich den begehrten „Bruch" bei Osterhasen und Weihnachtsmännern. Kriegsbedingt musste die Produktion stillgelegt werden, weil Alfred Ritter eingezogen worden war und dann ab 1916 bei Eszet dienstverpflichtet wurde. Von dort wurde Blockschokolade als Feldpostpäckchen zur Steigerung der Kampfkraft an die Front geschickt. Clara Ritter hielt in ihrem Laden in Cannstatt mit ihrer Energie durch – man hatte sogar noch einen weiteren Laden in der Marktstraße eröffnet.

Nach dem Krieg gelang es zu expandieren und das Ehepaar erwarb am 27. Februar 1919 in der Wilhelmstraße 16 ein rotes Backsteingebäude für 80000 Reichsmark. Das Wohn- und Geschäftshaus mit Hof und „Dunglege" wurde zum Stammhaus der Schokoladenfabrik Ritter. Die Nachbarn wollten allerdings kein Gewerbe, das sie „... mittels Einwirkung von Geräuschen, Erschütterungen, übermäßiger Rauch- und Rußentwicklung" belästigt. Den Eheleuten wurde aber im Kaufvertrag zugestanden: „Die von den Käufern beabsichtigte Einrichtung einer Bonbonfabrik fällt nicht unter dieses Verbot." Der Umzug beflügelt Clara und Alfred Ritter, 1919 kommt ihre eigene Kreation „Alrika"

Geschäft „Ritter's Schokoladen" im Erdgeschoss des Gasthauses „Bären", Marktstraße 48, um 1930.

auf den Markt, eine gefüllte Kremschokolade. Der Name steht für „Alfred Ritter Kannstatt" und zierte als Werbeaufschrift ab 1926 auch den ersten firmeneigenen Verkaufslastwagen. 1920 zählte der Betrieb 20 Angestellte, 1926 waren es schon 80. Weitere Läden wurden in der Marktstaße und in der Bahnhofstraße eröffnet und wegen der kurzen Wege zum Teil mit dem Handwagen beliefert.

Als auch die Produktionsstätte in der Wilhelmstraße zu klein wurde, entschlossen sich die Ritters nach der Wirtschaftskrise 1930 in Waldenbuch eine stillgelegte Fabrik zu kaufen und den Standort der Firma dorthin zu verlagern. Anfangs fährt man die fachkundigen und bewährten Mitarbeiter täglich mit einem eigenen Bus nach Waldenbuch zur Arbeit und wieder zurück nach Cannstatt.

Neben der neuen Schokoladenfabrik in Waldenbuch liegt ein Fußballplatz, auch dort schaut Clara Ritter wie immer genau hin. Kundenorientierung und Bedürfnisbefriedigung sind ihre Maxime. Zuschauer und Sportler nutzten Schokolade als Snack, es gab schließlich noch keine Imbissbuden mit Pommes und Currywurst. Und ihr kam die Idee schlechthin: die Erfindung des Quadrats, das zum bekannten Firmensymbol werden sollte. Ihre Worte von 1932 sind genau überliefert: „Machen wir doch eine Schokolade, die in jede Jackentasche passt, und die das gleiche Gewicht hat wie die normale Langtafel." Denn die bröckelte stets in der Tasche, die neue war kompakter und stabiler. Bald gab es den Slogan: Quadratisch.Praktisch.Gut. Eine Tafel kostete vor dem Krieg 25 Pfennige und gegen Zweifel der Außenhändler, ob die Tafel wirklich 100 Gramm wiege, bekamen die Verkaufsfahrer eine Waage mit, um überall das Gewicht kontrollieren lassen zu können.

Die Firma expandiert unaufhörlich, Clara Ritter bleibt dabei bescheiden und lebt eher zurückgezogen. Ein gutes Betriebsklima ist der mitfühlenden und von den Angestellten verehrten Chefin wichtig und schon bald werden die „Rittersleut" am Gewinn beteiligt. Sie selbst findet Haushaltangelegenheiten nach wie vor lästig und sieht ihren Lebensmittelpunkt im Geschäft. Ihre Enkelin Marli Hoppe-Ritter erinnert sich: „... sie hatte ein Lädle, in dem sie Ritter-Schokolade verkaufte. Dort war ich jeden Nachmittag und habe geholfen. ... Meine Oma stand bis zu ihrem Tode in dem Lädle. Einmal wurde sie von ihrem Arzt zur Kur geschickt, die hat sie nach ein paar Tagen abgebrochen, weil sie es ohne ihre Arbeit nicht aushielt."

Clara Ritter hielt auch nach dem Umzug 1930 nach Waldenbuch Kontakt zu Cannstatter Freunden, von denen sie viele regelmäßig besuchten. Zum Beispiel immer samstags Sophie Mannheimer, die nach dem Tod ihres von Nazis verfolgten Mannes die Schrott-, Metall- und Nutzeisenhandlung gemeinsam mit ihrer Schwägerin weiterführte.

Ritters selbst hatten sich von der NSDAP distanziert und mussten während dieser Zeit mit Restriktionen leben, weil ihnen die Kakaozuteilungen reduziert worden waren. Nach dem Krieg entwickelte sich das Familienunternehmen ständig weiter, nicht zuletzt wegen des geschickten Marketings, das die Gründerin schon immer im Auge hatte. Den weltweiten Erfolg konnte Clara Ritter, die Erfinderin des Quadrats, allerdings nicht mehr miterleben. Clara Ritter starb am 15. März 1959.

Text: Helga Müller

Rechts: Clara Ritter vor ihrem „Lädle" in Waldenbuch, 1958 – die trotz des Erfolges bescheiden gebliebene Seniorchefin steht bis zu ihrem Tode in ihrem Lädle neben der Fabrik, braucht keinen Urlaub und freut sich stets über Besuch aus Cannstatt.

Links: Alfred Ritter (1885-1953) mit kostümierten Mitarbeiterinnen beim „Kübelesmarkt" im Kursaal, 1926.

MODE- UND EINKAUFSWELTEN

Verkäuferinnen der „Manufaktur für Weiss-, Woll- und Kurzwaren" von Wilhelm Baitinger in der Marktstraße 45 – man beachte die großen Schaufenster, ursprünglich ein Merkmal von Kaufhäusern, der Einzelhandel zieht nach; um 1914 (Vorlage: privat).

Die Erfindung von mechanischen Webstühlen und der Nähmaschine im Zuge der Industriellen Revolution verdrängte Handarbeit im Textilbereich durch Massenproduktion. Kleidung wurde nicht länger in Einzelproduktion an die individuelle Körperform angepasst, sondern konnte nun fertig zum Anziehen „von der Stange" direkt im Laden gekauft werden. Die serielle Fertigung hatte jedoch zur Folge, dass der Frauenkörper nun standardisiert und in Maßeinheiten, die sogenannten Konfektionsgrößen, eingeteilt wurde.

Kleidung nach der neuesten Pariser Art schneiderten modebewusste Damen selbst mit Nähmaschine und Schnittbogen. Wohlhabende Vertreterinnen bestellten per Versandkatalog oder kauften in den neuen modernen Konsumtempeln, den Warenhäusern, die mit Reklame und üppigen Schaufensterdekorationen um die vorrangig weibliche Kundschaft warben. Die Geburtsstunde dieses Erfolgskonzepts schlug 1852 mit der Eröffnung des Pariser Kaufhauses Au bon Marché, das sich zum Vorbild für ganz Europa entwickelte. Die Attraktivität dieser Warenhäuser speiste sich aus einer breitgefächerten Produktpalette, die sich zu Festpreisen an alle Käuferschichten richtete. Im Zuge der Entwicklung der Warenhäuser ergaben sich auch neue berufliche Betätigungsfelder für Frauen als Verkäuferinnen.

Die Mode des 19. Jahrhunderts war alles andere als komfortabel. Sie zwang die Frau zur fast völligen Bewegungslosigkeit. Tournürenkleider, lange Schleppen und immer enger geschnittene Röcke ließen kaum noch normales Gehen zu. Um dem schlanken Schönheitsideal zu entsprechen, schnürten Frauen ihren Körper durch ein Korsett ein – mit gesundheitsschädigenden Folgen für Brustkorb, Wirbelsäule und innere Organe.

„Man ist Dame, Fräulein, Frau gewesen, ein Ding ohne bewegliche Gliedmaßen, aufrecht, gemessen und gezirkelt in einem Schlepprock verpuppt [...]. Nie ist man völlig unbefangen gewesen, [...] nie frisch, nie gesund bis zum Jauchzen", beschreibt Elsbet Meyer-Förster das Tragen zeitgenössischer Mode in „Das große illustrierte Sportbuch" von 1909.

Im Zuge der Frauenbewegung entstanden auch Bestrebungen um eine Reformierung der Damenmode und einer Entwicklung von weiblicher Kleidung mit mehr Tragekomfort. Zu Beginn des 20. Jahrhunderts verlor das Korsett mit der erstarkenden Emanzipation und – auch bedingt durch den Arbeitskräftemangel während des Ersten Weltkrieges – dem zunehmenden Eintritt der Frauen in das Berufsleben langsam an Bedeutung.

Im Zuge weiblicher Sportbegeisterung entwickelte sich ebenfalls Kleidung mit mehr Bewegungsfreiheit für körperliche Aktivitäten und Frauen erlebten ein ganz neues Körpergefühl. Sogenannte „Bloomers", Hosen-

Ohne das Korsett war die Mode gehobener Schichten der Frau zwischen den 1840er und 1910er Jahren nicht denkbar. Unter den Tournüren brachten die Korsetts, zum Beispiel der Cannstatter Firma S. Lindauer, den Frauenkörper in Form. Plakat der „Marke Prima Donna" aus dem Jahr 1895 für den englischsprachigen Markt (Vorlage: privat).

röcke mit sehr weiten Pluderbeinen, mussten sich jedoch ebenso wie andere Modelle lange Zeit gegen Empörungsstürme und Beschimpfungen ihrer Gegner durchsetzen, die die Grenzen der Schicklichkeit und des Geschmacks übertreten sahen.

Text: Dr. Christiane Sutter

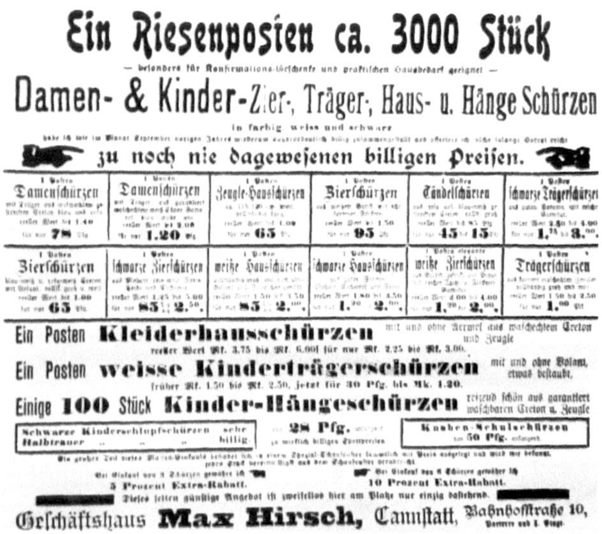

Ein Riesenposten ca. 3000 Stück

— besonders für Konfirmations-Geschenke und praktischen Hausbedarf geeignet —

Damen- & Kinder-Zier-, Träger-, Haus- u. Hänge Schürzen

in farbig, weiss und schwarz

zu noch nie dagewesenen billigen Preisen.

1 Posten Damenschürzen … für nur 78 Pfg.	1 Posten Damenschürzen … für nur 1.20	1 Posten Zeugle-Hausschürzen … für nur 65 Pf.	1 Posten Zierschürzen … für nur 95	1 Posten Tändelschürzen … 45 bis 15	1 Posten schwarze Trägerschürzen … für nur 1.75 bis 3.00.
1 Posten Zierschürzen … für nur 65 Pfg.	1 Posten schwarze Zierschürzen … für nur 85 bis 2.50.	1 Posten weiße Hausschürzen … für nur 85 bis 2.00.	1 Posten schwarze Hausschürzen … 1.20 bis 2.00.	1 Posten elegante weiße Zierschürzen … für nur 1.20 bis 2.00.	1 Posten Trägerschürzen … für nur 1.00

Ein Posten **Kleiderhausschürzen** mit und ohne Aermel aus waschechtem Creton und Zeugle

reeller Wert Mk. 3.75 bis Mk. 6.00 für nur Mk. 2.25 bis Mk. 3.00.

Ein Posten **weisse Kinderträgerschürzen** mit und ohne Volant, etwas bestaubt,

früher Mk. 1.50 bis Mk. 2.50, jetzt für 30 Pfg. bis Mk. 1.20.

Einige **100** Stück **Kinder-Hängeschürzen** reizend schön aus garantiert waschbaren Creton u. Zeugle

Schwarze Kinderschlupfschürzen sehr billig
Halbtrauer

28 Pfg.

Knaben-Schulschürzen 50 Pfg.

Bei Einkauf von 3 Schürzen gewähre ich 5 Prozent Extra-Rabatt.

Bei Einkauf von 6 Schürzen gewähre ich 10 Prozent Extra-Rabatt.

Dieses selten günstige Angebot ist zweifellos hier am Platze nur einzig dastehend.

Geschäftshaus **Max Hirsch,** Cannstatt, Bahnhofstraße 10, Parterre und 1. Etage.

Breites Angebot zu günstigen Preisen war die typische Werbestrategie des modernen Kaufhauses: Anzeige des Geschäftshauses Max Hirsch für einen „Riesenposten" Schürzen, aus der „Cannstatter Zeitung" vom 5. April 1904 (Vorlagen: Pro Alt-Cannstatt e.V.).

Das erste moderne Kaufhaus in Cannstatt war das Warenhaus von Max Hirsch in der Bahnhofstraße, Postkarte um 1910.

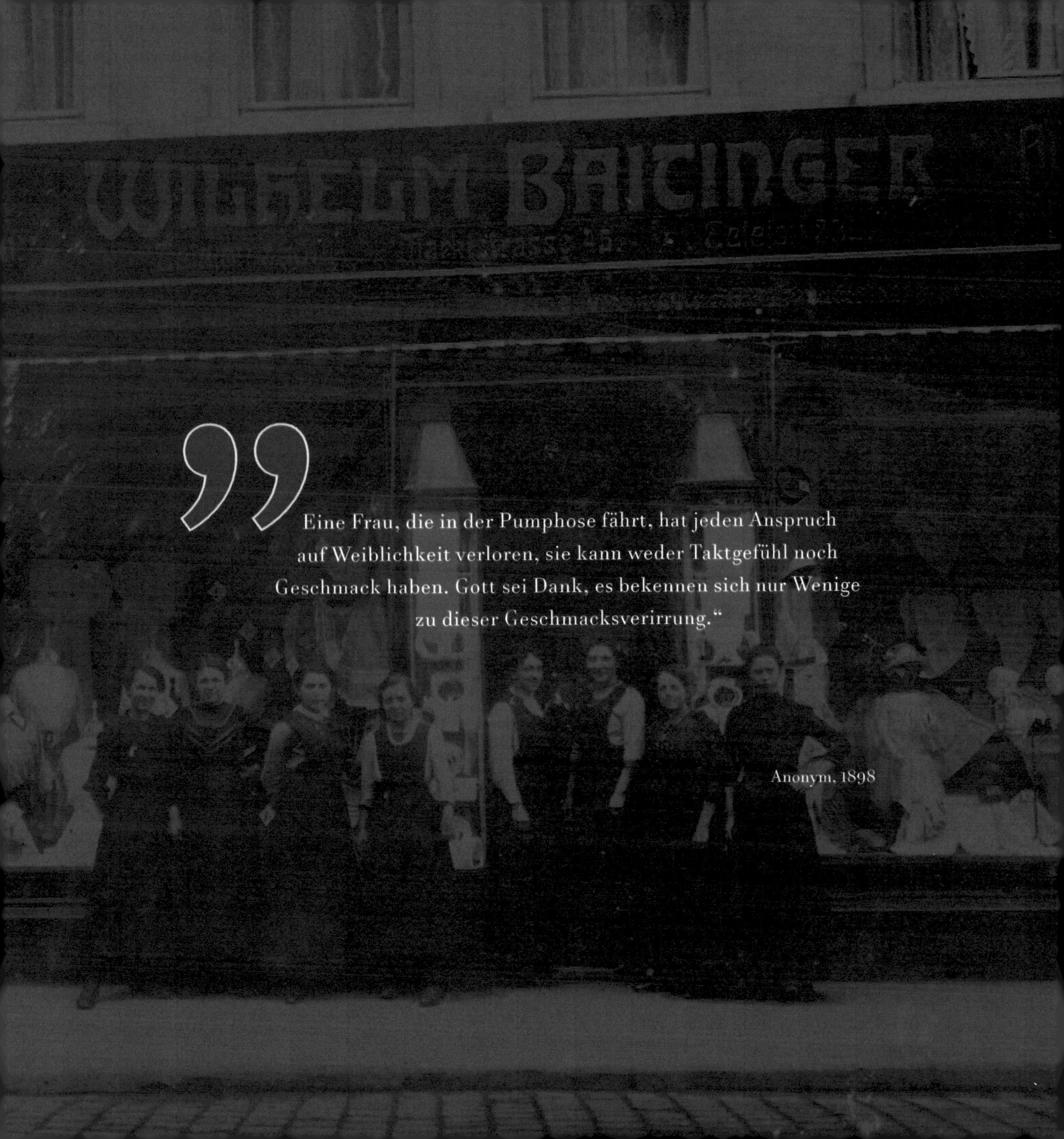

„Eine Frau, die in der Pumphose fährt, hat jeden Anspruch auf Weiblichkeit verloren, sie kann weder Taktgefühl noch Geschmack haben. Gott sei Dank, es bekennen sich nur Wenige zu dieser Geschmacksverirrung."

Anonym, 1898

PAULINE PFANDER, GEB. KENNER

In Stellung in der Veiel´schen Hautklinik

Patin: Sabine Beuttler

Pauline Kenner (1882-1959), Zimmermädchen in der Veiel'schen Hautklinik, in der typischen Kleidung mit weißer Schürze, im Innenhof der Klinik, vermutlich 1904 (Vorlage: privat).

Vermutlich zum Jahresbeginn 1904 trat die 22-jährige Pauline Kenner aus Fellbach ihre Stellung in der Cannstatter Heilanstalt für Flechtenkranke, Deutschlands erster Hautklinik, an. Ihr neuer Herr hieß Prof. Dr. Theodor Veiel. Sein Vater Dr. Albert Veiel hatte die Heilanstalt aus kleinen Anfängen 1837 am späteren Wilhelmsplatz begründet, Theodors Sohn Dr. Fritz Veiel schloss die Klinik 1935.

Bis zu ihrer Hochzeit mit Wilhelm Pfander am 26. Oktober 1905 in der Cannstatter Stadtkirche arbeitete Pauline Kenner nun als Mädchen „in Stellung" in der Hautklinik. Ein Foto hat sich aus dieser Zeit erhalten, es zeigt Pauline Kenner in der üblichen Kleidung eines Zimmermädchens mit weißer Schürze im Innenhof der Klinik.

Diese knapp zwei Jahre prägten die junge Frau aus Fellbach für das ganze Leben. Oft erzählte sie später ihren Kindern aus dieser Zeit, vor allem von den feinen Herrschaften, die sie zu versorgen hatte. Ihr ehemaliger Chef, Ernst Haas, hatte ihr „für treugeleistete Dienste" zum Abschied am 28. Dezember 1903 ein Poesiealbum geschenkt. Dieses enthält zahlreiche Einträge von Patienten der Hautklinik aus den Jahren 1904 bis 1905, die sich für die gute Umsorgung durch „die Pauline" bedankten. Pauline Pfander bewahrte das Erinnerungsstück bis an ihr Lebensende. Sie starb 1959 in Fellbach, ihr eigener Ehemann hielt die Trauerfeier.

Die Veiel'sche Hautklinik am Wilhelmsplatz, links die Mündung der Bad-, rechts die der Marktstraße, Postkarte um 1900 (Vorlage: privat)

Ihr Ehemann Wilhelm Pfander (1881-1961) stammte aus Cannstatt und lebte in der Spreuergasse 7. Er war ein lebensfroher, ursprünglich im Turnverein aktiver Mensch, der fast 50 Jahre als Schlosser bei der Daimler'schen Motorengesellschaft arbeitete. Durch die Ehe mit Pauline, die aus einer stark pietistisch geprägten Familie stammte, die der „Pregizer Gemeinschaft" angehörte, wechselte er seine Einstellung komplett, wurde pietistisch und hielt auch selber „Stunden" ab, kompromisslos, wie es heißt. Bei den Pregizern gingen die Frauen nicht in den normalen evangelischen Sonntagsgottesdienst, sondern nur in die „Stunde", die der Bruder sonntagnachmittags hielt und nicht unter zwei Stunden ging. Nach der Hochzeit zog das Paar nach Fellbach, wo es durch stete Arbeit gelang, ein Haus am damaligen Ortsrand zu kaufen.

Pauline war im vierten Monat schwanger, als sie vor den Traualtar trat. Sie schenkte insgesamt 12 Kindern das Leben, von denen jedoch nur sieben das Erwachsenenalter erreichten. Viele der Söhne und auch eine Tochter arbeiteten wie der Vater bei Daimler. In der Familie hieß es immer: „Geh den unteren Weg!" – sei bescheiden. Für ihre zahlreichen Enkel war Pauline

Pauline und Wilhelm Pfander, um 1949 – man beachte das „Daimler"- Abzeichen an seinem Revers; in den ersten Jahren ihrer Ehe ging Pauline täglich mittags von Fellbach nach Untertürkheim, um ihrem Mann das warme Essen zu bringen (Vorlage: privat).

eine freundliche Großmutter, die sie gerne mit selbstgebackenen „Langosch" verwöhnte.

Pauline Pfanders Lebenslauf ist typisch für das Schicksal Hunderter von Mädchen und Frauen, die „in Stellung" ihre ersten, meist schlecht bezahlten, Berufserfahrungen machten und dabei auch auf das Leben als Hausfrau und Mutter vorbereitet wurden. Oft kamen sie „vom Land" und mussten sich „in der Stadt" mit ihrem anderen Tempo und gesellschaftlichen Gegebenheiten erst zurechtfinden. Manche blieben ihr Leben lang bei den „Herrschaften" und verzichteten ganz auf eine eigene Familie. Im schlechtesten Falle wurde nicht nur ihre Arbeitskraft ausgenutzt, sondern es kam zu sexuellen Übergriffen, was für die jungen Frauen nicht selten den Verlust der Stellung nach sich zog und bis weit in die Mitte des 20. Jahrhunderts hinein, wenn es zu einem unehelichen Kind kam, ein Leben in Schande bedeutete. Pauline Pfander hatte in dieser Hinsicht Glück und erinnerte sich gerne an ihre Jugend in „Stellung".

Text: Olaf Schulze
Mitarbeit: Sabine Beuttler

„Dem Vater im Himmel, empfehle ich dich, er führe, er leite, er sorge für Dich; er schütz vor Gefahren dein unschuldig Herz, bewahr es vor Falschheit und sündlichem Scherz, dein Leben sei christlich, sei fromm und sei gut, der Tugend geweiht in heiliger Glut. So wirst Du erringen, recht glücklich zu sein. Und in der Hoffnung aufs Jenseits dich freun,
Cannstatt, den 18. Febr. 1904
Dein Gel(iebter). Wilh. Pfander."

„Zur freundlichen Erinnerung an zweimalige aufmerksame Bedienung. Da ich weder „Goetthen" noch „Schillern" kann / Geb' ich dir nur meinen Namen an!
Cannstatt, 3. Juni 1905, Joseph Dörr (?), Kuratus."

„Pauline, der braven,
Zum Dank sei's gesagt,
Sie half mir ertragen
Was hier mich geplagt.
Zur Erinnerung an Helene Weiler.
Cannstatt, 2. April 1904."

Aus dem Ende Dezember 1903 angelegten Poesiealbum von Pauline Kenner, verh. Pfander (Vorlage: privat).

Poesiealbum, Fotoalbum, Fotos und Traubibel von Pauline Kenner, verh. Pfander, in der ersten Frauen-Ausstellung im Stadtmuseum Bad Cannstatt 2017 (Foto: Pro Alt-Cannstatt).

Oben: Pauline und Wilhelm Pfander im Kreise ihrer sieben groß gewordenen Kinder, um 1935 – alle Söhne und auch eine Tochter arbeiteten bei Daimler in Untertürkheim; links: die Großeltern im Kreise ihrer Enkel, Goldene Hochzeit, Oktober 1955 (Vorlagen: privat).

4. Höhere Mädchenschule.

Rektor: Conz.
Professor: Endriß.
Oberreallehrer: Dr. Weisenböhler.
Oberlehrer: Rentschler, Nerz.
Hilfslehrer: Rotweiler.
Lehrerinnen: Mayer, Weißmann, Tafel, Beyerle.
Turn= und Arbeitslehrerin: Münch.
Zeichenlehrerin: Kern.

5. Mädchenmittelschule.

Oberlehrer: Leimenstoll.
Lehrer: Fischer, Luz, Schwarz, Wißmann.
Unterlehrer: Harzer.
Lehrerinnen: Faul.

FRAUEN UND IHRE ARBEIT IN CANNSTATT

Quellen und erste Erkenntnisse

8. Kath. Volksschule.

Oberlehrer: Maier.
Lehrer: Setz, Hohnerlein, Fischer.
Unterlehrer: Gärtner, Streißle.
Lehrerin: Hauser.
Arbeitslehrerin: Eitele.

9. Isr. Religionsschule.
Brunnenstraße 7.

Lehrer: Metzger.

10. Frauenarbeitsschule.

Vorstand des Kuratoriums: Rektor Conz.
Kassier: Stadtpfleger Bürkle.
Vorsteherin: Albertine Nast.
Lehrerinnen: Wenzelburger, Antonie Nast, Heermann, Münz, Kiemlen, Martha Herrmann.

Ausschnitt einer Seite aus dem „Adress- und Geschäftshandbuch der Stadt Cannstatt 1904; Erster Teil. I. Verzeichnis der Behörden, Aemter und öffentlichen Anstalten"; S. XXII ; Abteilung „D. Lehranstalten" (Vorlage: Pro Alt-Cannstatt).

Statistik und Adressbücher: Der historisch gesehen nachgeordnete gesellschaftliche Status der Frauen macht es schwierig, authentische Aussagen über ihre häusliche und außerhäusliche Arbeit zu bekommen. Zwar wenig wissenschaftlich untersucht lässt sich zumindest ein Zugang über Adressbücher herstellen. Jedoch sind auch diese Aussagen eher unzulänglich, denn die Adressbücher Cannstatts (1855, 1876, 1904) geben nur ein fragmentarisches Bild der weiblichen Betätigungsfelder. Lediglich verwitwete und alleinstehende Frauen fanden mit eventuellen Berufen Eingang ins Adressbuch. Verheiratete Frauen wurden in den meisten Fällen ohne eigenständige Erwähnung ihren Ehemännern zugeschlagen. Die mit Abstand größte Gruppe der verzeichneten Frauen stellen demzufolge die Witwen, überwiegend ohne Berufsangaben.

Während 1855 erst 10 Näh(t)erinnen und 4 Wascherinnen genannt werden und gerade mal eine Kleinkinderlehrerin, sind es 1876 schon 64 Näherinnen und 40 Wascherinnen, hinzu kommen 13 Fabrikarbeiterinnen, 3 Tagelöhnerinnen, 2 Büglerinnen und 5 Strickerinnen, dazu 15 Lehrerinnen und 15 Händlerinnen und einige einzelne andere.

1904 wird die Liste differenzierter mit über 100 Näherinnen (Korsett-, Weiß-, Kleidernäherin), 18 Wäscherinnen, 12 Büglerinnen und ca. 30 weiteren Fabrikarbeiterinnen (z.B. Strickerin, Tagelöhnerin), darüber hinaus nun über 30 Lehrerinnen, einige Putzmacherinnen und Modistinnen und an die 40 selbstständige Händlerinnen (Viktualien-, Spezereien-, Milch-, Weißwaren-, Kolonialwarenhandlung). Auch gibt es schon 14 Telegrafengehilfinnen, hinzu kommen 11 Hebammen, 11 Krankenpflegerinnen und 29 Diakonissen.

Das statistische Landesamt gibt für das Oberamt Cannstatt für das Jahr 1886 (16534 Einwohner) 1205 Hauptbetriebe mit 3867 Beschäftigten an, davon 892 bei Bekleidung und Reinigung. Speziell waren 298 Beschäftigte (262 weibliche) in 22 Korsettfabrikationsbetrieben tätig, 112 Frauen arbeiteten als Weißnäherinnen. Um 1900 war die württembergische Textilindustrie gemessen am Umsatz und Beschäftigungszahlen der wichtigste Industriezweig im Königreich, wobei Cannstatt zu einem der Hauptstandorte avancierte. Ein Zehntel aller Berufstätigen war in diesem Zweig tätig, der Frauenanteil in dieser Gruppe stieg bis ins Jahr 1925 auf 75%.

Entwicklung der Frauenarbeit in der Region: In der vorindustriellen Zeit und bis ins späte 19. Jahrhundert gehörte zu den Pflichten der Frau die gesamte Hausarbeit und die Zubereitung des Essens. Darüber hinaus arbeiteten die Frauen ihr Leben lang in Haus und Garten, auf dem Feld oder im Weinberg, in der Werkstatt des Mannes, als Dienstmagd, selbstständige Handelsfrauen oder als Spinnerinnen. Was von beiden während der Ehe erworben wurde, gehörte zwar beiden, aber nur der Mann hatte das Recht, über die Verwendung zu entscheiden.

Für junge Mädchen endete mit 14 Jahren die Schulpflicht. Bis zur Heirat mussten sie entweder zuhause mitarbeiten oder in einen auswärtigen Dienst gehen.

Mit der Verheiratung änderte sich der soziale, wirtschaftliche und rechtliche Status der Ehefrau grundlegend. Das machte die Ehe erstrebenswert, wenngleich damit nicht weniger Arbeit verbunden war. Hausarbeit, Kinder, Mahlzeiten, Pflege der Textilien, Auskommen mit dem Haushaltsgeld erschwert durch Missernten, häufig aber auch durch Alkoholprobleme der Männer. Die Landwirtschaft konnte die Familie oft nicht mehr ernähren. Das bedeutete für die Frauen zusätzlich Lohnarbeit und zunehmend mehr und auch schwere Feldarbeit, deren Zeitaufwand den übrigen Anteil für Haushalt und Kinder deutlich überstieg. Die große Säuglingssterblichkeit lässt sich zum Teil auf die hohe Arbeitsbelastung der Frauen zurückführen. Ähnlich sah es beim Handwerk aus. Auch hier mussten sich Frauen ohne Ausbildung als Hilfskräfte auswärts verdingen.

Die sich Ende des 19. Jahrhunderts gerade in der Region entwickelnde Textilbranche wurde ein wichtiger Faktor für den weiblichen Lohnerwerb (siehe S. 160 ff.). Es gab speziell in Cannstatt genügend offene Stellen für „Weibspersonen", da ja die Textilarbeit traditionell im Privaten in Frauenhänden war. Eine weitere Möglichkeit des Gelderwerbs war der Viktualien- und Geflügelhandel für Frauen, die durch ihre „Leibes Constitution zu keinen harten Feld-Geschäften tauglich sind". Verheiratete Frauen und Witwen konnten auch als Hebamme arbeiten. Doch trotz bestimmter Vergünstigungen für die Ehemänner gab es nur wenige Hebammen, denn sie hatten weder Ansehen noch eine angemessene Entlohnung.

Unterm 12. Juni [1857] erläßt der [Cannstatter] Gemeinderat folgende polizeiliche Bekanntmachung: „Seit neuerer Zeit wird die Wahrnehmung gemacht, daß ledige Weibspersonen, die teils in den Fabriken, teils auch sonst hier beschäftigt sind, namentlich an Sonntagen bis tief in die Nacht hinein auf den Straßen sich herumtreiben, was gegen die Sittlichkeit anstößt und schon nachteilige Folgen geäußert hat. – Zur Beseitigung dieses Uebelstandes hat sich der Gemeinderat veranlaßt gesehen, die Anordnung zu treffen, daß von nun an ledige Weibspersonen, die sich nicht über einen besonderen Auftrag auszuweisen vermögen, mit der Abendglocke sich von den Straßen zu entfernen haben, und giebt man sich der Hoffnung hin, daß dieser, im Interesse der Sittlichkeit gebotenen Anordnung um so williger werde Folge geleistet werden, als gegen diejenigen, die sich derselben nicht fügen, mit Rüge eingeschritten werden müßte. Aus diesem Anlaß wird hiemit das längst bestehende Verbot erneuert, wonach auch Lehrlinge und Kinder nach der Abendglocke sich nicht mehr auf den Straßen betreten lassen dürfen, worüber namentlich die Lehrmeister und Eltern strenge zu wachen haben." – O Wandel der Zeiten!

Aus der „Cannstatter Chronik über die zweite Hälfte des XIX. Jahrhunderts. Nach Urkunden, Aufzeichnungen und Erinnerungen zusammengestellt von C[arl]. H[einrich]. Beck." Cannstatt. 1900; S. 30 f.

Verwitwete Frauen übernahmen den Haushaltungsvorstand, was für vermögende sehr angenehm sein konnte und sie eher von einer Wiederverheiratung absehen ließ. Je ärmer die Witwen desto größer war ihr Interesse an einer Wiederheirat, aber gleichzeitig waren sie auch umso unattraktiver. Schnell wurden aus jenen, zum Teil krank und mit Kindern, Almosenempfängerinnen.

Durch die gesellschaftlichen Umstrukturierungsprozesse im 19. Jahrhundert war das bürgerliche Ideal, als Frau und Mutter zu leben, nur für einige Privilegierte möglich, während die meisten als Tagelöhnerin und zunehmend als Industriearbeiterin zur Lohnarbeit gezwungen waren. Mit der steigenden Erwerbsquote der Frauen stiegen auch die zentralen Forderungen der Frauenbewegungen – das Recht auf Arbeit bei angemessener Anerkennung und gerechter Entlohnung. Lange galten die Frauen als Arbeitskräfte zweiter Klasse und mussten sich mit weniger Verdienst, untergeordneten Stellen, schlechten Arbeitsbedingungen, ungleichen Bildungsmöglichkeiten, mangelnden Aufstiegsmöglichkeiten, Arbeitslosigkeit und Altersarmut auseinandersetzen. Trotz rechtlicher Gleichstellung nach Artikel 3 des Grundgesetzes von 1949 war der Weg der Arbeit vom simplen Zuverdienst im Sinne des Ernährer-Hausfrau-Modells hin zur sinngebenden Lebensäußerung für Frauen lang und hart und immer mit dem Problem der Vereinbarkeit von Familie und Beruf verbunden.

Text: Helga Müller

Rechts: Seite aus dem „Adress- und Geschäftshandbuch der Stadt Cannstatt 1904; Zweiter Teil. V. Verzeichnis der Geschäfts-und Gewerbetreibenden in alphabetischer Ordnung"; S. 117; „Näherinnen (Nähschulen)"; (Vorlage: Pro Alt-Cannstatt).

Nähterinnen (Nähschulen).

Abele, Elisabeth, Bryestraße 13.
Abt, Anna, Christophstraße 38.
Armbruster, Karoline, We., Spreuergasse 7.
Aspacher, Marie, Hallstraße 42.
Bauer, Gustav, Frau, Hallstraße 14.
Bauer, Karls Frau, Hofenerstraße 5.
Bausch, Emilie, Badstraße 11b.
Bayer, Josephs Frau, Christophstraße 36.
Beck, Anna, Fabrikstraße 26.
Behnsen, Elise, Olgastraße 20.
Bek, Rosa, Wilhelmstraße 31.
Benz, Anna, Kühlbrunnengasse 10.
Berner, Gustavs Frau, Brunnenstraße 55.
Blanz, Emilie, Fabrikstraße 14.
Blanz, Pauline, Hagelschieß 11.
Borst, Emilie, Teckstraße 72.
Braun, Pauline, Burgstraße 31.
Buck, Josephs Frau, Hohenzollernstraße 20a.
Butsch, Karoline, We., Neckarstraße 41.
Conrad, Friederike, Frau, Fabrikstraße 47.
Conzelmann, Louis Frau, Wilhelmstraße 18.
Daurer, Wilhelms Frau, Wilhelmstraße 35.
Dautel, Emma, Brückenstraße 53.
Dossinger, Marie, Pfeifferstraße 12.
Emmerling, Ottilie, Fabrikstraße 44.
Erfle, Frida, Spreuergasse 27.
Fauser, Christine, Klostergasse 5.
Feuerbacher, Emilie, Fabrikstraße 85.
Fischer, Antonie, Christofstraße 36.
Fischle, Heinrichs Frau, Spreuergasse 22.
Föhl, Luise, Ulrichstraße 17.
Fricker, Bertha, Moltkestraße 1.
Friedrich, Anna, Badstraße 33g.
Gattung, Sofie, Karlstraße 109.
Grüb, Margarethe, Neckarstraße 51.
Haag, Ida, Frau, Erbenolstraße 2.
Hägele, Karoline, Wilhelmstraße 39.
Hämmerle, Marie, Moltkestraße 1.
Herskowitz, Wilhelms Frau, Karlstraße 64.
Hirner, Elise, Felgergasse 7.
Höpfer, Bertha, Moltkestraße 5.
Honold, Luise, Ulrichstraße 16.
Hutzenlaub, Pauline, Bryestraße 16.
Idler, Pauline, Teckstraße 80.
Joos, Rosine, Hallstraße 20.
Käfer, Marie, Marktstraße 35.
Kärcher, Mathilde, Seelbergstraße 26c.
Kärcher, Pauls Frau, Sulzerrainstraße 17.
Kehle, Wilhelmine, Karlstraße 42.
Killguß, Mathilde, Schmidenerstraße 63.
Klein, Rosine, Seelbergstraße 11.
Kömp, Philipps Frau, Olgastraße 50.
Krauß, Karoline, Schmidenerstraße 3.
Krötz, Berta, Marktstraße 33.
Kurzenberger, Anna, Karlstraße 36.
Lachmann, Franz Frau, Bahnhofstraße 13.
Lamparter, Gottlobs Frau, Waiblingerstraße 25.
Lappe, Ottilie, Badstraße 17.
Lieb, Rosa, Bryestraße 13.
Mayer, Anna, Marktstraße 41.
Mayer, Johannes Frau, Badstraße 30.
Mehl, Rosa, Rosenaustraße 15.
Merkle, Hermanns Frau, Wiesenstraße 13.
Mertz, Marie, Bahnhofstraße 11.
Müller, Eugenie, Ludwigstraße 43.
Müller, Pauline, Werderstraße 4a.
Munk, Marie, Badstraße 42.
Nagel, Elise, Hagelschieß 10.
Nollenberger, Rosine, Frau, Waiblingerstraße 8a.
Notter, Anna, Helfergasse 10.
Peter, Lina, Hofenerstraße 74.
Pfund, Bertha, Spreuergasse 20.
Riedel, Christians Frau, Schmidenerstraße 94.
Roller, Katharine, We., Brunnenstraße 53.
Schaff, Luise, Helfergasse 8.
Schmid, Josefs Frau, Ulrichstraße 7a.
Schnabel, Bertha, Frau, Burgstraße 32.
Schöck, Christians Frau, Fabrikstraße 26.
Schongar, Luise, Karlstraße 119.
Schulmeister, Emils Frau, Paulinenstraße 15b.
Schultze, Elise (Nähschule), Wihelmstraße 34.
Schwarz, Rosine, We., Lindenstraße 36a.
Seeger, Marie, Schmidenerstraße 45c.
Stahl, Sofie, Brunnenstraße 19.
Staiger, Emilie, Königstraße 57.
Steinbach, Marie, We., Seelbergstraße 14.
Stephan, Emilie, Hofenerstraße 84.
Strobel, Marie, Frau, Karlstraße 82.
Suhr, Bertha, Frau, Haldenstraße 60.
Thomä, Wilhelmine, Brückenstraße 48.
Unkel, Luise, Rosenaustraße 13.
Vallendor, Emma, Burgstraße 5.
Vollmer, Karoline, Olgastraße 9.
Wahl, Emilie, Haldenstraße 62.
Wahl, Luise, Ulrichstraße 17.
Waldkircher, Berth. Frau, Haldenstraße 42.
Weckerle, Christians Frau, Kanalstraße 40.
Wintterlin, Anna, Eberhardstraße 17.
Wolf, Thekla, Waiblingerstraße 4.

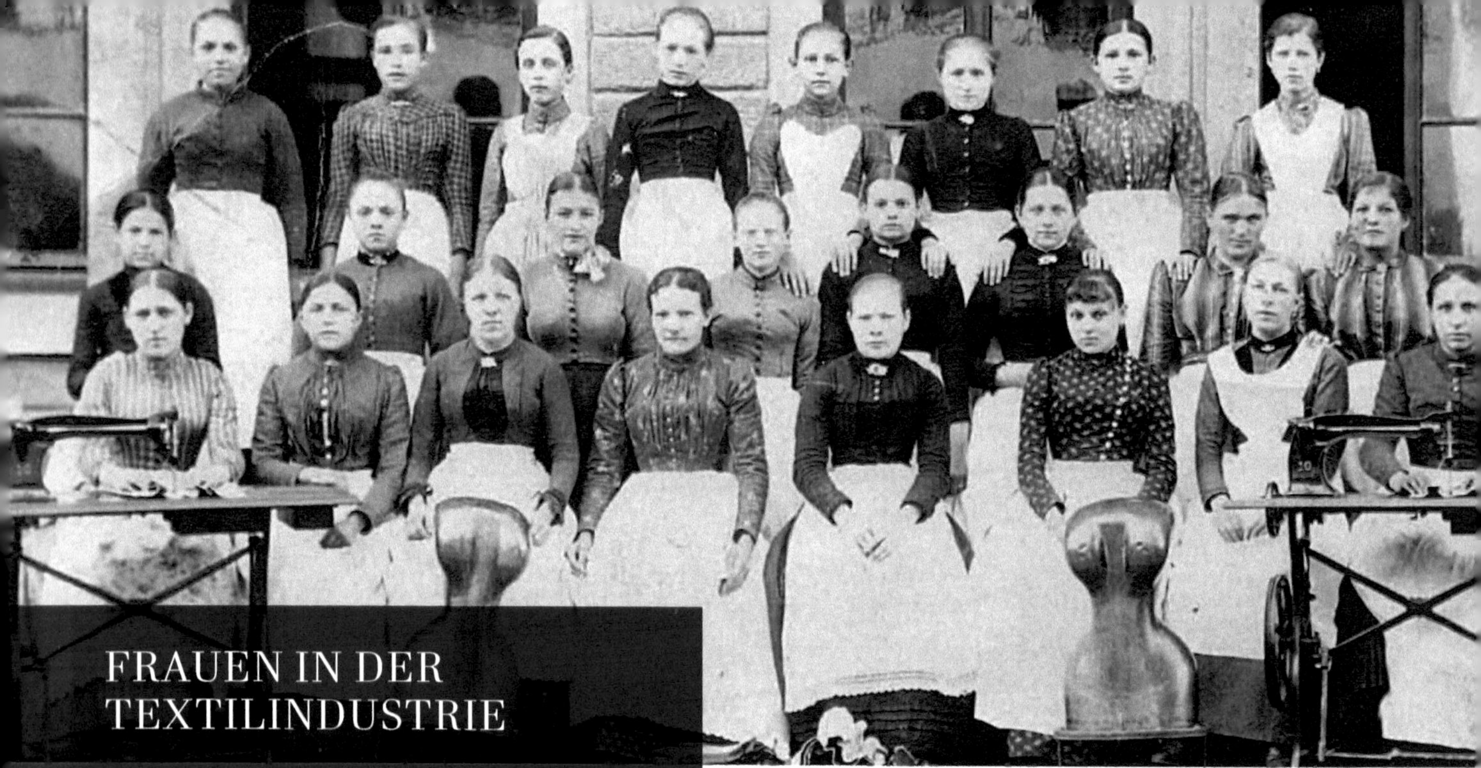

Eine Abteilung von Korsettnäherinnen der Firma S. Lindauer in der Hallstraße, um 1895, hier war der Verdienst im Verhältnis gut. Unter den vielen Frauen fühlte man sich wohl und vor möglichen Übergriffen männlicher Arbeiter geschützt, wie sich die Enkelin einer der oben abgebildeten Frauen erinnert. Man beachte die weißen Schürzen der Arbeiterinnen, die Nähmaschinen und die Kupferbüsten, über denen die Korsetts unter Dampf ausgeformt wurden. Am Boden liegen einige zusammengerollte fertige Korsetts (Foto: privat).

FRAUEN IN DER TEXTILINDUSTRIE

„Der eigentlichste Frauenberuf“

Pate: Ulrich Schollmeier

Der geringe Sozialstatus der Frau wurde mit den sogenannten „typischen Frauenberufen“ zementiert. Einer davon war der Beruf der Textilarbeiterin. Anfangs fanden hier hauptsächlich Männer Beschäftigung, doch das änderte sich sehr schnell, da Frauen als billige Arbeitskräfte mit nur zwei Dritteln des Männerlohns attraktiver waren.

Beispiel Spinnerei: Kennzeichnend sind extrem harte Produktionsbedingungen: ununterbrochenes, ohrenbetäubendes Rattern der Maschinen, ungenügende Schutzvorrichtungen, hohe Luftfeuchtigkeit, hohe Temperaturen. Der Rohstoff, die frisch geschorene Schafwolle aus Übersee, wird ungereinigt und stinkend sortiert, und „emsige Mädchenhände werden dabei sorgsam von Meistern überwacht.“ So liest es sich in einer Firmenbeschreibung. In der Realität stehen die Frauen, ihre Gesundheit gefährdend, permanent barfuß und dürftig bekleidet auf nassen und mit giftigen Substanzen versetzten Böden.

Beispiel Konfektionsherstellung: Durch die Industrialisierung wurde Alltags- und Arbeitskleidung zunehmend zum Massenbedarf und bald nur noch nach Zuschnitt von ungelernten Näherinnen zusammengefügt; entweder in einer engen und überfüllten Werkstatt oder als isolierte Heimarbeiterinnen. Durch die Erfindung der Nähmaschine beschleunigten sich ab etwa 1860 die Arbeitsprozesse, der Lohn reichte jedoch kaum zum Leben. In den 1880er Jahren gab es fünf bis neun Mark die Woche. Der gelernte Schneider bekam 27 Mark.

Zum Vergleich mit diesen Zahlen mögen die folgenden, der amtlichen Bekanntmachung vom 30. März 1908 entnommenen, für Stuttgart und Cannstatt aufgestellten ortsüblichen Taglöhne dienen. Sie betragen hiernach:

1. **Für erwachsene männliche Arbeiter . 3,50 M.**
2. **„ erwachsene weibliche Arbeiter . 2,30 „**
3. **„ jugendliche männliche Arbeiter (unter 16 Jahren) . . . . . 2,20 „**
4. **„ jugendliche weibliche Arbeiter (unter 16 Jahren) . . . . 1,50 „**

Die oben für die Korsettarbeiterinnen und Zuschneider angeführten Löhne bewegen sich also etwas über diesem Niveau[1]).

Geringerer Stundenlohn als bei männlichen Arbeitern, und dennoch „etwas über" Niveau, da in Cannstatt vorrangig gehobene Ware produziert wurde. Aus der Studie von Paul M. Rosenberg: Die Deutsche Korsettindustrie, Stuttgart und Berlin 1909 (Vorlage: privat).

Beispiel Korsettindustrie: Ab etwa 1870 wurde das Korsett zum Modeartikel, was die Korsettindustrie aufblühen ließ. Laut einer Statistik von Paul M. Rosenberg hatte Stuttgart mit Cannstatt 1907 in der Korsettindustrie 25 Betriebe mit 939 Beschäftigten (124 m/815 w), davon 144 im Hausgewerbe. Um der Konkurrenz mit Billigware zum Beispiel aus Sachsen zu entgehen, hatte man sich in Cannstatt auf hochwertige Qualität spezialisiert. Dazu bedurfte es möglichst erfahrener Arbeitskräfte, die dafür einen vergleichsweise guten Durchschnittslohn erhielten. 1907 etwa 2,00 bis 3,00 Mark pro Tag für eine gut eingearbeitete Frau. Der Vergleichslohn für eine einfache Fabrikarbeiterin lag bei 1,20 bis 1,80 Mark.

Fabrikarbeiterinnen in einem Nähsaal der Firma S. Lindauer, um 1920, wobei arbeitsteilig produziert wurde (Vorlage: privat).

In Cannstatt gab es wesentlich mehr Fabrikarbeit als Heimarbeit, Hausindustrie genannt, denn die Unternehmer monierten dabei mindere Qualität und Unpünktlichkeit. Allerdings waren viele Frauen auf die Heimarbeit angewiesen, weil sie so nach Verheiratung und Kindern ihre „Pflichten" besser vereinbaren konnten. Die Nachteile waren evident: geringerer Lohn als bei den Fabrikarbeiterinnen, weder Arbeitsverträge noch Kündigungsfristen, dazu eine nur ungenügende Krankenversicherung.

Text: Helga Müller

Eine Abteilung von Näherinnen der Firma S. Lindauer um 1910 – in der 2. Reihe als 4. von links die Abteilungsleiterin Sophie Gutekunst, geb. Mauch (1885-1955), die 1899 in die Firma eingetreten war und von 1911 bis 1939 weiter für diese in Heimarbeit tätig blieb. Auch Tochter und Enkelin arbeiteten später im gleichen Betrieb (Foto: privat).

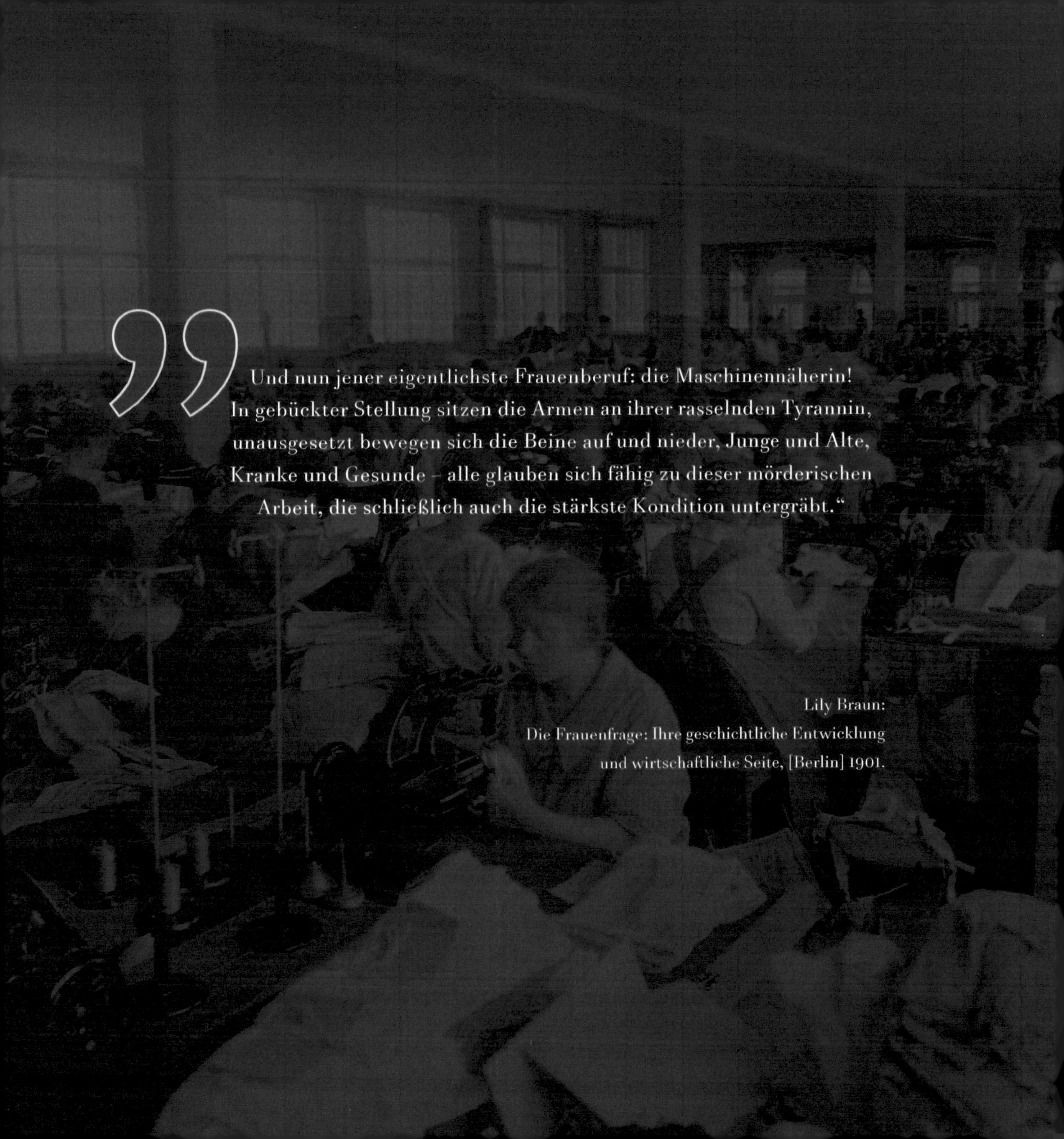

„Und nun jener eigentlichste Frauenberuf: die Maschinennäherin! In gebückter Stellung sitzen die Armen an ihrer rasselnden Tyrannin, unausgesetzt bewegen sich die Beine auf und nieder, Junge und Alte, Kranke und Gesunde – alle glauben sich fähig zu dieser mörderischen Arbeit, die schließlich auch die stärkste Kondition untergräbt.“

Lily Braun:
Die Frauenfrage: Ihre geschichtliche Entwicklung
und wirtschaftliche Seite, [Berlin] 1901.

Bertha Schöttle-Thalheimer (1883-1959), um 1950 (Foto: de.wikipedia.org/wiki/Bertha_Thalheimer#/media/File:Bertha_Thalheimer.jpg).

BERTHA SCHÖTTLE-THALHEIMER

Kommunistin, Friedenskämpferin, Frauenrechtlerin, Journalistin ...

Pate: Rainer Redies

Bertha Thalheimer wurde 1883 in Affaltrach (heute Ortsteil von Obersulm) geboren, als ältestes Kind von Moritz Löb Thalheimer, der ein Bettengeschäft betrieb und mit Immobilien handelte, und seiner Frau Karoline, geb. Thalheimer. Die Geschwister August und Anna folgten 1884 und 1887.

Als Bertha neun Jahre alt war, zog die Familie nach Winnenden. Moritz Thalheimer wollte seinen Kindern eine gute Schulbildung ermöglichen – das war in Affaltrach nicht möglich. Die Töchter besuchten in Winnenden die Knabenrealschule, der Sohn die Lateinschule. Die Töchter erhielten darüber hinaus Privatunterricht in Literatur, Sprachen und Klavierspiel.

1899 zog die Familie wieder um, dieses Mal nach Cannstatt. August sollte hier Abitur machen. Zu ihrer eigenen weiteren Ausbildung schrieb Bertha Thalheimer in einem 1917 erstellten Lebenlauf: „Was meinen Bildungsgang betrifft, so wünschte mein Vater, dass ich nicht die oberflächliche Bildung der ‚höheren Töchter' bekäme, er wollte, dass in mir Sinn und Verständnis für gute Lektüre geweckt würde, im ganzen sollte ich aber für den üblichen Beruf der zukünftigen Hausfrau vorbereitet werden. Ich lernte daher verschiedene weibliche Handarbeiten."

Moritz Thalheimer bekannte sich zur sozialistischen Weltanschauung und war schon früh im Kontakt mit führenden Sozialisten. Clara Zetkin, Eva und Franz Mehring und Fritz Westmeyer gehörten zu seinen Freunden. Auch die Kinder waren bei Treffen selbstverständlich mit dabei.

Auch August interessierte sich schon früh für Politik. Durch ihn kam Bertha in Kontakt mit sozialistischer Literatur. Sie schrieb (Zitat nach dem Lebenslauf von Berta Thalheimer im Bundesarchiv Berlin-Lichterfelde; R 30.03, C 85/16 Nr. 8 Bll 10 – 14 RS.):

> „Er gab mir ein populäres Werkchen über Spinoza, von einem Sozialisten geschrieben. Durch dieses Büchlein bekam ich zum ersten Male Einblick in die sozialistische Ideenwelt. (...) Doch stand von vornherein bei mir fest, dass ich mich nicht nur geistig mit dem Sozialismus befassen wollte, sondern die erworbenen Kenntnisse sollten mir Mittel zu selbstthätiger Arbeit für den Sozialismus sein. Das zweite sozialistische Buch, das ich las, war Bebels ‚Die Frau und der Sozialismus'. Es befestigte und beflügelte mich in meinem schon gefassten Entschlusse."

1905 zog Bertha Thalheimer nach Berlin, um als Gasthörerin an der Universität Vorlesungen über Philosophie, Geschichte und Nationalökonomie zu hören.

Reisepass von Bertha Thalheimer, Schriftstellerin, vom 30. Mai 1919 (Vorlage: Staatsarchiv Ludwigsburg). Während des Ersten Weltkrieges hatte Bertha Thalheimer zeitweise wieder in Stuttgart-Cannstatt gelebt.

Bis 1911 blieb sie dort und fand Anschluss an den sozialistischen Kreis um Rosa Luxemburg und Karl Kautsky. In dieser Zeit wurde sie Mitglied der SPD.

Seit Beginn des 20. Jahrhunderts bestand ein reger Briefkontakt zwischen Bertha Thalheimer und Clara Zetkin. Ab 1906 erschienen journalistische Beiträge von Thalheimer in der von Clara Zetkin in Stuttgart herausgegebenen Zeitung „Die Gleichheit. Zeitschrift für die Interessen der Arbeiterinnen". 1911/12 schrieb sie auch in der von ihrem Bruder herausgegebenen Göppinger „Freie Volkszeitung", einem SPD-Organ.

1916 schloss sich Bertha Thalheimer wie Zetkin, Luxemburg u.a. der Spartakusgruppe an, die gegen die Bewilligung der Kriegskredite durch die SPD protestierte und 1917 in die USPD überging. 1915 und 1916 vertrat sie bei den Konferenzen in Zimmerwald und Kiental die deutschen revolutionären Sozialisten. Bei diesen Konferenzen versammelten sich kriegskritische Sozialisten, um eine neue Internationale zu organisieren. Im Dezember 1916 wurde sie wegen dieser illegalen Kontakte denunziert und zu zwei Jahren Zuchthaus verurteilt, die sie im Zuchthaus Delitzsch verbüßte. Erst durch die Revolution 1918 kam sie frei.

Bertha Thalheimer war Ende 1918 Mitbegründerin der KPD. In den 1920er Jahren spielte sie eine wichtige Rolle in der Stuttgarter Führungsriege der Partei. 1928 allerdings wurde sie aus der Partei ausgeschlossen: Wie viele andere protestierte sie gegen die Hinwendung zum Stalinismus. In der Folge organisierte sie sich in der KPD-O (Kommunistische Partei Deutschlands Opposition). Bis 1933 hielt sie Vorträge in den Ortsgruppen und Jugendorganisationen der KPD-O und arbeitete an der Wochenzeitung der württembergischen

Bertha Schöttle-Thalheimer mit ihren Zwillingen Thomas und Ulrich, 1928 (Foto aus dem Buch Theodor Bergmann: Die Thalheimers. Die Geschichte einer Familie undogmatischer Marxisten. Hamburg 2004).

Arbeiterpolitik

9. Jahrgang Nr. 10 | Stuttgart, den 20. Mai 1956 | 40 Pfennig

Wehrgegner, was weiter?

Das Wehrpflichtgesetz passierte anfangs Mai den Bundestag in erster Lesung. Obwohl der Gegenstand der Verhandlungen brennend interessierte, ging der größte Teil der Sitzung vor halb leerem oder recht dünn besetztem Hause vor sich. Es war eine Routineveranstaltung, deren Ausgang schon vorher feststand. Nachdem die Führung der SPD erfolgreich alle Ansätze des außerparlamentarischen Kampfes gegen die Remilitarisierung zuerst eindämmen und dann ausmerzen konnte, sich ferner erlaubte, für die Wehrergänzungsartikel der Verfassung zu stimmen, blieb nur noch die übliche Wortgymnastik in Hinblick auf die kommenden Bundestagswahlen.

Von einer grundsätzlichen Ablehnung der Wehrpflicht war natürlich keine Rede. Die CDU/CSU verlangte ohne viel Fackeln die Wehrpflicht, die FDP und der BHE schwankten etwas von wegen des nicht ganz günstigen Zeitpunktes und die „Opposition" der SPD bestand aus juristischen Erwägungen über die Verpflichtung oder Nichtverpflichtung, 500 000 Mann aufzustellen. Die Art dieser „Opposition" ist deutlich darauf gerichtet, ein klares Ja bzw. ein klares Nein zur Wehrpflicht zu umgehen. Die Vorzüge des Berufsheeres, die jetzt von der SPD entdeckt worden sind, ändern keinen Deut daran, daß eine Verknüpfung mit einer „Miliz" der Wehrpflicht bedarf, was ihr auch von verschiedenen Regierungssprechern unter die Nase gerieben wurde. Das höchste der Gefühle bei dieser Sorte Opposition ist ein verlorenes Rückzugsgefecht, denn die Opponenten wissen ebenso wie ihre Gegner, daß mit Wortgeplänkel um den „ungünstigen Zeitpunkt" oder um das juristische Drum und Dran der Verträge die Wehrmacht nicht verhindert, sondern allenfalls mit ein paar Erbauungssprüchen aus Erlers Demokratisierungsküche versehen werden kann.

Wie die „demokratische Kontrolle der Armee" funktioniert, beweist die einige Tage später abrollende Debatte um den Verteidigungsetat Blanks. Von den 5,2 Mrd. DM hat sich das Verteidigungsministerium bereits mehr als zwei Drittel „vorwegbewilligen" lassen. In anderen Worten: bevor das „demokratisch kontrollierende" Parlament überhaupt kontrollieren kann, hat Blank das Geld schon verausgabt! Ritzel-SPD sprach von Dingen, die bei den Vorwegbewilligungen passiert seien, „die man nur als toll bezeichnen kann". Der Etatnachtrag sei „ein Feigenblatt, das die Vorwegbewilligungen legalisieren soll". Das ist sehr richtig, beweist aber nur, daß die Träume der sozialdemokratischen Führung von der Kontrolle der Wehrmacht Schäume sind.

Und daß es sich da um eminent praktische Fragen handelt und nicht um reinen Formenkram, zeigen die Pressemeldungen vom 12. Mai, wonach die ersten 150 000 Jugendlichen bereits im Frühjahr 1957 mit ihrer Einberufung rechnen müssen, statt, wie vorgesehen, im Herbst. Die „Vorwegbewilligungen" des Haushaltsausschusses hatten also schon einen Sinn, nämlich den, die Aufstellung der Wehrmacht zu beschleunigen. Und da erhebt sich sofort die Frage, wieso die sozialdemokratischen Mitglieder des Haushaltsausschusses erst in der Plenarsitzung entdeckten, daß der Haushaltsausschuß Blank den größten Teil der Gelder „vorwegbewilligt" habe? Warum haben sie nicht schon seinerzeit Lärm geschlagen? Vielleicht kann Schöttle, SPD, der der Vorsitzende des Haushaltsausschusses ist, darüber Aukunft geben . . .

Welche Antwort er oder seine Genossen auch geben werden, die Jugendlichen wird das kaum sehr interessieren. Für sie ist die Frage der Wehrpflicht eine praktische Frage, vor der sie in absehbarer Zeit stehen werden. Ihre große Mehrheit ist der Wiederaufrüstung feindlich gesinnt, und der Augenblick rückt näher, wo eine Antwort gegeben werden muß, wie sie sich zu verhalten haben. Die verbreitetste Vorstellung vom praktischen Ausdruck der Wehrfeindlichkeit ist die Kriegsdienstverweigerung. Bei den einen steht die persönliche Weigerung im Vordergrund, ungeachtet der Konseqenzen; bei den meisten jedoch die Hoffnung, daß das Gesetz, und ganz besonders jener Verfassungsartikel, der jedem zusichert, nicht zum Kriegsdienst gezwungen werden zu können, eine ziemlich schmerz- und gefahrlose Art der Dienstverweigerung ermöglicht. Es ist kein Zufall, daß die Annahme der verschiedenen Wehrgesetze bei den Organisationen der Kriegsdienstgegner sehr deprimierend gewirkt hat. So wie die Kriegsdienstverweigerung immer vom persönlichen Standpunkt des Einzelnen ausgeht und daher die gesellschaftlichen Kräfte und ihre Wirksamkeit verkennt, so paßt zu ihr die Hoffnung auf ein Gesetz oder ein rechtliches Aushilfsmittel als „legale" Waffe der Kriegsgegner. Was diesen Vorstellungen fehlt, ist die Einsicht, daß Krieg, Kriegsdienst und Wehrpflicht immer nur Teile der gesellschaftlichen Ordnung sind und überhaupt nicht abgelehnt werden können, solange das gesellschaftliche Fundament, aus dem sie erwachsen, bejaht wird.

Die besondere Lage Westdeutschlands, das von den alliierten Siegern entwaffnet worden ist, hat nun den berühmten Verfassungsartikel gebracht, der allem Anschein nach gestattet, ohne Gesetzesverletzung den Wehrdienst zu verweigern. Und außerdem besteht in der Bundesrepublik ein tiefgreifender Widerwille gegen den Barras. Wie die herrschende Klasse durch die Entwicklung „überholte" Papierzugeständnisse kraft ihrer gesellschaftlichen Macht unschädlich macht, dafür geben die jüngsten Vorgänge ein gutes Beispiel.

Sie sind den raffinierten Methoden amerikanischer Monopolgesellschaften ähnlich, die in bestimmten Fällen formal-juristisch „machtlos" sind, das aber spielend durch ihre ökonomische Kraft ausgleichen. Wenn etwa eine mittlere Firma ein wertvolles Patent anmeldet, das sie selbst ausbeuten und nicht den Industriegiganten verkaufen will, haben die Monopole Verfahren ausgeklügelt, solche Patente „einzukreisen". Das Patent selbst ist nicht anzutasten. Aber um es praktisch auszuwerten, sind eine Reihe von Prozessen, Maschinen, Vorrichtungen etc. nötig, welche die Ingenieure und Patentanwälte der Monopole genau studieren und darauf Patente einreichen, die dem

1

Titelseite einer Ausgabe der von Bertha Schöttle-Thalheimer herausgegebenen Zeitschrift „Arbeiterpolitik" vom 20. Mai 1956 mit einem Leitartikel zum Thema Wiederbewaffnung. (Vorlage: Staatsarchiv Ludwigsburg).

KPD-O „Arbeiter-Tribüne" und der in Berlin erscheinenden Tageszeitung „Arbeiterpolitik" mit.

Die Machtübertragung an die Nationalsozialisten im Jahr 1933 brachte ihr Leben in mehrfacher Hinsicht ins Wanken. Ihre 1920 geschlossene Ehe mit dem Mechaniker Karl Wilhelm Schöttle wurde geschieden. Zwei Söhne entstammten dieser Ehe, die als „Halbjuden" unter dem Schutz des Vaters mit Mühe überlebten. Sie selbst wurde als Jüdin und als Kommunistin verfolgt. Sie konnte sich einige Zeit durch den Verkauf von Kaffee an ehemalige Parteigenossen und an Verwandte ernähren. 1941 wurde sie aus ihrer Wohnung in ein „Judenhaus" verbracht und am 11. Januar 1944 von dort aus in das KZ Theresienstadt deportiert. Im Mai 1945 wurde sie von der Roten Armee befreit und kam nach Stuttgart zurück. Hier erhielt sie eine kleine Wohnung in Heslach zugewiesen.

Bertha Thalheimer arbeitete seit 1946 in der von alten Parteifreunden gegründeten „Gruppe Arbeiterpolitik" mit, die sich zu einem antistalinistischen Kommunismus bekannte, und zeichnete verantwortlich für deren Zeitung „Arbeiterpolitik".

Seit ihrer Rückkehr nach Stuttgart versuchte sie vergeblich, ihrem Bruder August die Rückkehr aus seinem Exil in Havanna nach Deutschland zu ermöglichen. Nach einem Schlaganfall kam Bertha Thalheimer in ein Altenheim in Stuttgart West. Dort starb sie am 24. April 1959.

Bertha Thalheimer, aus der jüdisch-bürgerlichen Oberschicht stammend, stellte sich selbstbewusst gegen den ihr vorbestimmten Lebensweg: Den der treusorgenden, auf Reproduktionstätigkeiten reduzierten Haus- und Ehefrau und Mutter. Stattdessen wählte sie den Weg einer unermüdlichen Politikerin und politischen Journalistin, die sich gegen die gängige Meinung auch ihrer eigenen Partei stellte.

Text: Claudia Weinschenk

ELISABETH OEHLER-HEIMERDINGER

Schriftstellerin und Missionarsfrau
Post aus China

Patin: Gabriele Baumgartner

Elisabeth Heimerdinger kam am 13. Januar 1884 als ältestes Kind von Eduard Heimerdinger und seiner Frau Mathilde, geborene Klee, im Kaufmannshaus in der Brunnenstraße 3 auf die Welt. Hier im Schatten der Stadtkirche wuchs sie mit zahlreichen Geschwistern im pietistisch geprägten Elternhaus auf, in dem gleichzeitig ein geschäftiger Kaufmannsgeist herrschte, und wo sie selbstverständlich der Mutter in Haus und Laden für Garn- und Kurzwaren und vielem mehr eine unerlässliche Hilfe war. In tiefer Dankbarkeit erinnerte sie sich zeitlebens an eine unbeschwerte Kindheit, in der die Liebe zum Mitmenschen gelebt wurde. Nach dem Besuch der Höheren Töchterschule schickten die Eltern sie für ein Jahr in ein Mädchenpensionat nach Neuchâtel. Kochen lernte sie standesgemäß bei Hermine Kiehnle, der Leiterin der Kochschule des schwäbischen Frauenvereins Stuttgart und ihre künstlerische Ader wurde in einem Kurs des Malers Karl Schickardt gefördert. Schon früh ließ sie der Liebe zum geschriebenen Wort in Versen und Tagebüchern freien Lauf. Gerne wäre sie Lehrerin geworden, aber dieser Wunsch passte nicht zu den Plänen der Eltern, denn eine erwachsene Tochter sollte zuhause bleiben und warten.

„Zu den Chinesen geht sie, – zu den Chinesen!"
Elisabeth und Dr. Wilhelm Oehler
„vor dem eigenen Heim" in der Missionsstation
Tschanghangkong, um 1910 (Vorlage: privat).

Ein Brief aus China, der im Frühjahr 1908 das Haus Heimerdinger erreichte, veränderte alles. Der Missionar Dr. Wilhelm Oehler, Sohn des Cannstatter Dekans Hermann Oehler, und Bruder ihrer besten Freundin Maria, in der Heimat wegen seiner Berichte aus China bestens bekannt, hielt um ihre Hand an. Die Heiratseinwilligung der Eltern Eduard und Mathilde Heimerdinger lautet:

„Lieber Sohn! So begrüße ich Dich und heiße Dich von ganzem Herzen willkommen in unserer Familie auf Grund Deiner lieben Zeilen (...), durch die wir uns ebenso hoch erfreut wie geehrt fühlen. (....) Wir sehen die Werbung um unser Kind als einen Ruf Gottes an, der es in Seinen manchmal zwar schweren, aber dennoch seligen Dienst ziehen und es fähig machen möchte, dem ihm vom Herrn beschiedenen Mann eine treue Gehilfin zu werden. (...) Das, dass wir in dieser Führung die Hand Gottes erkennen, lässt uns auch das unausbleiblich Schmerzliche und Betrübende des Abschieds und was er im Gefolge hat, in einem freundlichen Licht sehen." Auf den ersten Blick scheint es sich hier um den Fall einer der fernvermittelten Missionsbräute zu handeln, bei denen das Motiv des Auserwähltseins für die Eltern von entscheidender Bedeutung war, denn der gesellschaftliche Status erhöhte sich damit erheblich.

Üblicherweise wurden die zukünftigen Bräute vom Komitee der Basler Mission ausgesucht und ohne ihr Wissen ausgespäht. Bei Eignung gingen sie auf eine mehrwöchige, strapaziöse Reise ins Ungewisse, einem fremden Land und einem fremden Bräutigam entgegen. Der Basler Mission wäre es lieber gewesen, wenn die Missionare ledig geblieben wären, um sich ganz ihrer Aufgabe, den „Heiden den rechten Glauben zu bringen", widmen zu können. Auf jeden Fall mussten sie erst zwei Jahre lang im Dienst ihren christlichen

Elisabeth Oehler-Heimerdinger (13. Januar 1884 in Cannstatt – 30. März 1955 in Erdmannhausen), um 1920 (Vorlage: privat).

Charakter beweisen, ehe sie um die Einwilligung des Komitees bitten konnten, eine Braut zu nehmen. Liebe war in diesem Arrangement eigentlich nicht vorgesehen, sie könnte Gott darüber vergessen lassen. Deswegen galten als ideale Eigenschaften für die Bräute Treue und Demut, während aber eher Stärke und Mut zur Bewältigung der Aufgaben von Nöten waren. In seltenen Fällen wurde die Ménage-à-trois von dem Paar jedoch auch leidenschaftlich erlebt. Und dieses Glück wurde Elisabeth Heimerdinger zuteil. Ihr Herz sagte „tausendmal ja", denn ihren Wilhelm hatte sie im Gottesdienst in der Stadtkirche schon aus der Ferne bewundert und insgeheim als ihren Lebensgefährten ersehnt. Und er hatte die Freundin seiner Schwester wohl ebenfalls ins Herz geschlossen, ohne sich ihr zu offenbaren. Obwohl sie an ihrer Heimat, den Eltern, Geschwistern und Freundinnen unendlich hing, war sie sich innerlich gewiss, die richtige Wahl getroffen zu haben. In einem späteren Tagebuch liest man:

„Mir ist, als hätt in der Ewigkeit
meine Seele die deine gekannt;
da hat auch die deine so meeresweit
die Flügel der Sehnsucht gespannt.
Du hießest mich kommen von gestern auf heut,
da gab es kein Wann und kein Wie,
und hätt ich mein ganzes Leben bereut,
mein Kommen bereue ich nie."

Nach der Zusage folgte eine einjährige Brautzeit ohne Bräutigam, in der die beiden Briefe auf die monatelange Reise schickten und dem Tag der Begegnung so bang wie freudig entgegenfieberten. Ein Freund Wilhelm Oehlers verfasste während der Wartezeit folgendes kleine Spottgedicht:

„Elisabeth eile
mit Volldampf an mein Herz,
mit einem Kusse heile
der Sehnsucht heißen Schmerz.
Ich heiße Wilhelm Oehler,
bin groß und stark und lang;
dass ich mich fühle wöhler,
komm Du nach Tschonghangkang."

Die Eltern begleiteten sie im Februar 1909 ins tief verschneite Genua, wo sie an Bord der „Prinz Ludwig" ging und am 12. März in Hongkong an Land. Bei der Einfahrt in den Hafen steht sie im weißen Kleid an Deck und aus der Menge der Wartenden heraus „grüßte ein weißer Strohhut. ... Da zog ich mein Tüchlein heraus und winkte herunter". Als einer der ersten stürmte Wilhelm Oehler die Gangway hinauf und überreichte seiner Elisabeth einen Strauß weißer Rosen. Nach einer zweiwöchigen Brautzeit („glückselige Tage des Beisammenseins") wurden sie am 25. März 1909 im Kreis von Amtsbrüdern und -schwestern im Hongkonger Missionshaus getraut. Der von beiden gewählte Hochzeitsspruch könnte nicht passender lauten (Psalm 26,3): „Der Herr hat Großes an uns getan, des sind wir fröhlich."

E. OEHLER-HEIMERDINGER
Wie's daheim war
KRAUSS
HÖHENWEG-BÜCHEREI

Schutzumschlag der Erstauflage der Kindheitserinnerungen von Elisabeth Oehler-Heimerdinger, wie sie sich bei all ihren Werken nannte, 1936. Das erste Haus links von der Stadtkirche ist das Elternhaus Heimerdinger (Vorlage: privat).

Am 30. März erreichte die kleine Karawane nach eintägiger Reise, er auf seinem kleinen Pferd und sie in einer Sänfte getragen, die Missionsstation Tschanghangkong, in der sie 11 Jahre leben werden. Rasch lernte die junge Frau die chinesische Sprache und konnte ihren Mann auf seinen beruflichen Reisen begleiten. Ihre besondere Anteilnahme galt den chinesischen Frauen, deren harte Schicksale sie nicht losließen. Es drängte sie, den Daheimgebliebenen darüber zu berichten und schon 1913 erschien ihr erstes Buch mit dem Titel: „Ich harre aus". Es wird vielfach aufgelegt und ins Französische und Schwedische übersetzt. Auch in den nachfolgenden Bänden schreibt sie ausschließlich selbst Erlebtes und Recherchiertes und illustriert die Werke mit eigenen Federzeichnungen und Fotografien.

Die geplante und erhoffte Heimkehr nach Europa wurde durch den 1. Weltkrieg verhindert und das innig verbundene Paar ereilte zunehmend Leid. Beide Brüder Elisabeths fielen und das lang ersehnte erste Kind starb bei der Geburt, da ein Arzt fehlte. Als sie 1918 überglücklich den ersten Sohn bekamen, überstand die Wöchnerin mit knapper Not eine lebensgefährliche Grippe. 1920 konnte die kleine Familie auf einem japanischen Frachter dann endlich die Rückreise in ein nicht wiederzuerkennendes Deutschland antreten. Bevor Wilhelm Oehler die missionswissenschaftliche Dozentur in Tübingen übertragen wurde, wohnten sie einige Monate bei den Eltern Heimerdinger in der Brunnenstraße. Ihren ersten deutschen Haushalt führte Frau Heimerdinger während der Inflationsjahre, in denen ein zweiter Sohn und eine Tochter geboren wurden. Versorgungsnöte, Kindererziehung und Vortragsarbeit im Dienste der Mission hielten sie nicht davon ab, sich schriftstellerisch zu betätigen. Immer über Mittag nahm sie sich Zeit, um aus dem Vorrat der chinesischen Tagebücher Geschichten niederzuschreiben, vor allem über die Frauen, die ihr Mitgefühl erregten. Zum Teil übersetzte sie chinesische Literatur aus dem Original.

1926 berief die Basler Mission Wilhelm Oehler in eine leitende Funktion nach Basel. Dort erlebte die Familie unbeschwerte Jahre mit weltweiten Kontakten, vor allem nach China, und dort wurde ihr letztes Kind geboren. Als sie 1932 das Pfarramt in Erdmannhausen antraten, war der Kampf um den Bestand der kirchlichen Funktionen im Nationalsozialismus aufreibend, zudem kam der geliebte erste Sohn nicht aus dem Krieg zurück und die Nachkriegszeit war, wie für alle, extrem hart. Trotzdem trug Elisabeth ihre Aufgaben in der Gemeindearbeit und Familie mit Souveränität und Gelassenheit und zog Kraft und Besinnung aus den vormittäglichen Stunden, die sie mit ihrer schriftstellerischen Arbeit verbrachte. Es liegen mehr als fünfzig Veröffentlichungen vor, die mit dem Begriff Missionsliteratur unterbewertet wären.

In ihrem Tagebuch „Wie mir die Chinesen Freunde wurden“ (1910/1925) und in dem Büchlein „Wie's daheim war“ (1936) lässt sie den Leser an ihren frühen Jahren teilhaben. Vor allem die Kindheit in Cannstatt schildert sie außergewöhnlich bild- und lebhaft. Zum Beispiel berichtet sie über den geliebten Großvater Heimerdinger, der, als 13. Kind aus Ludwigsburg stammend, auf Wunsch des Vaters Bortenmacher gelernt hatte, in Cannstatt ein Geschäft eröffnete, und die Führung seiner Frau übergab, während er sich seiner eigentlichen Liebe, dem großen, allseits bewunderten, üppigen Garten gegenüber dem königlichen Park an der Pragstraße widmete. Er war auch immer zur Stelle, wenn es galt, nach den zahlreichen Lausbubenstreichen ihrer Brüder die Wogen zu glätten. Sie selbst verbrachte die Nächte ihrer Kindheit bei der Großmutter Klee in der Helfergasse als Schlafgast, einer als hart beschriebenen Weingärtnerwitwe, die durch die liebevolle Nähe der Enkelin wohl ein wenig befriedet wurde.

Das Ehepaar Oehler blieb nach dem Ruhestand 1948 in Erdmannhausen und Elisabeth Oehler-Heimerdinger ging auf in einem Netz von Freunden, Aufgaben und Passionen und fühlte sich beschenkt durch ihre mitmenschlichen Gaben. Ihr Mann Wilhelm Oehler hat nach ihrem Tod 1955 ein kleines Büchlein mit großer Wärme und Ausstrahlung veröffentlicht, das ihr Wesen und ihre Wirkung liebevoll präsentiert: „Elisabeth Oehler-Heimerdinger. Ihr Leben und ihre Botschaft im Lied. 1884-1955.“ Elisabeth Oehler-Heimerdinger war eine zupackende, wache und neugierige Frau, mitfühlend und kreativ, getragen von Liebe, die sie in reichem Maße anderen schenkte.

Text: Helga Müller

„Ich harre aus. Geschichten von chinesischen Frauen“, erschienen im Verlag der Basler Missionsbuchhandlung; 2. Aufl. 1913; Foto S. 174, geschlossen, rechtes Foto aufgeschlagen. Elisabeth Oehler-Heimerdinger gestaltete die Illustrationen (Vorlage: privat).

FRAUEN IM SPORT

„Herunter vom Rade, weibliches Geschlecht!“

Sportabteilung von Mitarbeiterinnen der Firma S. Lindauer, in firmeneigenen „Cosana sportif“-Anzügen, nach der Arbeit im Fabrikgarten in der Hallstraße, um 1928 (Vorlage: Cannstatter Stolpersteininitiative).

Die Entwicklung des modernen Sports reicht in die Anfänge des 19. Jahrhunderts zurück. Entstanden zunächst in der Oberschicht Englands, feierte er bald weltweit einen Siegeszug durch alle Gesellschaftsklassen. Frauen blieb der Zugang zu sportlicher Aktivität jedoch lange erschwert.

Die Prinzipien des modernen Sports – Leistung, Wettkampf, Rekorde – galten als typisch männlich und standen damit in komplettem Widerspruch zum damaligen Weiblichkeitsideal von Anmut, Eleganz und Schönheit. Besonders die Teilnahme von Frauen an Wettkämpfen rief heftige Proteste hervor. Allein die Vorstellung von schwitzenden Frauen im Wettstreit mit ihren Geschlechtsgenossinnen, brachte die Männerwelt und selbst zahlreiche Frauen zum Erschauern. Die männliche Vorrangstellung sollte unangetastet bleiben und so hatten sportbegeisterte Frauen stets mit Spott und massiven Anfeindungen zu rechnen.

Radlerinnen-Picknick, 1897, Illustration nach einer Originalzeichnung von Emmanuel Bachrach-Barée (Vorlage: OberhausMuseum Passau).

Erst die Einführung des Damenrads ohne Oberrohr und revolutionärer neuer Kleidungsstücke wie dem „geteilten Rock" oder dem Hosenrock (sogenannte „Bloomers") ermöglichten es den Frauen, sich ab den 1890er Jahren ebenso wie die Männer auf den „Drahtesel" zu schwingen. Das Radfahren stellte eine bisher nie gekannte Mobilität und Freiheit für das weibliche Geschlecht dar. Galt aber lange Zeit noch als gesellschaftlich verpönt: „Herunter vom Rade, weibliches Geschlecht, oder Du hast das Recht verwirkt, das schöne zu heißen!"

Aus der Zeitschrift „Jugend" (1896)

Auch die zeitgenössische Mode mit ausladenden Röcken, schweren Stoffen und der Einschnürung des Körpers durch das Korsett unterband jegliche Bewegungsfreiheit und machte weibliche Beteiligung am Sport nahezu unmöglich. Medizinische Vorbehalte waren ebenfalls ein Mittel, die männliche Überlegenheit im Sportbereich zu verteidigen. Übermäßige körperliche Betätigung wurde als Schädigung für die Gesundheit der Frau betrachtet. Vor allem Springen und Fahrradfahren galten als gefährdend, da beides angeblich die Position der weiblichen Geschlechtsorgane im Körper veränderte. Sport bedeutete somit eine massive Gefahr für die dem weiblichen Geschlecht zugeschriebene Hauptaufgabe, dem Gebären.

Um die Jahrhundertwende erobern sich die Frauen auch die Turnvereine. Das Bild zeigt Turnerinnen des TV Cannstatt bei Übungen in der Turnhalle, 1913. Der Cannstatter Turnerbund baut die erste Frauenabteilung im Ersten Weltkrieg auf. (Vorlage: Stadtarchiv Stuttgart).

Mit einem allmählichen einsetzenden Umdenken gegen Ende des Jahrhunderts rückte jedoch die gesundheitsfördernde Wirkung des Sports ins Blickfeld. Die Gesellschaft zeigte sich zunehmend offener gegenüber sportlicher Aktivität von Frauen. Mediziner erkannten körperliche Betätigung als effektives Mittel gegen damalige „Frauenleiden" an: Beschwerden wie Blutarmut, Nervosität, Verdauungs-und Schlafstörungen, die aus dem meist bewegungsarmen weiblichen Alltagsleben resultierten, ließen sich mit ein wenig Sport kurieren – alles jedoch in Maßen und keinesfalls zu ehrgeizig bitte!

Doch die Frauen waren längst der Faszination des Sports erlegen und ließen sich nicht länger von den Beschränkungen des ihnen zugeschriebenen Rollenbildes zurückhalten. Im Zuge der allgemeinen Emanzipationsbewegung war auch eine weibliche Teilhabe an der Welt des Sports nicht mehr aufzuhalten. Schon früh beteiligten sich Frauen an vielen Sportarten wie Rudern, Tennis, Turnen oder Fechten. Waren sie von der Teilnahme an den ersten neuzeitlichen Olympischen Spielen 1896 in Athen noch ausgeschlossen, gingen sie vier Jahre später in Paris bereits in den Disziplinen Golf und Tennis an den Start. Bequeme, weibliche Sportbekleidung entwickelte sich und Sportzeitschriften für Frauen fanden eine breite Leserschaft. Damensportvereine entstanden und es wurden Wettkämpfe und Frauenmeisterschaften ausgetragen. Das Turnen wurde ab der Jahrhundertmitte nicht nur für Jungen zum vorgeschriebenen Unterrichtsfach, sondern wurde auch an Mädchenschulen Pflicht.

Der Weg zur Gleichberechtigung von Mann und Frau war jedoch noch lang und ist nicht abgeschlossen. Auch heute liegt der Männersport noch immer deutlich vorn was Beliebtheit, Medienaufmerksamkeit oder auch Preis- und Sponsorengelder angeht.

Text: Dr. Christiane Sutter

Die Jugend am Schläger – Damen und Herren des Cannstatter Tennisclubs auf dem Platz, um 1912. Die Rocklänge nur bis zum Knöchel war ein erstes Zugeständnis an die Beweglichkeit der Spielerinnen (Vorlage: Cannstatter Tennisclub).

HANNA HENNING, GEB. VON KOBLINSKI

Filmregisseurin, Filmproduzentin und Drehbuchautorin

Patin: Anja Friedl

Johanna Julie Adelheid von Koblinski wurde am 16. Juni 1884 als drittes Kind in der dritten Ehe des Versicherungsdirektors Guido von Koblinski und seiner Ehefrau Elfriede, geb. Gießmann, in Cannstatt geboren. Das berufliche Leben des Vaters als Versicherungsdirektor war sehr unstet. Und so war Cannstatt zur Zeit der Geburt von Johanna auch nicht der Familienwohnsitz. Vielmehr verbrachte die Mutter nur einige Wochen vor und nach der Geburt bei Freunden oder Familienmitgliedern in Cannstatt. Belegt ist daher kein Wohnsitz der Familie, sondern nur die Geburt von Johanna und die Taufe sowohl von ihr als auch von ihrem um zwei Jahre älteren Bruder Werner.

Ankündigung des Films „Millionär Bubi" mit Ally Kollberg, Hanna Henning wird nicht erwähnt; Anzeige für ein Wochenprogramm der „Casino-Lichtspiele" in Pforzheim, aus dem „Pforzheimer Anzeiger" vom 6. April 1918 (Vorlage: privat)

Ein Bild von Hanna Henning, geb. von Koblinski (16. Juni 1884 in Cannstatt – 12. Januar 1925 in Berlin-Charlottenburg) konnte bei den Recherchen nicht gefunden werden, auch Anfragen bei Filmarchiven und -Instituten verliefen ergebnislos.

Man weiß nicht, wo und wie sie Kindheit und Jugend verbrachte. Die nächste Spur, die sich von ihr findet, ist ihr Engagement an der Herzoglichen Hofoper des Herzoglichen Hoftheaters in Dessau. Dort unterzeichnet sie im April 1906 ihr „Engagement für kleine Partien per 1. Oktober a. – 1. Mai 1907", wo sie kleinere Rollen als Sängerin übernahm. Dieses Engagement war jedoch nicht von langer Dauer. Bereits im Dezember 1906 kündigte sie: „Sehr geehrter Herr Direktor. Mit meinem Verlobten übereingekommen, daß ich meine Laufbahn an der Bühne aus verschiedenen Gründen abbreche, möchte ich Sie höflichst ersuchen, mich mit ultimo d.J. von meinem Contract zu entbinden, da wir beabsichtigen, uns in den ersten Tagen des Januar 1907 zu verheiraten ...".

Die Ehe mit dem Mühlenbesitzer Hans Henning, weiteres ist über ihn nicht bekannt, war nicht von langer Dauer, sie wurde bereits nach kurzer Zeit geschieden, entweder 1908 oder 1909. Nach der Scheidung ging sie nach Berlin zurück, wo sie wohl auch schon vor ihrem Engagement in Dessau lebte.

Ihr Regiedebüt hatte sie 1911 in dem Film „Weil ich dich liebe" mit Ally Kay und „Bubi" Josef Römer in den Hauptrollen. Dieser Film war eine Produktion der in Berlin ansässigen „Deutschen Bioscop GmbH". Mit den beiden Darstellern arbeitet sie in den Folgejahren immer wieder zusammen. So entstanden bis 1919 mindestens 10 Filme der „Bubi"-Reihe, bei welchen sie sowohl Regie führte als auch das Drehbuch schrieb. Aus der „Bubi"-Serie entstand 1916 ihr erster längerer Film, das dreiaktige Melodram „Im Banne des Schweigens" mit May Henkel und Josef Roemer. 1917 veröffentlichte sie einen filmischen Spendenaufruf „Mutter", für den sie das Verdienstkreuz für Kriegshilfe erhielt. Bereits 1915 hatte sie eine eigene Firma gegründet, die „Hanna-Henning-Film". Auf Grund ihres Erfolges konnte sie 1917 ihre Firma vergrößern. In diesem Zuge wurde sie in „Bubifilm Henning & Co. GmbH" umbenannt. Mit dieser produziert sie nicht nur neue „Bubi"-Filme, sondern auch Serien mit der jungen Schauspielerin Ally Kollberg sowie die Krümelchen-Filmserie mit dem Komiker Neumann-Schüler. Ab 1917 dreht die Regisseurin auch Serien-Filme für andere Produktionsfirmen, etwa für die „Carl Ledermann & Co. GmbH" und die Tosca-Film.

Dass sie zu den bedeutenderen Frauen im Filmgeschäft gehörte, zeigt sich nicht nur an der Auszeichnung für ihren Dokumentarfilm, sondern auch daran, dass sie in nur 14 Jahren ca. 40 Filme schuf, bei denen sie nicht nur Regie führte und das Drehbuch schrieb, die sie zum großen Teil auch noch in der eigenen Produktionsfirma produzierte. Viele ihrer Filme waren von den Kritiken hochgelobt und sie konnte mit einigen der wichtigsten Schauspielern ihrer Zeit arbeiten, so mit Emil Jannings (1919/20: „Das große Licht"), mit Otto Gebühr (1921: „Die Furcht vor dem Weibe") und Fritz Kortner (1921: „Am roten Kliff"). Bis auf zwei Filme („Spitzenchristel" und „Unser Krümelchen") sind alle Filme im Laufe der Zeit verloren gegangen.

Bereits ab 1921 war der Stern von Hanna Henning am Sinken. In diesem Jahr realisierte sie ihren letzten großen Spielfilm „Am roten Kliff". Danach drehte sie wieder einen Serienfilm, der schnell für den Markt produziert wurde. Aber der Erfolg blieb aus. In der Folge arbeitete sie erstmals im dokumentarischen Bereich. Sie drehte einen Film über kranke Kinder, außerdem mehrere Sportfilme. Um nochmals ins große Filmgeschäft einzusteigen, gründete sie zusammen mit Gerhard Kroog die „Nordeuropäische Film GmbH", aber es sind keine Uraufführungen von Filmen der Firma nachgewiesen. Den Konkurs, welchen die Firma 1925 anmelden muss, erlebte sie schon nicht mehr.

Im Standesamt Charlottenburg findet sich ihr Sterbeeintrag vom 14. Januar 1925: „Das Polizeiamt hat angezeigt, daß die geschiedene Filmregisseurin Johanna Henning, geborene von Koblinski, 40 Jahre alt, wohnhaft in Charlottenburg, Reichsstr. 104, geboren zu Cannstatt, Kreis Stuttgart, zu Charlottenburg im Krankenhaus Westend am zwölften Januar des Jahres 1925 nachmittags um achtdreiviertel Uhr (an Lungenentzündung) verstorben sei."

Text: Anja Friedl

Ally Kay (auch Ally Kollberg, Lebensdaten unbekannt); Künstlerpostkarte, um 1915 (Vorlage: privat). Sie spielte in einer Reihe von Filmen von Hanna Henning mit, so auch in einigen Filmen der „Bubi"-Reihe.

Filmografie von Hanna Henning

- 1911: Weil ich dich liebe - Regie
- 1915: Unverstanden. Die Tragödie eines Kindes - Regie, Drehbuch
- 1915: Sein Schutzengel - Regie, Produzentin
- 1915: Onkels Erbe - Regie, Produzentin
- 1916: Millionär Bubi - Regie
- 1916: Meissner Porzellan - Regie
- 1916: Im Banne des Schweigens - Regie, Drehbuch
- 1916: Einer für drei - Regie, Produzentin, Drehbuch
- 1916: Die Zaubergeige - Regie, Drehbuch
- 1916: Bubi muß Geld verdienen - Regie, Produzentin
- 1916: Bubi macht nicht mehr mit - Regie
- 1916: Bubi ist eifersüchtig - Regie, Drehbuch
- 1916: Bubi als Heiratsvermittler - Regie
- 1917: Wie Bubi Detektiv wurde - Regie, Drehbuch
- 1917: Unser Krümelchen - Regie, Produzentin
- 1917: Spitzenchristel - Regie, Produzentin
- 1917: Sie weiß, was sie will - Regie
- 1917: Mutter - Regie, Drehbuch
- 1917: Krümelchen weiß sich zu helfen - Regie
- 1917: Für sie tut Bubi alles - Regie, Produzentin
- 1917: Fräulein Schwindelmeier - Regie, Drehbuch
- 1917: Bubi und das Wunderschwein - Regie, Produzentin
- 1917: Auch sie war ein Jüngling - Regie
- 1918: Ally schippt - Regie, Produzentin
- 1918: Wenn die rote Heide blüht - Regie
- 1918: Unter der Peitsche des Geschickes - Regie
- 1918: Krümelchens erste Liebe - Regie, Produzentin
- 1918: Bubi, der Tausendsassa - Regie, Drehbuch
- 1918: Arme kleine Helga - Regie, Drehbuch
- 1918: Am Glück vorbei - Regie
- 1919: Triumph des Lebens - Regie
- 1919: Seine Liebe war mein Tod - Regie
- 1919: Die Siebzehnjährigen - Regie, Drehbuch
- 1919: Das große Licht - Regie, Drehbuch
- 1919: Bubi macht Konkurrenz - Regie
- 1920: Ein Augenblick, gleich fertig - Regie, Produzentin
- 1920: Die Mitternachtsgöttin - Regie
- 1920: Der Todfeind - Regie
- 1920: Der Dämon von Kolno - Regie, Drehbuch
- 1921: Die Furcht vor dem Weibe - Regie, Drehbuch
- 1921: Am roten Kliff, mit Fritz Kortner - Regie, Drehbuch
- 1924: Sport tut not - Regie, Produzentin (Dokumentarfilm)

MARIA LUTZ-WEITMANN

Dichterin der Heimat mit schwerem Schicksal

Patin: Sigrid Gruber

Maria Karoline Lutz-Weitmann (25. Juni 1886 in Cannstatt – 1. Dezember 1951 in Bad Teinach) überwand mit ihrem Schreiben ein schweres persönliches Schicksal und hinterließ ihr Vermögen einer Stiftung für alte, kranke und bedürftige Personen in Stuttgart-Münster. Die 1952 eingerichtete Lutz-Weitmann-Stiftung der Stadt Stuttgart verfügte im Jahr 2000 über ein Gesamtvermögen von rund 410.000 DM; Foto um 1933 (Vorlage: privat).

Maria Lutz-Weitmann verbrachte nur die ersten vier Jahre ihres Lebens in Cannstatt. 1890 trat der Vater, der zunächst als Lokomotivheizer und Weichensteller in Cannstatt arbeitete, eine neue Stelle als Heizer im Wasserwerk Münster an und die Familie zog nach Münster, wo sie eine von Krankheit gezeichnete Kindheit und Jugend verbrachte. So heißt es in einer Chronik von Münster:

„Die Mutter, eine liebevolle und fleißige Frau, betätigte sich zeitweise als Friseuse und Putzmacherin, um so zum Unterhalt der großen Familie beizutragen. Daneben verfertigte die kunstfertige Frau auch Papierblumen, die im Straßenverkauf abgesetzt wurden. In ihrem zehnten Lebensjahr, an einem sehr kalten Tage kurz vor Weihnachten, wurde nun die Tochter Maria mit solchen Papierblumen, die damals auch als Christbaumschmuck dienten, nach Cannstatt geschickt. Auf dem Rückweg ist sie, am Gittersteg auf ein Fuhrwerk nach Münster wartend, vor Müdigkeit eingeschlafen und hat sich beide Füße erfroren. Nun begann für das Kind eine zehnjährige Leidenszeit, die sie meist in Krankenhäusern zubrachte, bis ihr nach zahlreichen Operationen zuletzt doch beide Füße abgenommen werden mussten. Dieses schwere Schicksal vertiefte ihren Hang zur Besinnlichkeit und ließ ihre Umgebung bald auch ihre musische Veranlagung erkennen und fördern." Und weiter: „Ihr dichterisches Schaffen, das schon in jungen Jahren Gestalt gewann, zeugte, geprägt durch die lange Leidenszeit, von einem tiefen Idealismus, einer gütigen Liebe zu den Menschen, zur Kreatur und zu allem Heimatlichen. Ein herzliches Mitgefühl mit allen Leidenden und Armen, verklärt durch ein biblisches Christentum, das noch durch eine Religiosität mystischer Gestaltung erweitert war, kennzeichnete ihr Wesen und ihre Gedichte."

Verborgen ist mein Lied,
Den Menschen fern erblüht,
Krankem Herzen entsprossen,
Von heißen Tränen reich begossen.
Als Sonne hat die Glut
Der Leiden drauf geruht.

„Türspruch", Gedicht von Maria Lutz-Weitmann

Erinnerungstafel an Maria Lutz-Weitmann auf einer Stele beim Eingang des Kultur- und Sportzentrums Stuttgart-Münster (Foto: Pro Alt-Cannstatt, 2018).

Maria Lutz-Weitmann konnte zwischen 1912 und 1934 einige Gedichtbände veröffentlichen. Am 28. Juli 1913 heiratete sie in Stuttgart den Rechtsanwalt und Schriftsteller Dr. Walter Lutz aus Bad Liebenzell, mit dem sie zuletzt in Bad Teinach lebte. Am 25. Juni 1926

Am 5. Januar 1953 wurde die in der Festhalle Münster eingerichtete Zweigstelle der Stadtbücherei Stuttgart unter dem Namen „Maria-Lutz-Weitmann-Bücherei" eingeweiht. Heute erinnert eine Tafel beim Eingang des 2006 eröffneten Kultur- und Sportzentrums Stuttgart-Münster (Moselstraße 25) mit Bürgersaal, Sporthalle, Stadtteilbibliothek und Kinder- und Jugendtreff an die Dichterin (Foto: Pro Alt-Cannstatt, 2018).

erhielt Maria Lutz-Weitmann das Ehrenbürgerrecht der Gemeinde Stuttgart-Münster für ihre Verdienste als Heimatdichterin. Aus ihren Gedichten spricht immer wieder die Liebe zum Neckartal, so auch aus dem von dem Cannstatter Helmut Schwab vertonten Gedicht „Heimat, du hast meiner Mutter Gesicht", das auf ihren Wunsch auch bei ihrer Beerdigung gesungen wurde. Am 1. Dezember 1951 war sie an den Folgen einer langjährigen Herzkrankheit in Bad Teinach gestorben. Am 5. Dezember 1951 wurde sie unter großer Beteiligung der Bevölkerung Münsters und der Vertreter der Stadt Stuttgart, von denen Oberbürgermeister Arnulf Klett ihre Verdienste um ihre Heimat würdigte, in einem Ehrengrab auf dem Friedhof in Münster beigesetzt. Der literarische Nachlass der Dichterin befindet sich im Marbacher Literaturarchiv. Eine ganze Anzahl der Gedichte von Maria Lutz-Weitmann wurde vertont, so das Gedicht „Mein Neckartal".

Text: Olaf Schulze

CANNSTATTER FRAUENGESCHICHTE(N)

Von der Weimarer Republik
bis zur Bundesrepublik

VON 1918 BIS HEUTE

Erfolge und Rückschläge, Gleichberechtigung ist noch lange nicht erreicht

Graffiti, fotografiert an der Waiblinger Straße, im Oktober 2017 (Foto: Pro Alt-Cannstatt).

Am 12. November 1918 wurde das gleiche, geheime, direkte und allgemeine Wahlrecht für alle Frauen und Männer ab 20 Jahre in der Weimarer Verfassung verankert. Am 19. Januar 1919 konnten sich Frauen in Deutschland erstmals an Wahlen für ein deutsches Zentralparlament beteiligen – als Wählerinnen und als Kandidatinnen für ein Reichstagsmandat. Damit waren Frauen die Bürgerrechte verliehen worden. Die Möglichkeit der politischen Mitbestimmung eröffnete den Weg, Reformen des Familienrechts, das einer Gleichberechtigung entgegenstand, zu erreichen. Der Gleichheitsgrundsatz zwischen Mann und Frau, der in der Weimarer Verfassung festgeschrieben worden war, ließ sich allerdings nie umsetzen, da die entsprechenden BGB – Regelungen nie geändert wurden.

Nach dem Ersten Weltkrieg war eine deutliche Öffnung der Gesellschaft in allen Lebensbereichen erreicht. Die wichtigsten Forderungen der Frauenbewegung: Die nach wirtschaftlicher Unabhängigkeit von (unverheirateten) Frauen und die nach politischer Mitwirkungsmöglichkeit von Frauen, schienen erfüllt. Nur

Frauen ersetzen Männer im Ersten Weltkrieg – eine junge Cannstatterin als Straßenbahnschaffnerin, Postkarte, gelaufen am 21. Mai 1917 (Vorlage: Pro Alt-Cannstatt).

Auch der Frauensport gewann mit dem Ersten Weltkrieg an Bedeutung – und verlor ihn nach Kriegsende nicht mehr. Staffelsiegerinnen beim 25. Jubiläum des Schwimmvereins Cannstatts im „Neuner" 1921 (Vorlage: SVC Cannstatt).

der § 218, das Abtreibungsverbot, war in der gesamten Zeit der Weimarer Republik umstritten. Um 1930 wurde gegen diesen Paragraphen mit vielfältigen und äußerst publikumswirksamen Aktionen gekämpft. Die bislang rigiden Moralvorstellungen veränderten sich. Die „neue Frau", berufstätig und finanziell unabhängig(er), lebte auch sexuell freizügiger.

Das nationalsozialistische Regime hatte für alle Frauen gravierende Folgen. Die von der Frauenrechtsbewegung erkämpften und in der Weimarer Republik selbstverständlich gewordenen Errungenschaften wurden von den Nationalsozialisten weitgehend zerstört, das Rollenbild dem des 19. Jahrhunderts wieder angeglichen. Frauen wurden von politischen Gremien

Die Unterprima des Cannstatter Gymnasiums 1931 – in der Bildmitte Hermine Fuchs und die spätere Kinderärztin Anneliese Braun, die ersten Schülerinnen am Cannstatter Gymnasium, die von der Sexta bis zum Abitur 1932 das Gymnasium durchliefen. Klassenkamerad war Hans Bayer („Thaddäus Troll"), der zweite Schüler rechts neben Anneliese Braun, mit der er sein Leben lang in Kontakt blieb (Vorlage: Kepler-Gymnasium Bad Cannstatt).

ausgeschlossen. Die Erwerbstätigkeit von Frauen sollte eingeschränkt werden. „Arische" Beamtinnen wurden, sofern sie verheiratet waren, aus dem Dienst entlassen. Heiratswillige („arische") Paare erhielten ein vergünstigtes „Ehestandsdarlehen", sofern sich die Frau verpflichtete, nach ihrer Heirat nicht mehr zu arbeiten. Alleinige Aufgabe der Frau sollte nun wieder Ehe, Familie und Haushalt werden.

Höchstes Ziel im Leben einer Frau sollte Mutterschaft sein. Symptomatisch sind die Ehrenpatenschaften Hitlers und die Verleihung des Mutterkreuzes ab dem vierten Kind, natürlich nur für „reinrassig arische" Familien. Hintergrund ist im Rahmen der NS-Bevölkerungspolitik die Absicht des nationalsozialistischen Regimes, die „arische Rasse" zu vermehren. So wurden auch „rassisch und erbbiologisch wertvolle ledige Mütter" unterstützt, z.B. in den von Himmler 1935 ins Leben gerufenen „Lebensborn-Heimen", die der SS unterstanden.

Allerdings wurden ab 1935, mit dem Beginn der illegalen Wiederaufrüstung, die zuvor aus dem Berufsleben gedrängten Frauen wieder in die Betriebe zurückgeholt. Während des Zweiten Weltkrieges hatten Frauen die als Soldaten eingezogenen Männer zu ersetzen. Auch über die Massenorganisationen der Nationalsozialisten wie z.B. der NS-Frauenschaft, wo rund ein Drittel der Mitglieder eine Führungsposition innehatte, wurde das Hausfrauenideal unterlaufen.

Nach dem Zweiten Weltkrieg trat am 1. September 1948 der Parlamentarische Rat zusammen, um ein Grundgesetz für einen neu zu installierenden Staat, die Bundesrepublik Deutschland, zu erarbeiten. Ihm gehörten 61 Männer und vier Frauen an. Die „vier Mütter des Grundgesetzes": Helene Weber, Elisabeth Selbert, Frieda Nadig, Helene Wessel erreichten, dass in Artikel 3 Absatz 2 GG der Gleichheitsgrundsatz festgeschrieben wurde: „Männer und Frauen sind gleichberechtigt". Aber erst 1957 wurde das Gesetz über die Gleichberechtigung von Mann und Frau auf dem Gebiet des Bürgerlichen Rechts geändert. Die Vorschriften traten am 1. Juli 1958 in Kraft und bedeuteten das Ende der Vormundschaft des Ehemanns über die Ehefrau und das Ende des Berufsverbots für verheiratete Lehrerinnen. Bis 1977 dauerte es, bis die gesetzlich vorgeschriebene Aufgabenteilung in der Ehe aus dem Gesetzbuch gestrichen wurde – bis dahin konnte der Ehemann die

Seite 18 – Nr. 570 Stuttgarter Neues Tagblatt – Abendausgabe Samstag, 5./Sonntag, 6. Dezember 1931

Wir brauchen Stadtmütter!

neben den Stadtvätern,

weil die frauliche Auffassung auf allen Gebieten des Gemeindelebens zur Geltung kommen muß,

weil die Aufgaben der Gemeindeverwaltung ohne die Mitarbeit der Frauen nicht richtig gelöst werden können.

Die Kandidaten der Frauenliste sind einig in der inneren Haltung gegenüber ihren Aufgaben im öffentlichen Leben. Diese Einheitlichkeit bindet sie fester zusammen als ein Parteiprogramm!

Sie sind einig darin, daß über dem Kampf der Interessen der Dienst am Volk, der Dienst am Menschen steht.

Sie sind einig darin, daß die Arbeit für die Oeffentlichkeit von sittlicher Verantwortung getragen sein muß.

Wir Frauen wollen:

Größte Sparsamkeit im Gemeindehaushalt. Schwierig ist die Entscheidung, wie und wo man sparen kann. Frauen haben es aber von jeher verstanden, auch bei einfachem Lebensstil das Nötige und Menschenwürdige zu erhalten. Dieser Grundsatz wird uns auch auf dem Rathaus leiten. Auf allen Gebieten ist die Selbsthilfe der Einwohnerschaft aufzurufen.

Förderung der Familie. Uns liegt besonders am Herzen die Not der Mütter. Wir setzen uns ein für die Bekämpfung des Alkoholismus, für die stärkere Förderung produktiver Siedlung.

Bildung und Schutz der Jugend. Unvermeidliche Sparmaßnahmen im äußeren Aufwand dürfen Erziehung und Bildung der heranwachsenden Jugend nicht beeinträchtigen. Wir wollen Abwehrkräfte schaffen gegen körperliche und sittliche Gefährdung der jugendlichen Arbeitslosen.

Unterstützung der berufstätigen Frau. Wir wollen sie in ihrem heute besonders schweren Kampf stützen und ihr die Möglichkeiten zur Entfaltung ihrer Kräfte im Rahmen des gesamten Gemeinwesens erhalten.

Schutz des gewerblichen und bäuerlichen Mittelstands. Der Mittelstand, dessen Lebensraum heute von allen Seiten eingeengt wird, hat Anspruch auf wirksame Hilfe. Seine Erhaltung ist ein lebenswichtiges Interesse der Gesamtheit.

Bekämpfung der Arbeitslosennot. Die Pflicht der Gemeinschaft besteht nicht nur darin, auch weiterhin den Arbeitslosen das zum Leben Notwendige zu geben; wir wollen vielmehr ihre seelische Not mit Verständnis und Entschlossenheit mildern.

Die Parteigegensätze drohen, unser Volk auseinanderzuführen.

Dieser Zersplitterung entgegenzuarbeiten, ist der große Gedanke der Frauenliste.

Die „Groß-Stuttgarter Frauenliste" ist eine Zusammenfassung aller aufbauenden Kräfte!

Wähler, wählt am 6. Dezember **Liste 6** „Groß-Stuttgarter Frauenliste"

Die Kandidaten der „Frauenliste":

Wahlaufruf aus dem „Stuttgarter Neuen Tagblatt" (6.12.1931) zur Wahl der Kandidatinnen der „Frauenliste" für den Stuttgarter Gemeinderat (Vorlage: Württembergische Landesbibliothek Stuttgart). Zu den Kandidatinnen zählte auch Dora de Resle, seit 17 Jahren Leiterin der Frauenarbeitsschule in Cannstatt „und als solche den meisten Müttern und Töchtern Cannstatts bekannt. Bei Kriegsbeginn übernahm sie die Einrichtung des Haueisen-Lazaretts und leitete vier Jahre lang die Heimarbeit der Kriegerfrauen."

In der Notzeit nach dem Zweiten Weltkrieg wurden auch Jungs in der Oberschule für Mädchen (damals in der Schillerschule) von Frauen unterrichtet, Foto aus dem Jahr 1949 aus dem Album einer ehemaligen Schülerin (Vorlage: privat).

Eine Cannstatter Mutter mit ihren Kindern in den Kursaalanlagen, 1950 (Vorlage: privat).

Berufstätigkeit seiner Frau verbieten, wenn er meinte, sie vernachlässige den Haushalt.

Die BRD war in den 1950er, 1960er Jahren noch geprägt – rechtlich wie ideologisch – von nationalsozialistisch geprägten Wertvorstellungen, insbesondere in Bezug auf das Frauenbild. Bis heute wirkt sich das z.B. auf die Rentenberechnung aus. Als staatstragende Elemente in der 1949 gegründeten Bundesrepublik Deutschland galten Ehe und Familie. Unverheiratete – „alleinstehende" – Frauen blieben in diesem familienzentrierten Umfeld unsichtbar.

Stadträtin Bühler mit ihren Töchtern Jutta (links) und Brigitte beim Einkaufsbummel. Foto: Eppler

Stadträte A 20/8

aus der Nähe betrachtet

Der Gemeinderat ist die Vertretung der Bürger und das Hauptorgan der Stadt. In Stuttgart gehören diesem Gremium 60 auf sechs Jahre gewählte Stadträte an. Hier ihr Porträt.

Viel Wesens um sich und ihre Arbeit macht Stadträtin Liselotte Bühler nicht. Seit 1965 im Stuttgarter Gemeinderat, findet sie im Verwaltungsausschuß, im Aeltestenrat und im siebenköpfigen SPD-Fraktionsvorstand ein weites Feld kommunalpolitischer Betätigung. „Nur-Hausfrau" möchte die Stadträtin keinesfalls sein. Sie räumt allerdings ein, daß eine gehörige Portion Organisationstalent dazugehört, öffentliches Amt und die Aufgaben, die eine Familie stellt, miteinander in Einklang zu bringen. Denn der Ehemann und die beiden zwölf und 14 Jahre alten Töchter sollen nicht ins Hintertreffen geraten, wenn die Hausfrau

„‚Nur-Hausfrau' möchte die Stadträtin keinesfalls sein." Das Amtsblatt der Stadt Stuttgart berichtete am 20. August 1970 über die Stadträtin der SPD aus Bad Cannstatt, Liselotte Bühler; Ausschnitt (Vorlage: Stadtarchiv Stuttgart).

In den 1960er Jahren kamen junge Menschen an die Universitäten, die diese Wertvorstellungen hinterfragten und eine neue freie Gesellschaft anstrebten. Hier waren auch viele Frauen beteiligt, denn in den Wirtschaftswunderjahren wurde auch Mädchen die Möglichkeit geboten, einen qualifizierten Schulabschluss und ein Studium zu absolvieren. Diese jungen Frauen mussten aber erkennen, dass ihre Beiträge und Anliegen nicht wahrgenommen wurden und dass ihre männlichen Kommilitonen an der tradierten Rollenverteilung nicht rütteln wollten. Studentinnen gründeten deshalb 1968 in Westberlin den „Aktionsrat zur Befreiung der Frau".

Im September 1968 hielt die SDS-Vertreterin Helke Sander auf einem SDS-Delegiertenkongress eine Rede, in der sie den Ärger der Frauen über die bestehenden Verhältnisse ausdrückte. Die Männer weigerten sich darüber zu diskutieren. Das war der Anlass für den berühmten Tomatenwurf Sigrid Rügers in Richtung Vorstandstisch. Dieser Vorfall, mit medialer Aufmerksamkeit, gilt als Start der Zweiten Deutschen Frauenbewegung.

Ein Titelblatt macht Furore – am 6. Juni 1973 gaben 374 prominente, aber auch unbekannte Frauen zu erkennen: „Wir haben abgetrieben". Die Aktion gegen den § 218 war damals von Alice Schwarzer initiiert worden (Vorlage: privat).

Eine breitere Öffentlichkeit gewann dann die aus den USA und Frankreich stammende Kampagne gegen den § 218 „Ich habe abgetrieben", in Deutschland initiiert von Alice Schwarzer. Mit der „Fristenlösung" konnte die Bewegung 1976 einen ersten Erfolg verzeichnen. Hintergrund war die Forderung von Frauen nach Selbstbestimmung in allen Lebensbereichen – sei es beruflich wie familiär. Nur wenn Familienplanung in den Lebensentwurf der Frau miteinbezogen wurde, waren berufliche Karrierewünsche erfüllbar.

Mittlerweile hat sich viel getan. Frauen sind in Politik und Wirtschaft auch in hohen Positionen vertreten. Männer wirken bei der Erziehungsarbeit mit. Kinderwunsch muss nicht mehr das Ende der beruflichen Wünsche einer Frau sein. Und dennoch: Die Berliner Zeitung berichtet am 6. September 2017 mit dem Titel: „Frauen werden im Berufsalltag immer noch diskriminiert" über eine aktuelle Untersuchung des Statistischen Bundesamts. Darin wird festgestellt, dass mittlerweile fast die Hälfte der Beschäftigten weiblich ist. Frauen sind besser ausgebildet als Männer: 47% der berufstätigen Frauen haben eine akademische Ausbildung oder eine hochwertige Ausbildung im technischen Bereich. Bei den Männern sind es nur 42%. Das wirkt sich aber im Berufsleben nicht aus: Nur 3% der Frauen, aber 6% der Männer nehmen eine Führungsposition ein. Etwa zwei Drittel der niedrig bezahlten Stellen im Einzelhandel und in Büros sind mit Frauen besetzt. Frauen erhalten im Durchschnitt 20-30% weniger Gehalt für gleichwertige Arbeit. Viele Frauen arbeiten in Teilzeit, oft wegen der Kindererziehungszeiten. Das wirkt sich auf die Rentenhöhe aus: Altersarmut ist nach wie vor weiblich.

Text: Claudia Weinschenk

„Männer und Frauen sind gleichberechtigt.
Der Staat fördert die tatsächliche Durchsetzung
der Gleichberechtigung von Frauen und Männern
und wirkt auf die Beseitigung
bestehender Nachteile hin."

GG, Artikel 3, Absatz 2,
Grundgesetz für die Bundesrepublik Deutschland
vom 23. Mai 1949

ANNA HAAG, GEB. SCHAICH

Politikerin, Frauenrechtlerin, Schriftstellerin und Friedenskämpferin

Patin: Gabriele Baumgartner

Anna Haag wurde am 10. Juli 1888 in Althütte (Kreis Backnang) als drittes von sechs Geschwistern geboren. Ihr Vater war dort Dorfschullehrer. Bis zu ihrem 13. Lebensjahr wurde Anna von ihm unterrichtet, bekam aber gemeinsam mit ihren Brüdern beim Dorfpfarrer zusätzlich Französischunterricht. Dann wurde ihr Vater nach Dettingen auf der Schwäbischen Alb versetzt. Sie kam nun in die Konfirmandenschule eines anderen Lehrers. 1902 beendete sie mit der Konfirmation ihre Schulzeit.

Anders als ihre Brüder, die das Volksschullehrerseminar besuchen konnten, erhielt Anna keine weitere Schul- oder gar Berufsausbildung. Anna half ihrer Mutter im Haushalt oder übernahm diese Arbeit oft ganz, da ihre Mutter kränklich war.

Schon als kleines Mädchen hörte sie interessiert zu, wenn der Vater seine Zeitungslektüre über politische Geschehnisse kritisch kommentierte. Sie schwor sich: „‚Wenn ich einmal groß bin, werde ich bestimmt helfen, daß die Welt vernünftiger geordnet wird!‘ (...) Welch lächerliches Vorhaben. (...) Sie war ja nur ein Mädchen und Mädchen standen um jene Zeit herzlich schlecht im Kurs. Von passivem und aktivem Wahlrecht der Frauen und einer dadurch möglichen Einflußnahme war ja noch lange nicht die Rede."

1909 heiratete sie nach vierjähriger Verlobungszeit gegen den Willen ihrer Eltern den kurz vor dem Examen stehenden Mathematiker Albert Haag. Mit ihm zog sie nach Schlesien, nach Vorpommern und nach Bukarest, wo ihr Mann jeweils als Lehrer arbeitete. 1914 wurde Albert zum Militärdienst einberufen und nach Flandern an die Front geschickt. Nach einem Jahr wurde er aber freigestellt und wieder an die Deutsche Schule in Bukarest berufen. Nach dem Kriegseintritt Rumäniens wurde Albert interniert und erkrankte schwer. Anna verdiente den Lebensunterhalt für die Familie – sie hatte zu dieser Zeit zwei Töchter, Isolde und Sigrid, Sohn Rudolf wurde erst 1922 geboren – mit journalistischer und schriftstellerischer Tätigkeit, schließlich übernahm sie auch die Leitung eines Flüchtlingsheims in Bukarest.

Von 1919 bis 1927 unterrichtete Albert Haag in Nürtingen, dann in Stuttgart. Beide traten 1909 der SPD bei. Anna wurde darüber hinaus Mitglied der „Internationalen Frauenliga für Frieden und Freiheit" (IFFF), die 1915 in Den Haag als „Internationales Komitee für dauernden Frieden" gegründet wurde.

Nach 1933 waren beide ihrer politischen Haltung wegen „unerwünscht". Albert wurde aus dem Schuldienst entlassen, Anna entging einer Verhaftung nur knapp. Sie blieben in Deutschland, vereinsamten aber immer mehr. Freunde und Bekannte waren inhaftiert, getötet oder vertrieben. Während des Zweiten Welt-

Anna Haag, um 1970
(Foto: Anna-Haag-Haus,
Stuttgart).

Anna Haag an ihrem Schreibtisch, um 1940 (Foto: Anna-Haag-Haus, Stuttgart).

krieges schrieb Anna Haag ihr Kriegstagebuch, das sie im Kohlenkeller versteckte. Hier berichtet sie von ihrem Leiden im Kriegswahnsinn, aber auch von ihrem Erleben des Kriegsendes und damit auch des Endes der Nazi-Gewaltherrschaft.

„22. April 1945. Es ist geschehen. Erstarrt, benommen, noch nicht fähig, das unerhörte Erleben, die Fülle des Glückes ganz zu fassen. Nun werde ich in den Garten gehen. Ich werde ein paar Narzissen abschneiden, mich an ihrem samtenen Weiß und ihrem Duft ergötzen. Ich werde die blaue Frühlingsluft in mich trinken, ganz ohne Furcht. Ich werde ein kleines Lied summen, und alles Menschenglück wird wieder mein sein.

Am Eröffnungstag des Anna-Haag-Hauses in Bad Cannstatt, Anna Haag mit der Ehefrau des amerikanischen Landeskommissars Charles P. Gross (links) und Ellen Mc Cloy, der Gattin des amerikanischen Hohen Kommissars (Foto: Anna-Haag-Haus, Stuttgart).

Vielleicht werde ich auf unserem Flügel spielen
„Nun danket alle Gott“,
und Albert wird dazu singen.

Wir werden beide versuchen, unseren Schwur
zu halten, an der Gesundung unseres Volkes von
seiner schweren geistig-seelischen Erkrankung
und an seiner Errettung aus namenloser
materieller Not mitzuarbeiten, soviel uns Kraft
gegeben sein wird.“

Diesen Schwur hielten sie. Beide traten wieder der SPD bei. Wichtigster Grund war der, dass die SPD die einzige Partei war, die am 23. März 1933 dem Ermächtigungsgesetz nicht zugestimmt hatte.

Anna Haag wurde 1945 in den Stuttgarter Stadtbeirat berufen, war von 1946 bis 1952 Mitglied des Landtags von Württemberg-Baden und wirkte seit 1949 im deutschen Rat der europäischen Bewegung. Der IFFF schloss sie sich 1946 wieder an. Von Beginn an war sie Mitglied im Stuttgarter Deutsch-Amerikanischen Frauenklub, der Karitatives und staatsübergreifendes gegenseitiges Verstehen als Prävention gegen den Krieg verbindet und damit Anna Haags grundlegende Einstellung widerspiegelt.

Der Friedenskampf und der Kampf um die Gleichberechtigung der Frau blieben die Schwerpunkte ihrer politischen Arbeit. Sie versuchte dem Herausdrängen von Frauen aus Arbeitsstellen zugunsten der aus der Gefangenschaft zurückkehrenden Männern entgegenzuwirken, setzte sich für politische Bildungsarbeit für Frauen ein und engagierte sich für die Anerken-

Oberbürgermeister Klett gratuliert Anna Haag zu ihrem 80. Geburtstag, 1968. (Foto: Anna-Haag-Haus, Stuttgart).

nung der Hausfrauenarbeit als vollgültige Arbeit. Am 24. März 1946 erklärte sie in einem Vortrag zum Thema „Frau und Politik" in Karlsruhe bei einer öffentlichen Frauen-Versammlung der Sozialdemokratischen Partei Karlsruhe:

„Vielleicht hätte die Welt ein anderes, ein heiteres Gesicht, wenn wir Frauen uns unserer Verantwortung früher bewußt geworden wären; besser, wenn man uns früher mehr Verantwortung aufgebürdet hätte. Vielleicht aber wären alle genau so verzweifelt unglücklich! Denn (...) viele von den wenigen Frauen, die sich vor 1933 um Politik gekümmert haben, sind der bösen Suggestion auch erlegen wie zahllose Männer."

Und weiter:

„Da es um nichts Geringeres geht, als um die Gestaltung unseres irdischen Lebens, um Wohnen und Essen, um Arbeit und Lohn, um Schule und Erziehung, um Frau und Beruf, um Sicherung eines sorgenfreien Alters, um die Freiheit, unseren Gott suchen zu dürfen, wo wir ihn zu finden glauben, um Krieg und Frieden, werden wir Frauen in Zukunft den politischen Dingen den Ernst entgegenbringen müssen, der ihnen zukommt."

In der kurzzeitig nach 1945 herausgegebenen Wochenzeitung „Die Weltbürgerin" wollte sie das politische Gespür der Frauen stärken. 1949 gründete Anna Haag die Arbeitsgemeinschaft Stuttgarter Frauen, die unter dem Motto „Frauen helfen bauen" die Wohnungsnot in der zerstörten Stadt lindern wollten und die mit Hilfe des amerikanischen McCloy-Fonds und der Stadt Stuttgart (und vielen Einzelspenden) ein Wohnheim für in Stuttgart arbeitende Mädchen und junge Frauen, die keine Bleibe hatten, das „Anna-Haag-Haus", in Bad Cannstatt errichten konnte. 1951 wurde das Wohnheim in der Gnesener Straße 20/22 in Bad Cannstatt eröffnet, gemeinsam mit einem Jugendhaus. 1966 ging das Heim als Stiftung in die Trägerschaft der Stadt über. Seit 2010 ist der „Anna-Haag-Mehrgenerationenhaus e.V." Träger der drei Arbeitsbereiche: Seniorenzentrum, (Berufs-)Bildungsstätte für lernbehinderte junge Menschen und Kindertagesstätte.

Anna Haag war Pazifistin und vehemente Gegnerin der Wiederaufrüstung der BRD. Das von ihr im Landtag eingebrachte und am 22. April 1948 verabschiedete Gesetz, das die Voraussetzung für die Möglichkeit der Kriegsdienstverweigerung schuf, wurde zur Grundlage von GG Art. 4 Abs. 3, der besagt: „Niemand darf gegen sein Gewissen zum Kriegsdienst mit der Waffe gezwungen werden." Anna Haag wurde 1958 mit dem Verdienstkreuz erster Klasse ausgezeichnet, erhielt 1975 die Verdienstmedaille des Landes Baden-Württemberg, 1978 die sehr selten vergebene Bürgermedaille der Stadt Stuttgart und 1980 die Heimatmedaille des Landes Baden-Württemberg.

1979 zog sie von ihrem eigenen Haus in Birkach in ein Seniorenheim in Degerloch-Hoffeld. Dort ist sie am 20. Januar 1982 gestorben. Bestattet wurde sie an der Seite ihres Mannes, der bereits Anfang der 1950er Jahre verstarb, auf dem Friedhof Birkach.

Text: Claudia Weinschenk

Anna Haag (links) mit ihrem Ehemann Albert und den Kindern Isolde, Sigrid und Rudolf, 1926 in Nürtingen. (Foto: Anna-Haag-Haus, Stuttgart).

MARIE MEYER-ILSCHEN

Unternehmerin mit Wagemut und Tatkraft

Patin: Ursula Hamann

Marie Meyer-Ilschen, geb. Lindauer (1889-1972), 1963 am Tag der Verleihung des Bundesverdienstkreuzes (Vorlage: privat).

Württemberg war seit Mitte des 19. Jahrhunderts Heimat der führenden Korsetthersteller in Deutschland. Zu den Hauptstandorten gehörten von Anfang an Stuttgart und Cannstatt. Dort wurde 1865 eine Fabrik gegründet, die sich unter dem Namen S. Lindauer & Co. zu einem der bedeutendsten Produzenten von Korsetts und Unterwäsche entwickelte. Mit den beiden Marken Prima Donna und Hautana konnte man sich auch international erfolgreich etablieren.

Um die jüdische Firma nach 1933 vor der Zwangsarisierung durch die Nationalsozialisten zu retten, wurde sie auf den Schwiegersohn des Firmeninhabers, Wilhelm Meyer-Ilschen, überschrieben. Als er 1946 überraschend starb, übernahm seine Frau Marie Mayer-Ilschen die Leitung und wurde so aus der Not heraus zu einer Unternehmerin, die mit großem Erfolg, Geschick und Organisationstalent die Firma wieder aufbaute.

Ganz ohne Berufserfahrung nahm sie sich der Herausforderung natürlich nicht an. 1889 in Cannstatt als Enkelin des Firmengründers geboren, war sie nach Schulbildung und Studium an der Kunstgewerbe-

Hochzeit im Krieg: Marie Lindauer und Wilhelm Meyer-Ilschen (1878-1946) vor dem Treppenaufgang der Villa Lindauer in der Taubenheimstraße 8, 1915. Wilhelm Meyer-Ilschen, ursprünglich Verlagsbuchhändler, war damals Unteroffizier in dem in Cannstatt stationierten Dragoner-Regiment Nr. 26 (Vorlage: privat).

schule bereits nach dem Ersten Weltkrieg aktiv an der Firmenpolitik und der Gestaltung von Produkten beteiligt. So zeichnete sie z.B. 1923 für die erste „Cosana"-Badeanzug-Kollektion verantwortlich. Bereits im Alter von 16 Jahren war sie zu ihrem Onkel nach Paris geschickt worden, der in der französischen Hauptstadt eine erfolgreiche Miederwarenfabrik gegründet hatte. Bei Geschäftsterminen im Hause ihres Vaters in Cannstatt war sie meist als stille Teilnehmerin anwesend und wurde so früh instinktiv in die Geheimnisse der Branche eingeführt. Nicht ohne Grund heißt es in einem Zeitungsbericht von 1965: „Als schnell und modern denkende Frau erfaßte sie auch gleich die Bedeutung der Kunstfasern für ihr Metier und hat alle Neuheiten sofort probieren lassen. Dank ihrem Gespür für Modisches haben die Erzeugnisse ihres Hauses einen guten Klang gerade bei anspruchsvollen Frauen." Ihre Fachkenntnisse brachte sie auch als Vorstandsmitglied der Miederindustrie sowie im Ausschuss der Bekleidungsindustrie ein. 1963 erhielt sie das Bundesverdienstkreuz.

In verschiedenen Würdigungen über ihre Lebensleistung wurde vor allem ihre unverwüstliche Aktivität und ihre nie erlahmende Tatkraft, auch bei schwierigen Problemen, hervorgehoben.

Kennort:
Kennummer:
Gültig bis
Name
Vornamen
Geburtstag
Geburtsort
Beruf
Unveränderliche Kennzeichen
Veränderliche Kennzeichen
Bemerkungen:
Der Polizeipräsident, Abt. III

Die ab Sommer 1938 für alle Deutschen verpflichtend eingeführte Kennkarte wurde mit dem eingedruckten „J" zum Zeichen der Stigmatisierung für die jüdische Bevölkerung. Seit dem 1. Januar 1939 waren Menschen jüdischer Herkunft zudem gezwungen, als zweiten Vornamen „Sara" oder „Israel" zu führen und so auch jedes offizielle Dokument zu unterzeichnen. Das galt auch für Marie „Sara" Meyer-Ilschen, deren Kennkarte am 3. April 1939 in Stuttgart ausgestellt wurde (Vorlage: privat).

Die Bankangestellte Helga Ingrid Pfuff, damals Strohhäcker, war in den 1960er Jahren eines der Gesichter der Firma Meyer-Ilschen. Beim 100-jährigen Firmenjubiläum führte sie neben Beispielen aus der aktuellen Kollektion auch historische Korsetts vor, dazu moderierte Rosmarie Usener (1917-1991), die Tochter Marie Meyer-Ilschens und langjährige Geschäftsführerin der Firma bis zur Schließung 1990 (Foto: privat).

Gruppenfoto zum 50. Geburtstag von Wilhelm Meyer-Ilschen mit Teilhabern und leitenden Angestellten der Firma S. Lindauer & Co., 1928; Marie und Wilhelm Meyer-Ilschen rechts auf der Bank (Vorlage: privat).

Daneben fand sie aber auch noch Zeit und Muße für ihre kulturellen und sportlichen Liebhabereien. So war sie z.B. seit 1905 aktives Mitglied im Cannstatter Tennisclub, spielte noch bis ins hohe Alter Klavier und veranstaltete regelmäßig Haus- und Firmenkonzerte. Zahlreiche Musiker gehörten zu ihrem Freundeskreis, darunter auch die bekannte Pianistin Elly Ney.

Nicht unerwähnt werden darf auch das gute Betriebsklima unter Marie Meyer-Ilschen: Man habe erkannt, war in einem Artikel zu lesen, dass der Mensch im Betrieb der wichtigste Faktor ist.

Text: Dr. Manfred Schmid

IDA RUSSKA

Debüt am „Wilhelmatheater“, Operettendiva

Patin: Hannelore Daiss

Ida Russka, damals noch Ida Ruschitzka (15. Dezember 1890/1893 in Budapest – 13. Dezember 1983 in Baden bei Wien) als „Juliette Vermont“ in Franz Lehars Operette „Der Graf von Luxemburg“ im Sommer 1910 am Königlichen Wilhelma-Theater in Stuttgart-Cannstatt, Abbildung aus dem Programmheft (Vorlage: privat).

Die Sängerin und Schauspielerin Ida Russka kam am 15. Dezember 1890 (evtl. auch erst 1893) als Ida Ruschitzka in Budapest zur Welt. Ihr Vater war Ungar, die Mutter kam aus Graz. Obwohl sie keine gebürtige Cannstatterin war, hat Bad Cannstatt doch eine wichtige Rolle in ihrem Leben und ihrer Karriere gespielt. Bereits mit 14 Jahren büchste sie mit einer Schauspieltruppe von zu Hause aus. Der Vater holte sie zwar zurück, konnte aber die Leidenschaft der Tochter für die darstellende Kunst nicht mehr bremsen. So spielte sie wohl kurz danach in Wien in der Posse „Das heiße Blut“ und hatte sodann in Znaim, im heutigen Tschechien, ein Engagement.

Ihr erster Besuch in Cannstatt fand im Sommer 1909 statt. Nach eigener Aussage war sie sechzehneinhalb Jahre alt – das würde für 1893 als Geburtsjahr sprechen – als sie dem Wiener Operettentheater nachgereist war, das im Wilhelma-Theater in Bad Cannstatt gastieren sollte. Sie durfte vorsingen und bekam die Hauptrolle in der Operette „Die Dollarprinzessin“. Bei der Premiere trat sie vor König Wilhelm II. von Württemberg und Königin Charlotte auf.

An dieses erfolgreiche „Debüt“ in Cannstatt reihten sich viele andere Erfolge, von nun an bekam Ida Russka alle guten Soubrettenrollen von Direktor Müller und regelmäßig lag ihr Cannstatts Männerwelt zu Füßen, wie die Zeitgenossen zu berichten wissen.

Ida Russka und Otto Storm in der Operette „Der Soldat der Marie" von Leo Ascher am Residenztheater in Wien, 1917, Postkarte (Vorlage: Sammlung Pro Alt-Cannstatt).

Das Wilhelma-Theater in Bad Cannstatt hatte als Spielstätte große Zeiten erlebt. Im Jahr 1902 war das ganze Ensemble des Königlichen Hoftheaters ins Wilhelma-Theater umgezogen, nachdem das Hoftheater ein Raub der Flammen geworden war. Jährlich gab es nun in Cannstatt annähernd 100 Vorstellungen des Stuttgarter Schauspiels und der Stuttgarter Oper – selbst der weltberühmte Caruso soll in Cannstatt gesungen haben. Wie man weiß, galt das Wilhelma-Theater vor der Jahrhundertwende als Cannstatter Pfand für den Zusammenschluss mit Stuttgart. Der Ausbau des Gebäudes, das dann im Jahr 1900 zum zweiten Mal eröffnet wurde (die ursprüngliche Einweihung war 1840), war einer der Köder der Stuttgarter für die 1905 vollzogene Städte-Ehe Stuttgart-Cannstatt gewesen. 1929 wurde das Theater von der Baupolizei aus Feuerschutzgründen geschlossen und erst nach dem Zweiten Weltkrieg teilweise als Kino genutzt.

Doch in der Glanzzeit des Wilhelma-Theaters, das 1909 zwei Seitenflügel bekam und dadurch ca. 1000 Sitzplätze anzubieten hatte, waren bei den jährlichen sommerlichen Operettenaufführungen Ida Russka, die damals unter Ruschitzka bekannt war, und Hubert Marischka, der später als Regisseur zahlreiche Hans-Moser-Filme drehte, die Stars der Truppe. Zitat aus der „Cannstatter Zeitung" vom Mittwoch, den 24. August 1910: „Samstag hat Frl. Ruschitzka, welche hier so kolossale Erfolge zu verzeichnen hatte, ihren Ehren- und Benefiz-Abend. Gewählt hat sie ihre Lieblingsoperette „Die Försterchristl", das erfolgreichste Werk der vorjährigen Operettensaison."

Doch Ida Russka feierte hier auch als Schauspielerin Erfolge. Während ihrer Wilhelma-Zeit gab sie Gastspiele im Stuttgarter Schauspielhaus und ist dort bis 1937 immer wieder aufgetreten.

Im Laufe ihrer Karriere hatte sie nicht nur im deutschsprachigen Raum Erfolg, sondern trat in ganz Europa auf. Angefangen vom Raimund Theater in Wien als Partnerin von Alexander Girardi in der Stolz-Operette „Glücksmädel", war sie in Berlin die „Kinokönigin", das erste „Weib in Purpur", die erste „Siegerin", „Tanzgräfin", „Csardasfürstin" und „Tangokönigin". Sie hat in allen Robert-Stolz- und Franz-Lehar-Operetten gesungen, nach eigener Aussage in einem Interview verdiente sie demnach mit ca. zwanzig Jahren stolze 36.000 Mark im Jahr. Als einen Glanzpunkt ihrer

Karriere kann man ihr Gastspiel mit „Tosca" an der Mailänder Scala im Jahr 1930 bezeichnen. Aufgrund ihrer großen Popularität wurde Ida Russka auch beim Film engagiert. 1916 stand sie als Frau Fischer bei „Einen Jux will er sich machen" vor der Kamera, 1915 hatte sie schon „Mausi" gedreht. Es folgten 1919 die Titelrollen in „Madame Blaubart" und „Die Csardasfürstin". 1929 agierte sie im Film „Franz Lehar", danach kamen kleinere Rollen. Sie war die Bäuerin Batori in „Der Prozess" 1948 von Georg Wilhelm Pabst, sowie die Frau Peters in „Geheimnisvolle Tiefe" von 1949. Im gleichen Jahr drehte sie ihren letzten Film: Die Komödie „Wir haben eben geheiratet", in dem sie die Operettendiva Mary de la Mamarides spielte.

Über ihr Privatleben weiß man nicht viel. Nach mündlicher Überlieferung wohnte Ida Russka während der Kriegsjahre im Wiener Palais Dumba im ersten Bezirk. In den 50er Jahren, gegen Ende ihrer Karriere, betrieb Ida Russka im Sommer eine kleine Pension am Weissensee in Kärnten. Es soll eine Tochter geben, deren Existenz aber verheimlicht wurde. Ebenso soll Ida Russka einmal kurzzeitig verheiratet gewesen sein. Wie oft sie Bad Cannstatt einen Besuch abstattete, ist nicht belegt. Von einem Aufenthalt gibt es jedoch ein Foto, auf dem sie mit Kunstmaler Hermann Metzger in dessen Wohnung in der Brückenstraße der Neckarvorstadt zu sehen ist. Nach ihrer Zeit in Cannstatt gefragt war ihre Antwort: „Sie gehört zu den schönsten Erinnerungen meines Lebens". Einmal wurde sie auch von Ruth Mönch über ihre Zeit in Cannstatt interviewt. Ihre letzten drei Jahre hat Ida Russka, anscheinend verarmt, im Künstlerheim „Hilde-Wagener-Haus" in Baden bei Wien verbracht, wo sie 1983 am 13. Dezember starb. Sie wurde auf dem Wiener Zentralfriedhof unter dem Namen Ida Russka im Grab ihrer Eltern beigesetzt. Auf ihre Todesanzeige hatte man die Bezeichnung „Operettendiva" gesetzt, als solche wollte sie wohl für immer gesehen werden.

Text: Christiane Dressler

Links: „Gemütliches Plauderstündchen"– Ida Russka zu Besuch in Bad Cannstatt im Haus von Kunstmaler Hermann Metzger (links), einem langjährigen Freund der Künstlerin. Zeitungsbild um 1955, rechts Manfred Grimm, 1. Vorstand des Cannstatter Männergesangvereins „Concordia"; oben: Vitrine zu Ida Russka im Stadtmuseum, 2019 (Vorlage und Foto: Pro Alt-Cannstatt).

Ida Russka als Operettendiva „Mary de la Mamarides“ in der Filmkomödie „Wir haben eben geheiratet“ aus dem Jahr 1949, Foto aus dem Illustrierten Film-Kurier Nr. 640, Mai-Folge 1949 (Vorlage: Sammlung Pro Alt-Cannstatt).

„Frau Sophie Tschorn, Gretle von Strümpfelbach", Zeichnung von Ferd. Herwig in „Das lustige Funk Künstler Album" von Max Heye, Oberspielleiter des Süddt. Rundfunks; Stuttgart 1926 (Vorlage: privat).

SOPHIE TSCHORN, GEB. PETER

Rundfunkpionierin „Gretle von Strümpfelbach“

Sophie Tschorn war nicht nur eine Rundfunkpionierin, sondern hatte auch ein großes Herz für Kinder, die sie mit ihren Geschichten und Anekdoten in Mundart erfreute. Ihr Vater Christian Peter (1854-1938) war selbst einst Teil einer berühmten Cannstatter Geschichte, dem legendären „Mondlöscher-Einsatz“ der Cannstatter Feuerwehr am Ostersamstag 1887. Die 1891 geborene Sophie wuchs mit sechs Brüdern und vier Schwestern im Haus Spreuergasse 34 auf, am Gebäude erinnert eine Tafel des Historischen Pfades an Vater und Tochter. Als erste schwäbische Rundfunkfigur „Gretle von Strümpfelbach“ wurde sie landesweit bekannt. Eigentlich wollte die gebürtige Cannstatterin einmal Lehrerin werden. 1924 bekam sie eine Stelle als Redakteurin beim gerade gegründeten Süddeutschen Rundfunk. Beim Stuttgarter Sender wurde ihre „Kinderstunde“ rasch zu einem Begriff. Zusammen mit dem damals bekannten Rundfunk-Kasperle Fred Höger erfreute sie unzählige Buben und Mädchen; mit ihren Rundfunkkindern veranstaltete sie schon damals im Ländle Kinderfeste. Nach dem

Sophie Tschorn, geb. Peter (1. Dezember 1891 in Cannstatt – 24. Mai 1975 in Stuttgart), vor dem Mikrofon, Zeitungsbild aus der „Stuttgarter Zeitung“ vom 1. Dezember 1991 zum 100. Geburtstag (Vorlage: Stadtarchiv Stuttgart). Links „Märle und Gschichtle für liabe Kender verzählt vom Gretle von Strümpfelbach“; Stuttgart 1925 (Vorlage: Pro Alt-Cannstatt).

Zweiten Weltkrieg begründete sie das Vaihinger Kinderfest und trat dort bis ins hohe Alter immer wieder aktiv auf.

Sophie Tschorn war mit dem viel gelesenen Mundartdichter und Volkskundler August Lämmle (1876-1962) befreundet, der in der Zeit nach dem Ersten Weltkrieg in Cannstatt lebte und in den Jahren nach 1933 bekennender Nationalsozialist war. In mehrfacher Hinsicht wurde er prägend für ihr Leben. „Wer so schön erzählen kann, der kann auch schreiben", sagte er einmal. Sie tat es. Sophie Tschorn schrieb 1922 eine schwäbische Tragikomödie „So muass komme" und veröffentlichte 1925 ihre „Märle und Geschichtle für liabe Kender" in Buchform. Sie gestaltete Kinderbeilagen beim früheren „Stuttgarter Neuen Tagblatt", später die Heimatseite „Zu Cannstatt an der Brucken" für die „Cannstatter Zeitung". Im Rundfunk gab sie über Jahrzehnte als „Blumentante" Blumentipps, die 1939 und 1941 in zwei kleine Bücher bzw. Broschüren mündeten: „Kleines Blumenpflege-ABC", das von der NS-Frauenschaft – Deutsches Frauenwerk, Gau Württemberg und Hohenzollern herausgegeben wurde, und „Umgang mit Blumen".

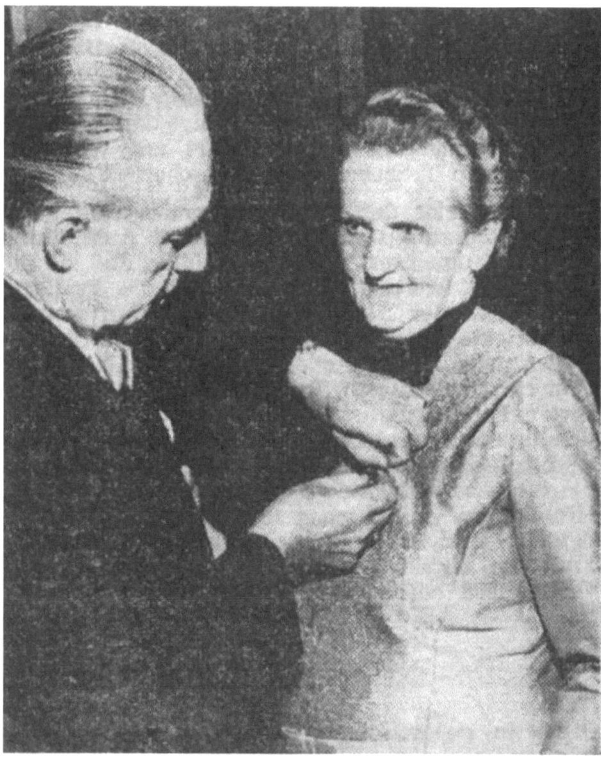

August Lämmle soll einmal, Anfang der 1920er Jahre, spontan zu ihr gesagt haben: „Sie kommen mir grad vor wie's Gretle von Strümpfelbach." In jenen Zeiten trug Sophie Tschorn noch die Zöpfe um den Kopf gewickelt, erinnerte sich später eine Bekannte. So war ihre Rundfunk-Rolle und ihr stets offenes Pseudonym geboren. Das echte Gretle lebte im 19. Jahrhundert in Strümpfelbach im Remstal und war, so wird überliefert, ein „nettes Schwabenmädle, flink und hübsch, beliebt im ganzen Dorf". Sophie Tschorn war, so heißt es, von einer ansteckenden Fröhlichkeit und Geschäftigkeit; gerne traf sie sich in ihrem Cannstatter Heimatkreis, dem „Maugenestle", und blieb bis ins hohe Alter aktiv und an der Gegenwart interessiert. Sie hatte einst den Schriftleiter Richard Tschorn geheiratet und lebte mit ihm und ihrer Familie über Jahrzehnte in Stuttgart-Sillenbuch. Als sie 1975 starb, hatte Sophie Tschorn zehn Enkel und war schon Urgroßmutter. Sie wurde auf dem Pragfriedhof begraben. 1994 wurde eine Straße in Bad Cannstatt nach ihr benannt.

Text: Olaf Schulze

Verleihung des Bundesverdienstkreuzes am Bande durch Oberbürgermeister Arnulf Klett an Sophie Tschorn im Oktober 1964 (Zeitungsbild, Vorlage: Stadtarchiv Stuttgart).

Bericht in der „Cannstatter Zeitung" vom 1. Dezember 1971 über den 80. Geburtstag von Sophie Tschorn (Vorlage: Stadtarchiv Stuttgart).

Dem „Gretle" zum Achtzigsten

Wenn man sie unter ihrem bürgerlichen Namen nennt und feststellt, daß Frau Sophie Tschorn geb. Peter, heute ihren achtzigsten Geburtstag in emsiger Arbeitsfreude und guter geistiger Verfassung begeht, dann sind es ungezählte ihrer Cannstatter Freunde und Bekannten, die diese Nachricht mit großer Anteilnahme aufnehmen werden.

Wenn man aber kurz und bündig sagt, „'s Gretle" sei unter die Achtziger gegangen, dann horchen in weitem Umkreis Menschen auf, denen diese liebenswerte Gestalt voll schwäbischen Heimatsinnes in einer ihrer vielseitigen Eigenschaften als Rundfunksprecherin, Veranstalterin von Kinder- und Heimatfesten, als „Blumentante" oder als Kontaktpflegerin mit den Schwaben in Übersee begegnet ist.

Will man alle diese Tätigkeiten, zu denen noch die einer eifrigen Zeitungsmitarbeiterin gehört, auf einen Nenner bringen und will man dazu ihre unverzagte Verständnis- und Hilfsbereitschaft als hervorstechendes Merkmal ihrer Persönlichkeit ansprechen, so läßt sich das nicht besser veranschaulichen als mit dem Bild: sie war eine gute Fee, und sie hatte sich als solche mehr menschenfreundliche Aufgaben gestellt als manche Märchenfee.

Als Kinderfee fing sie wohl an. Als der Rundfunk selbst noch in den Kinderschuhen steckte, wirkte sie gestaltend und sprechend bei Heimatabenden und Kinderstunden mit. Das Echo dieser Sendungen war für sie der Ansporn, Kinderfeste in Stuttgart und im ganzen Lande zu veranstalten und mit ihren Ideen immer aufs neue zu Anziehungspunkten für das junge Volk zu machen. Insbesondere war es das Vaihinger Kinderfest, das sie mehr als zwei Jahrzehnte lang organisierte und für das sie immer wieder ein passendes Motto fand. Zu ihrem 75. Geburtstag hob Oberbürgermeister Dr. Klett im besonderen ihre Verdienste um die sinnige Gestaltung dieses Festes hervor, das sich längst auch unter Kinderfesten mit älterer Tradition einen Namen gemacht hat.

Die Liebe zu den Blumen, zu den Kindern und zu ihrer Heimat hat sie jung gehalten
Bild: Schumann

Das Bundesverdienstkreuz wurde ihr nicht zuletzt in Anerkennung dieser Arbeit verliehen.

Mit der Neigung, Kinder Freude erleben zu lassen, verband sich aufs beste die Wirksamkeit als Blumenfee. Im Stuttgarter Rundfunk war Sophie Tschorns Blumenstunde, der erste und einzige „floristische" Programmbeitrag der westdeutschen Sender, bei den Hörerinnen sehr geschätzt. Nach 1933 paßte zwar die gemüthafte Art dieser Blumenstunden nicht mehr in die „heroische" Zeit und sie verschwand vom Programm. Aber nach 1945 wurde das „Gretle" auf ausdrücklichen Wunsch des Rundfunkrates wieder als Sprecherin für Blumenliebhabereien eingesetzt.

Nicht das geringste Verdienst von Frau Sophie Tschorn ist, daß sie, die schon früh damit begann, die Erinnerungen und Schilderungen heimatverbundener Bürger für den Heimatteil von Zeitungen, so auch für unsere eigene Heimatseite, festzuhalten und auszuwerten, den Mitmenschen ihrer Generation eine Fee der guten Laune und der Lebensfreude wurde. Für die Eingeweihten ist mit dem Namen „Maugenestle" alles gesagt. Dieser nichteingetragene, aber quicklebendige Verein, der treue Mitglieder in allen Teilen der Welt aufzuweisen hat, verrät die unverwüstliche Ausstrahlungskraft seiner Schirmherrin und Betreuerin, die von ihren Freunden heute noch wie zu jenen Zeiten, als sie mit blonden Zöpfen und im kurzen Trachtenrock diese Figur „kreierte", liebevoll nicht anders genannt wird als das Gretle.

Vor Jahren hat ein reimfreudiger Cannstatter eine hübsche Versaussage gemacht, indem er auf Gretles ehrsamen bürgerlichen Namen Tschorn reimte: „Traurigkeit ist ihr ein Dorn ..." Das trifft den Kern. Und das gilt auch heute noch, obwohl das Schicksal dem Gretle in den letzten Jahren manche harte Prüfung auferlegt hat. In ihren eigenen Worten, nach ihrem persönlichen Wahlspruch heißt es so: „Froh zu sein, bedarf es wenig — und wer froh ist, der ist König!" Das schönste ist, daß sie diese Kunst des Frohseins nie für sich behalten hat, daß es ihr vielmehr immer ein Anliegen war, den Menschen ein bißchen Wärme, ein bißchen Licht und ein bißchen Glück ins Herz zu geben, gewiß eine heute seltene und darum um so köstlichere Begabung.

Wir wünschen der in Sillenbuch wohnhaften Jubilarin, die mit Bad Cannstatt seit ihrer Geburt so eng verwachsen ist, weiterhin Rüstigkeit und Lebensfreude, und wir sind sicher, daß diese Wünsche im Sinne vieler alter Cannstatter und Cannstatterinnen sind.

Hermann Haufler

MARTHA SCHMIDTMANN

„Ich kam zur Pathologie, weil ich keinen Menschen sterben sehen kann."

Pate: Manfred Schnarchendorff

Martha Schmidtmann wurde 1892 in Oppeln/Schlesien geboren. Nach dem Abitur 1911 begann sie ein Medizinstudium in Marburg und München, das sie 1916 mit Staatsexamen und Promotion abschloss. 1917 erhielt sie die Approbation als Ärztin. Nach weiteren Stationen als Assistentin an pathologischen Instituten habilitierte sie sich 1925 als erste Frau in Deutschland für allgemeine Pathologie und pathologische Anatomie an der Universität Leipzig. Habilitationen von Frauen waren gesetzlich überhaupt erst in der Weimarer Republik möglich geworden. Bis 1933 zählte die dortige Universität gerade mal zwei Habilitandinnen – eine von ihnen war Martha Schmidtmann, die schließlich 1930 zur außerordentlichen Professorin für pathologische Anatomie ernannt wurde. Einer Eheschließung folgte damals faktisch Berufsverbot, da im öffentlichen Dienst keine verheirateten Frauen beschäftigt wurden. Zudem war bei jeder wirtschaftlichen Tätigkeit der Ehefrau die Zustimmung des Ehemanns notwendig. Vielleicht liegt darin der Grund, warum Martha Schmidtmann nie geheiratet hat.

Prof. Dr. Martha Schmidtmann (1892-1981), Chefin der Pathologie am Cannstatter Krankenhaus, 1936 (Vorlage: Pro Alt-Cannstatt).

Im gleichen Jahr konnte sie sich gegen fast 30 Bewerber aufgrund ihres ausgezeichneten fachlichen Rufs durchsetzen und wurde vom Stuttgarter Gemeinderat zur Leiterin des Pathologischen Instituts am Krankenhaus Stuttgart-Cannstatt berufen. Nach 1933 trat sie sowohl dem NS-Ärztebund als auch der NSDAP bei. Bei Kriegsende 1945 wurde sie daher auf Anord-

Idealisierte Gesamtansicht der Bauten des Städtischen Krankenhauses, um 1940, im Vordergrund die Remstalbahn; auch als Postkarte vertrieben (Foto aus der Festschrift: Krankenhaus Bad Cannstatt, 100 Jahre. Stuttgart: Klett-Cotta, 1981).

nung der amerikanischen Militärbehörde aus dem städtischen Dienst suspendiert, konnte aber durch die Gründung eines privaten pathologischen Labors weiter ihren Lebensunterhalt bestreiten. 1950 wurde sie schließlich zur Direktorin des Pathologischen Instituts am Katharinenhospital ernannt. Bereits während ihrer Zeit am Cannstatter Krankenhaus machte sie aufgrund ihres gewaltigen Arbeitspensums Eindruck – viele Berichte bezeugen einen Arbeitstag von 6 Uhr morgens bis oft abends 22 Uhr. Sie war bekannt dafür, dass sie ungewöhnlich viele Obduktionen selbst durchführte. Martha Schmidtmann nannte die Arbeit im Sektionssaal und die mikroskopische Krankheitsdiagnostik an Gewebeproben stets den schönsten Teil ihres Berufs. Ihre regelmäßigen pathologisch-anatomischen Demonstrationen und Vorträge waren legendär und hatten einen bleibenden Einfluss auf die berufliche Aus- und Weiterbildung vieler Mediziner in Bad Cannstatt und Stuttgart.

Nach der Pensionierung 1957 wurden ausgedehnte Studienreisen zu ihrem Altershobby, mit dem Ziel eine geografische Pathologie zu erarbeiten, in der Erkrankungen und Todesursachen in allen Teilen der Welt dargestellt werden sollten – eine Mammutaufgabe, der sie sich widmete, die sie aber nicht mehr zum Abschluss bringen konnte.

Ruhestand ohne Ruhe

Professor Martha Schmidtmann verabschiedet

Mit Ablauf des Monats August ist die Leiterin des Pathologischen Instituts im Katharinenhospital, Frau Professor Martha Schmidtmann, nach Erreichen der gesetzlichen Altersgrenze in den Ruhestand getreten. Fast drei Jahrzehnte hat sie ihrem ärztlichen Amt vorgestanden und zudem seit Kriegsende ein pathologisches Privatlaboratorium unterhalten. Die wissenschaftliche Forschungsarbeit lag der Ärztin von jeher am Herzen. So konnte sie viele wissenschaftliche Erkenntnisse erarbeiten, die dann wieder den Kranken zugute kamen. In einer Feierstunde dankte am Samstag Stadtdirektor Dr. Berger Frau Professor Schmidtmann für ihre langjährige Tätigkeit im Dienst der Stadtverwaltung. Herzliche persönliche Worte fand Professor Dr. Groß im Namen der Chefärzte des Katharinenhospitals. Verwaltungsdirektor Gunzenhäuser dankte für die Katharinenhospitalverwaltung. Er überreichte gleichzeitig für die Betriebsräte eine kostbare Blumenschale. Wie sehr die scheidende Leiterin mit ihren Mitarbeitern verbunden war, ging aus den Worten von Oberarzt Dr. Pietzonka hervor. Das veranlaßte Professor Dr. Büchner, Freiburg, der für die Deutsche Pathologische Gesellschaft sprach, zu der Feststellung: „Sie haben an Ihrer Wirkungsstätte mütterlich regiert, nicht nur geistig gelenkt, sondern auch mit dem Herzen geführt." Dr. Büchner vor allem würdigte die wissenschaftlichen Leistungen der Kollegin. Und weil aus allen Ansprachen hervorging, daß Frau Professor Schmidtmann zwar in den Ruhestand treten, sich aber noch lange nicht zur Ruhe setzen wird, meinte er, es sei falsch, bei hochqualifizierten Menschen durch ein starres Gesetz zu einem bestimmten Datum die Arbeit abzuschalten. „Ich kam zur Pathologie, weil ich keine Menschen sterben sehen kann", bekannte die scheidende Institutsleiterin. Humorvoll, aber nicht ohne Rührung, berichtete sie von ihrem — für eine Frau seinerzeit ungewöhnlichen — Werdegang und kennzeichnete als Leitgedanken ihrer Arbeit: „Ich habe sie immer als eine Vertretung aufgefaßt für die, die vor mir gestorben sind." Frau Professor Schmidtmann wird in ihrem Privatlaboratorium weiterhin tätig sein.

StN-Bild: Engel

Zeitungsartikel (Ausschnitt) aus den „Stuttgarter Nachrichten" vom 2. September 1957 über die Verabschiedung von Prof. Dr. Martha Schmidtmann in den Ruhestand (Vorlage: Stadtarchiv Stuttgart).

(Aus dem Pathologischen Institut des Städtischen Krankenhauses Stuttgart-Bad Cannstatt. Vorstand Prof. Dr. M. Schmidtmann)

Kraftverkehr
und
Volksgesundheit

Gibt es chronische Autoabgasschäden?

Experimentelle Untersuchungen am Benzinmotor

von

M. Schmidtmann

Mit 1 Abbildung im Text und 2 Tafeln

Jena
Verlag von Gustav Fischer
1934

Vorausblickend war „M. Schmidtmanns" Studie über die Auswirkungen von Autoabgasen (u.a. durch Tierversuche), veröffentlicht Jena 1934 – wie damals üblich war der Vorname abgekürzt und damit auch das Geschlecht der Verfasserin nicht erkennbar (Vorlage: Pro Alt-Cannstatt).

1961 gründete sie zum Gedenken an ihren Vater, der Kurator an der Philipps-Universität zu Marburg gewesen war, eine Stiftung zur Unterstützung von Forschungsvorhaben von Nachwuchswissenschaftlern der Fächer Medizin und Geschichte.

Martha Schmidtmann starb 1981 im Alter von 88 Jahren in Bad Cannstatt. Ihr zu Ehren wurde 1997 eine neu angelegte Straße auf dem ehemaligen Krankenhausgelände benannt.

Text: Matthias Busch

HERMINE STERLER

Gefragte „Salondame“ und Nebendarstellerin in Hollywood

Pate: Olaf Schulze

Hermine Sterler
(20. März 1894 in Cannstatt – 25. Mai 1982 in Stuttgart), Autogrammkarte, um 1925 (Vorlage: privat).

Hermine Sterler wurde am 20. März 1894 als Tochter von Moses (Max) Stern, von Beruf Reisender, und Bertha Emilie Stern, geb. Wormser, in Cannstatt geboren. Die jüdische Familie wohnte im 1. Stock des Hauses Schillerstrasse 16, der heutigen Wiesbadener Straße, im Bereich zwischen Nauheimer Straße (früher: Olgastraße) und Kreuznacher Straße (Ludwigstraße).

Es heißt, dass sie ihren Beruf einem kleinen Sprachfehler aus der Kindheit verdankte: Die Eltern hatten sie zum Sprechunterricht zu einer Schauspielerin geschickt, die ihr das Lispeln abgewöhnen sollte. Unter dem Einfluss dieser Künstlerin hat Hermine wohl ihre Liebe zur Schauspielerei entdeckt. Ob sie darüber hinaus eine Schauspielausbildung erhalten hat, ist nicht bekannt. Ihr Debüt gab sie 1918, mit 24 Jahren, am Residenztheater in Hannover. Wenig später ging sie ins Berlin der Golden Twenties, wo sie am „Kleinen Theater Unter den Linden" und am Rose-Theater in Berlin Friedrichshain auftrat. Das Kleine Theater, von Max Reinhardt mitbegründet und kurze Zeit geleitet, war aus dem „Überbrettl" und der Kleinkunstbühne „Schall und Rauch" entstanden. Gastverträge führten sie auch ins Ausland, so etwa ans Zürcher Schauspielhaus.

Bereits 1921 kamen Rollenangebote vom Film hinzu. Ihr erster Stummfilm war „Die Hexe", danach kamen zahlreiche Rollen in weiteren Stummfilmen wie „Der böse Geist Lumpacivagabundis" mit Hans Albers (1922), „Der Mann mit der eisernen Maske" (1923), „Paganini" (1923), „Menschen untereinander" (1926), „Die Waise von Lowood" (1926), „Frau Sorge" (1928) und „Das Mädel aus der Provinz" (1929). Im Tonfilm der 30er Jahre konnte sie ihre Filmlaufbahn erfolgreich fortführen und agierte u.a. in „Der Andere" (1930), „Zwei Menschen" (1930), Hitchcocks „Mary" (1931),

Die Woche
Seite 797
AUS DEM THEATERLEBEN.
Unten: Aufführung von Eugen Scribes „Das Glas Wasser" im Deutschen Theater, Berlin. Hermine Sterler als Königin Anna und Walter Janssen als Vicomte Bolingbroke. Phot Zander & Labisch

Hermine Sterler als englische „Königin Anna", eine Hauptrolle in Eugène Scribes höfischem Lustspiel „Das Glas Wasser" am Deutschen Theater Berlin, Foto aus der Zeitschrift „Die Woche" vom 26. August 1922 (Vorlage: privat).

„Der Raub der Mona Lisa" (1931), „Rasputin, Dämon der Frauen" (1932) und „Eine von uns" (1932).

Im Film wie auch auf der Bühne füllte Hermine Sterler das Fach der „Salondame" aus. Sie spielte kultivierte Damen von Stand und elegante Ehefrauen, frühzeitig auch Mütter. Zu ihren „hochherrschaftlichen" Charakteren auf der Leinwand zählen z.B. eine Gräfin im Film „Zwei Menschen", eine Gutsbesitzerin in „Volk in Not", eine Baronin in „Frau Sorge", eine Konsulsgattin in „Adam und Eva", eine Fürstin in „The Unfinished Symphony" und eine Zarin in „Rasputin".

1933 musste sie als Jüdin aus dem nationalsozialistisch gewordenen Deutschland fliehen und ging nach Wien, wo sie zunächst Beschäftigung am Theater (Marischka-Bühnen: Theater an der Wien und Stadttheater Wien), als auch beim Film fand („Abenteuer am Lido"). Ebenso wirkte sie dort in Filmen wie „Alles für die Firma" und „Kleine Mutti" mit. Doch mit dem Anschluss Österreichs an das Deutsche Reich wurde es auch hier für sie unmöglich weiterzuarbeiten. Ein Besuch in Berlin im Frühjahr 1936 führte zu ihrer vorübergehenden Verhaftung. Daraufhin floh Hermine Sterler über Zürich und Le Havre mit der „Champlain" in die USA, sie hatte sich für 141 US-Dollar ein One-Way-Ticket gekauft, und kam schließlich am 1. Dezember 1938 dort an.

Nach der Premiere von Leopold Jessners Hollywood-Inszenierung von „Wilhelm Tell" im April 1939, bei der sie mitwirkte, konnte sie auch dort wieder Theater spielen und ging mit diesem Stück im Juni desselben Jahres auf große USA-Tournee. Der ebenfalls aus Deutschland emigrierte Filmregisseur Wilhelm Dieterle, der entscheidenden Anteil am Zustandekommen der „Wilhelm Tell"-Aufführung gehabt hatte, holte Hermine Sterler Ende des Jahres 1939 für ihre erste wichtige Rolle in einem amerikanischen Film vor die Kamera: „Die Lebensgeschichte Paul Ehrlichs".

In Hollywood spielte die Emigrantin in kleinen Rollen Deutsche und Europäerinnen, während des Zweiten Weltkrieges vor allem in dezidiert antinazistischer Filmpropaganda. Ihr bekanntester Film war 1953 „Wie angelt man sich einen Millionär?" („How to marry a millionaire") mit Marilyn Monroe, Betty Grable und Lauren Bacall, sie selbst steht als „Madame" auf der Besetzungsliste. 1956 kehrte die US-Bürgerin Hermine Sterler, die sie seit dem 10. November 1944 war, erstmals wieder für eine Filmrolle nach Deutschland zurück (O. W. Fischers „Mein Vater, der Schauspieler"), reiste allerdings im selben Jahr für Film- und Fernsehaufnahmen erneut nach Los Angeles.

1966 drehte sie mit 72 Jahren ihren letzten Film – den Spionagethriller „Der zerrissene Vorhang" unter der Regie von Alfred Hitchcock. Drei Jahre später, 1969, kam Hermine Sterler von Hollywood zurück nach Bad Cannstatt, wo sie allerdings nur vier Monate in der Bahnhofstraße 18 wohnte. Dann zog es sie wieder in die Großstadt Westberlin, wo sie fünf Jahre verbrachte. Ihre letzte Lebensstation war jedoch die schwäbische Heimat, das Wohnstift Mönchfeld im gleichnamigen Stadtteil Stuttgarts, nicht weit entfernt von ihrem Geburtsort Cannstatt. Dort lebte sie bis zu ihrem Tod am 25. Mai 1982.

Text: Christiane Dressler

Zigaretten-Sammelbild von Hermine Sterler, aus einer Serie mit Filmschauspielern, um 1932 (Vorlage: privat).

DIE SECHS SCHWESTERN DÜRR

Markante Frauen aus dem bäuerlichen Cannstatt Wilhelmine Glock, Luise Haas – die „Haasdote", Sofie Siegloch, Anna Dürr, Berta Steinle und Helene Bauer

Paten: Annemarie und Walter Dürr

Zwischen 1895 und 1905 geboren und zwischen 1977 und 1991 gestorben waren die sechs Schwestern aus dem Bauernhaus und Fuhrmannsbetrieb ihrer Eltern Friedrich Dürr (1867-1940) und Wilhelmine, geb. Höschele (1870-1950) in der Hallstraße 48 zeitlebens mit Cannstatt und miteinander verbunden. Eine blieb unverheiratet, zwei waren kinderlos, die anderen vier hatten zusammen 19 Kinder. Sie wuchsen gemeinsam mit sechs Brüdern auf, von denen vier jünger als die jüngste Schwester waren. Fest in die Familie integriert war auch die ledig gebliebene Schwester der Mutter, Sofie Höschele (1869-1938), die „Sofie-Dote", die in Haus und Küche mit anpackte. Drei der Brüder und der Vater arbeiteten im Fuhrbetrieb mit, „waren auf dem Bock". Von der „Sofie-Dote" wird berichtet, dass sie, als man ihr einen Blumenstrauß brachte, erklärte: „Bloama brauchet r neme brenga. Da ka i net rabeissa."

Das Geld, das die ledigen Töchter in der Stellung verdienten, war, wie das der Brüder, die nicht im elterlichen Betrieb arbeiteten, in die von der Mutter verwaltete Familienkasse abzuführen – ein Taschengeld wurde ausbezahlt. Als es ans Heiraten ging, stammten vier der Männer aus Cannstatter landwirtschaftlichen Betrieben, einer arbeitete im Gärtnereibetrieb seiner Eltern drüben in Stuttgart, baute sich aber dann mit

Das Elternhaus der Dürr-Schwestern in der Hallstraße (Nr. 48), um 1910.

seiner Frau einen eigenen Betrieb in Cannstatt an der Gemarkungsgrenze zu Fellbach auf. Die Rollen in den Ehen der fünf verheirateten Schwestern waren klar verteilt, als Frau war man für Kinder und Küche zuständig und war Familienmensch. Die Vertretung des Geschäfts nach außen war Männersache. Die beiden früh verwitweten Schwestern jedoch führten das Geschäft mit Erfolg ohne Mann weiter. Alle sechs Schwestern spielten gerne Karten, wenn Zeit dafür blieb, vor allem „Gaigel" oder „Roten Gaigel". Auch kam bei Familienfeiern das Singen nicht zu kurz. Besonders begeistert sangen sie „Ein Jägersmann voll Feuer" mit dem Refrain: „Ein Kuss von ihm im frischen, grünen Wald ist grad als wie ein Büchsenschuss, der knallt. Fallera."

Friedrich und Wilhelmine Dürr mit ihren zwölf Kindern, um 1918, eine Fuhrmanns-Familie aus der Neckarvorstadt (alle Fotos: privat).

Die junge Wilhelmine Glock mit Mann und Kindern vor ihrem Haus in der Erbsenbrunnengasse um 1925, auf dem Fuhrwerk in der Mitte mit Schleife im Haar Luise Zaiß, geb. Glock, mit ihren Geschwistern Fride Pfund, geb. Glock, und Fritz Glock.

Wilhelmine Dürr, die Älteste (1895-1979), heiratete 1919 den Weingärtner und Landwirt Ernst Glock. Sie betrieb mit ihrem Mann den bäuerlichen Betrieb in der Erbsenbrunnengasse (heute Nr. 5), Ackerbau, Milchwirtschaft, Obst- und Gemüseanbau. Sogar ein Pferd gab es. Dreimal die Woche stand sie auf dem Cannstatter Wochenmarkt, wie auch später die meisten ihrer Kinder, gleich beim alten Rathaus, marktplatzseitig. Bis heute hat dort ein Enkel samstags seinen Stand. Bei einem Bombenangriff 1944 wurden Haus und Hof zerstört, sie war nicht die einzige der Schwestern, die dieses Schicksal traf. An gleicher Stelle wird ihre älteste Tochter Luise Zaiß (1920-1997) 1956 zusammen mit ihrem Mann die „Weinstube Zaiß" eröffnen.

Luise Dürr (1897-1976) heiratete einen Buchhalter „beim Daimler", Adolf Haas. Sie hatten keine eigenen Kinder und betrieben zeitweise Anfang der 1920er Jahre die Wirtschaft zum „Alten Hasen" (siehe rechts), die 1925 an ihre Schwester Sofie Siegloch und ihren Mann verpachtet wurde. „Luise ist die mit Abstand beliebteste Person in der Dürr-Verwandtschaft und ist deren Zentralinstanz." Patentante war sie formal nur für vier Kinder ihrer Schwester Wilhelmine, aber dennoch war sie de facto-Patentante aller 37 Kinder ihrer Geschwister. Alle nannten sie „Haasdote". Bei den Neujahrsbesuchen der vielen Patenkinder gab es große Mengen frisch gebackener, superguter Apfelkräpfle. Sie half in der Verwandtschaft, wo sie gebraucht wurde, z.B. wenn eine ihrer Schwestern oder Schwägerinnen im Wochenbett lag, bei Wasch- und Flicktagen und auch bei familiären „Notfällen".

Der *„Alte Hasen"* in der Neckartalstraße 73 war Wirtschaft und Bäckerei. Die Eltern von Adolf und Emil Haas kauften den „Alten Hasen" vermutlich schon zu ihrer Heirat oder bald darauf. Sie stammten aus Leonberg bzw. Botnang, hatten einen weiteren Sohn und eine Tochter, aber keine Enkel. Die Brüder Adolf und Emil Haas („Hasenbäck") lebten bis zum Verkauf ca. 1956/57 an den Bäcker Fritz Zaiss im Haus. Von 1922/23 bis 1925 betrieben Adolf und Luise Haas, geb. Dürr, die Wirtschaft selbst. Dann verpachteten sie diese an die Schwester von Luise, Sofie Siegloch, geb. Dürr, und ihren Mann. Er war erst abends nach der Arbeit im Wengert im Lokal, sie stand vor allem in der Küche. Sie hatten Personal für die Wirtschaft. Die Speiseauswahl war einfach: Rostbraten, Schnitzel, Bratwürste, Kaltes wie Schweizer Käse und Schinkenwurst. Es gab zwei Nebenzimmer. Die Trennwandelemente konnte man wegnehmen. Die Wirtschaft lief – sogar die erste Mahle-Betriebsversammlung fand hier statt. Außer viel eigenem Wein wurde auch zugekaufter Wein ausgeschenkt, aus Cleebronn – der zu 25 Pf. das Viertele, der eigene Wein für 35 Pf. Auf der Bäckereiseite des EG wohnten der Bäcker Emil Haas mit Frau und Haushilfe Amale, neben der Wirtschaft „Großmutter Haas" und die Wirtsfamilie Siegloch. Der Rest des großen Hauses war an Fremde vermietet. Der „Alte Hasen" wurde 1943 teilweise durch Bomben zerstört und danach wieder aufgebaut. 1944/45 folgte eine weitere Teilzerstörung, die unmittelbare Nachbarschaft blieb wie zuvor verschont. Wieder war der Bereich der Wirtschaft betroffen. Über ein Behelfstreppenhaus wurden bewohnbare Hausteile zugänglich gemacht. Seit der Bombenzerstörung am 21. Febuar 1944 des elterlichen Hauses Hallstraße 48 waren auch Luises und Sofies Mutter und die ledige Schwester Anne Dürr mit im Haus untergekommen. Die beiden bewohnten ein Zimmer im 1. OG, das nur durch die große Küche von Luise und Adolf Haas zugänglich war. In dieser Küche gab es auch eine Zinnbadewanne, die man sich mit der Wirtsfamilie Siegloch vom EG teilte. Von 1945 bis etwa 1955 hielt man im Ruinenbereich des 1. OG Hühner. Die Bäckerei war von beiden Bombenzerstörungen nicht betroffen und wurde vom „Hasenbäck" Emil Haas auch nach dem Krieg weitergeführt. 1946 eröffnete die Witwe Sofie Siegloch mit ihren Töchtern eine der ersten Besenwirtschaften Cannstatts, die bis 1953 dann und wann geöffnet wurde. Das Wohnzimmer der Zwei-Zimmer-EG-Wohnung wurde dafür jeweils ausgeräumt. Ein großer Teil des eigenen Weins ging nun an Sekt-Rilling. Adolf und Luise Haas erwarben 1957 das Haus Duisburger Straße 33 und zogen mit Schwester Anne Dürr dort ein. Fritz Zaiss (oder sein Sohn, Rechtsanwalt Zaiss) brach den Ruinenteil des ehemaligen „Alten Hasen" ab und ergänzte neu. Der Bau wurde seither kaum verändert.

Der „Alte Hasen", um 1920, ein Gebäude aus der Zeit um 1845; hier wurde 1846 der Turnverein Cannstatt gegründet, starb 1876 Freiligrath, betrieb Sofie Siegloch, geb. Dürr, bis 1944 die große Wirtschaft, von 1946 bis 1953 einen kleinen „Besen" (Vorlage: Pro Alt-Cannstatt).

Oben: Die Doppelhochzeit von Berta und Helene Dürr am 13. September 1930 im Großen Kursaal. Bald darauf sind beide zum ersten Mal schwanger, die Geburt der Kinder im August 1931 lag nur fünf Tage auseinander.

Rechts: Berta Steinle mit Ehemann und fünf Kindern im Juni 1945.

Folgende Seite oben: Die sechs Schwestern mit ihren vier Brüdern, Februar 1961.

Unten links: Sofie Sieglochs 70er Feier, 1968.

Rechts unten: November 1951:
Sofie, Berta, Helene, Emil, August und Erna.

Weinstube
Jägerhof

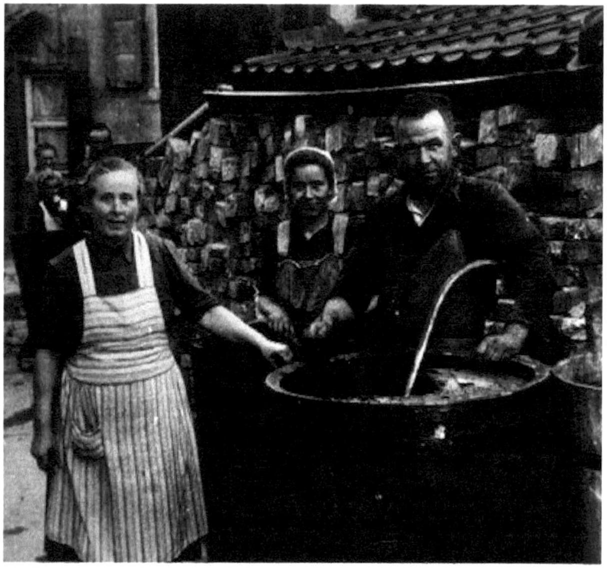

Bild links: Sofie Siegloch, geb. Dürr (links).
Bild rechts: Helene, Berta und Anna, um 1970.

Sofie Dürr (1898-1982) heiratete 1925 den Weingärtner und Wirt Karl Siegloch. Sie betrieben nach ihrer Hochzeit als Feierabendwirte, nach getaner Arbeit im Wengert, abends als Pächter den „Alten Hasen" (siehe S. 225) mit einfacher Speiseauswahl für bäuerliche Cannstatter, Pendler aus der Pragstaße auf dem Heimweg und sonntags Wilhelmabesucher. Während der Neckarregulierung waren auch viele Italiener im Lokal. Ein Mietshaus konnte danach gekauft werden. Nach der mehrfachen Teilzerstörung des „Hasen" betrieb sie mit ihren Töchtern eine der ersten Besenwirtschaften Cannstatts. Das Wohnzimmer der 2-Zimmer-Erdgeschoss-Wohnung wurde dafür freigeräumt. Um 1950 erwarb sie ein Ruinengrundstück in der Hallstraße und baute auf alten Kellern neu. Nach der Hochzeit ihrer jüngeren Tochter übergab sie die Bewirtschaftung ihrer Wengert an den Schwiegersohn Otto Mayer („Jägerhof"). Sie war, mehr noch als die anderen Schwestern, schlagfertig. Ein typischer Spruch lautete: „Tugend ist des Weibes Krone. Doch das Geld ist auch nicht ohne."

Anna Dürr (1903-1991) blieb ledig, machte eine Lehre als Schneiderin/Näherin, arbeitete aber nicht lange in ihrem Beruf. Später ging sie zum „Mahle" als „Bürohilfe". Im Krieg und in den schlechten Zeiten danach wurde ihre Nähfertigkeit besonders geschätzt. Sie kümmerte sich mit der Schwester Luise um ihre Mutter, baute sich 1957 ein Reihenhäuschen im Sommerrain, zog aber 1966 wieder in die Vorstadt, ins Haus ihrer nun verwitweten Schwester Luise. Einmal tauchte sie in der Fernsehserie „Deutschland deine Schwaben" auf. Auf dem Cannstatter Markt befragt, ob sie den schwäbischen Gruß kenne, antwortete sie „Ja freilich" und konterte auf die Frage, wann man diesen denn sagen könne, mit: „Jetzt zum Beispiel." Im Altersheim auf der Altenburg, in dem sie seit 1985 lebte, war sie viele Jahre im Heimbeirat. Sie starb als letzte der Schwestern.

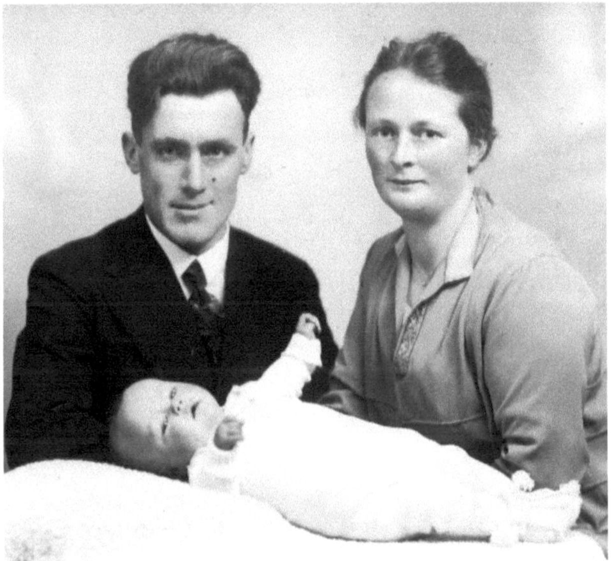

1931 Berta Steinle mit ihrem Mann Wilhelm und Tochter Gretel.

Helene Bauer 1971 (rechts) bei der Hochzeit ihres Sohnes Wilhelm.

Berta Dürr (1904-1989) heiratete 1930 in einer Doppelhochzeit (mit ihrer Schwester Helene, siehe Abbildung S. 226) den Gärtner Wilhelm Steinle aus dem Stuttgarter Osten. Nach und nach, durch fleißige Arbeit, wuchs der Betrieb an der Nürnberger Straße. Irgendwann konnte man sich einen Opel Blitz als Kleinlaster für den Transport der Waren leisten. Bertas Mann engagierte sich im Gärtnerverband und nach dem Krieg auch bei der FDP/DVP, für die er von 1962 bis 1968 im Stuttgarter Gemeinderat saß. Auch die Kinder blieben weitgehend in gärtnerischen Berufen, der Betrieb existiert bis heute. Berta Steinle war immer auffallend gut gelaunt, sang gerne und war freundlich zu jedermann.

Die jüngste der Schwestern, *Helene Dürr* (1905-1977), heiratete den Baumwart und Wengerter Otto Bauer. Sie führten einen Obst- und Weinbaubetrieb im von Otto neu gebauten Haus Auf der Steig 33. Ein Dauerstand an der Straße versorgte die Bewohner des Hallschlag, auch auf dem Cannstatter Wochenmarkt gab es bis 1955 einen Stand. Alle sieben Kinder mussten fleißig mithelfen. Ab 1962 stand Helene Dürr, maßgeblich unterstützt von ihrem jüngsten Sohn Wilhelm auf dem Stuttgarter Wochenmarkt. Helene freute sich über den Erfolg des „Besen", der 1976 durch Wilhelm Bauer im Elternhaus eröffnet worden war, und ging gerne durch die Räume, um die Gäste zu begrüßen.

Texte: Walter Dürr, Einleitung: Olaf Schulze

NATIONALSOZIALISTINNEN

Cannstatterinnen im Stuttgarter Frauenbeirat

Gruppe von Frauen, vermutlich Belegschaft aus Cannstatter Fabriken, beim „Tag der deutschen Arbeit", 1. Mai 1934, in der Daimlerstraße auf dem Weg zur Massenveranstaltung auf dem Wasen, Postkarte (Vorlage: Pro Alt-Cannstatt).

Sofort nach der Machtübertragung an die Nationalsozialisten wurde die politische Führung Stuttgarts verändert. Der neue NSDAP-Oberbürgermeister Karl Strölin wurde zum „Führer" der Stadtgemeinde mit alleiniger Entscheidungsbefugnis, der Gemeinderat wurde verkleinert und zum beratenden Organ degradiert. In der „Deutschen Gemeindeordnung" von 1935 wurde endgültig festgeschrieben, dass ausschließlich Männer in dieses Gremium berufen werden durften.

In Stuttgart hatte sich der Ausschluss von Frauen aus politischen Gremien schon früher vollzogen. Bis Dezember 1933 waren die letzten drei Gemeinderätinnen entlassen worden.

Lise Enke, die Vorsitzende der Berufsorganisation der Hausfrauen Stuttgarts, die dem Reichsverband Deutscher Hausfrauenvereine und dem Deutschen Frauenwerk angegliedert war, forderte im Herbst 1933 in einem Brief an OB Strölin die „Mitarbeit der Hausfrau in örtlichen Behörden, bei denen es sich um Fragen der Verbraucher, der Arbeitgeber und Arbeitnehmer und der Hauswirtschaft handelt".

OB Strölin handelte rasch. Am 21. Dezember 1933 erklärte er in einer öffentlichen Gemeinderatssitzung:

Karl Strölin (1890-1963), Oberbürgermeister der Stadt Stuttgart von 1933 bis 1945 (Bild: Stadtarchiv Stuttgart)..

„Dem Gemeinderat gehören nunmehr keine Frauen mehr an. Die neue Staatsführung weist den Frauen mit Recht ihre Aufgaben außerhalb der politischen Körperschaften zu. Nun gibt es aber zweifellos im öffentlichen Leben Angelegenheiten, die den Wirkungskreis der Frau ganz unmittelbar berühren. (...) Ich habe daher einen Frauenbeirat gebildet, der auf diesen Gebieten Anregungen an die Stadtverwaltung heranzutragen und zu Plänen und Maßnahmen der Stadtverwaltung vom Standpunkt der Frau aus Stellung zu nehmen hat."

Offizielle Eröffnungssitzung war am 13. November 1933 im Vorzimmer des Oberbürgermeisters. Sowohl Strölin als auch die Vorsitzende des Frauenbeirats Elisabeth Bosch führten den in den Beirat berufenen Frauen klar ihre Aufgabe und die Einschränkung ihrer Befugnisse vor Augen. Strölin führte aus:

„Wenn wir die Mitarbeit der Frau richtig eingliedern wollen, dann müssen wir uns zunächst einmal darüber klar sein, welche Stellung der Nationalsozialismus der Frau zuweist. (...) Ganz herausziehen will der Nationalsozialismus die Frau aus dem politischen Kampf als solchem. (...) Das deutsche Staatswesen soll einen von Grund auf männlichen Charakter erhalten."

Und Elisabeth Bosch: „Bei der Auswirkung des Nationalsozialismus auf alle Lebensbereiche (...) ist die Mitarbeit der Frau (...) unentbehrlich. (...) Unsere Tätigkeit bezieht sich jedoch – darüber wollen wir uns von vorn herein im klaren sein – lediglich auf die fraulichen Belange. (...) Hier auf unseren ureigensten fraulichen Gebieten reicht die naturgemäß rein verstandesmäßig betonte Arbeit des Mannes nicht hinreichend aus. (...) Wir dienen! Sieg Heil!"

Das Stuttgarter Rathaus, Postkarte um 1940 (Vorlage: privat).

Es wurden neun Frauen berufen, die jeweils eins der neun eingerichteten Ressorts bearbeiten sollten. Obwohl zumindest ab 1934/35 alle Frauen Parteimitglieder waren, entsprach die Zusammensetzung des Beirats nicht dem Frauenideal der Nationalsozialisten: Sie waren hochgebildet und in höchsten Positionen berufstätig. Und sie wurden unbequem, wenn sie sich in ihren Kompetenzen übergangen fühlten. Deshalb vermutlich wurde der Beirat immer seltener einberufen, bis er 1944 sang- und klanglos aufhörte zu existieren.

Wichtigste Aufgaben waren zunächst das Siedlungs- und Erziehungswesen und arbeitsmarktpolitische Angelegenheiten. Ab 1936 wurde die Betreuung der ständig wachsenden Anzahl von Ehrenpatenfamilien – eine „rein arische" Familie erhielt ab dem vierten Kind Adolf Hitler zum Ehrenpaten – zur vordringlichsten Aufgabe. Trotz einer Aufstockung des Personals blieb bald für andere Angelegenheiten keine Zeit mehr.

Diesem von der nationalen Presse mit großer Aufmerksamkeit verfolgten Beirat gehörten mindestens drei Frauen an, die in Stuttgart-(Bad) Cannstatt wohnten oder doch Berührungspunkte hatten: Liesel Schlenker, Dr. Blanche Kommerell und Anne Klenk.

Charlotte Henriette Anna Aloysie „Liesel" Schlenker, geb. Meyer Lehrerin, Journalistin

Liesel Schlenker, ausgebildet als Lehrerin für Höhere Schulen, arbeitete seit spätestens 1929 als freie Mitarbeiterin für das Stuttgarter Neue Tagblatt, für verschiedene Hausfrauenvereine und für den Rundfunk in Stuttgart. Ihre Sachgebiete waren hauswirtschaftliche und kulturelle Themen. Von 1936 bis 1942 war sie beim Reichssender als Referentin für den Frauenfunk angestellt. Sie war Mitglied der NSDAP, Mitglied der

NS-Frauenschaft mit dem Dienstrang Mitglied des Gaustabes und Mitglied der Reichskulturkammer. Sie wohnte in der Karlsruher Straße 23 (Altenburg).

Liesel Schlenker wurde 1933 in den Frauenbeirat berufen und vertrat dort die Ressorts Allgemeines Bildungswesen: Volksbüchereien, Bildende Kunst, Rundfunk. Über ihre Tätigkeit am Reichssender besorgte sie die Öffentlichkeitsarbeit des Frauenbeirats.

Liesel Schlenker hat für die thematische und organisatorische Erarbeitung der Ausstellung „Die deutsche Frau", die im Frühjahr 1935 in der Gewerbehalle Stuttgart gezeigt wurde und mit pseudohistorischen Erkenntnissen das Frauenbild der Nationalsozialisten zu beweisen suchte, sehr viel Zeit und Energie eingesetzt. In den Sitzungen hat sie sich mit antisemitischen Vorschlägen hervorgetan. Sie forderte z.B. die Entfernung von Denkmälern, die an jüdische Bürger erinnerten, die Umbenennung von Straßen, die nach Juden benannt waren, das Verbot jüdischer Altpapiersammler u.a.m. In ihrer Selbsteinschätzung vor der Spruchkammer stufte sie sich als unpolitische Mitläuferin ein. Sie sagte dort aus:

> „Ich war nicht zu meinem Vergnügen oder aus Parteigründen am Sender tätig, sondern weil ich für meine Familie sorgen musste; mein Mann war acht Jahre nervenkrank und nicht erwerbsfähig. (...) Dass ich nie politisch tätig war, wird gewiss Frau Dr. P. (Jüdin) Züricherstr. bezeugen. Sie kennt mich seit Jahren."

Reisepass von Aloysie „Liesel" Schlenker, ausgestellt in Stuttgart am 4. Februar 1938 (Vorlage: Staatsarchiv Ludwigsburg).

Die Spruchkammer übernahm ihre Selbsteinstufung als Mitläuferin. Am 20. Februar 1948 wurde das Verfahren aufgrund der Weihnachtsamnestie dann eingestellt.

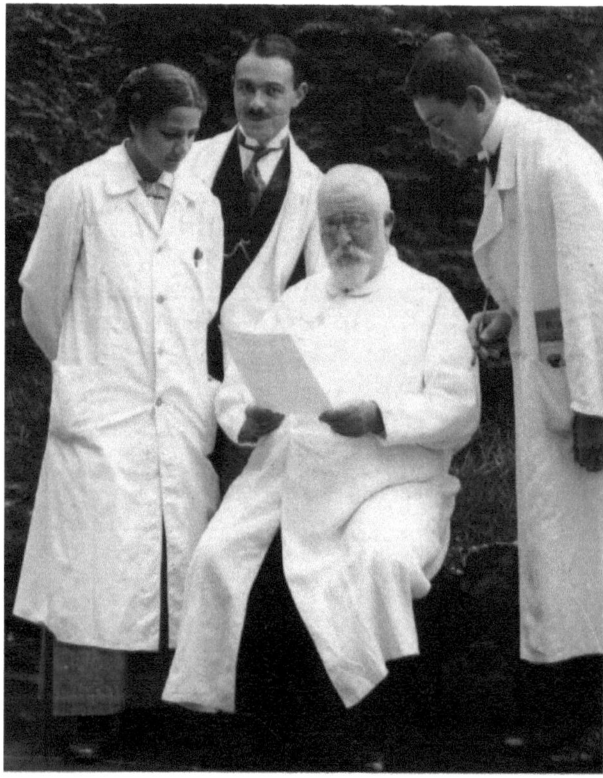

Frl. Dr. Blanche Forster (links), später verheiratete Kommerell, als Assistenzärztin am Krankenhaus Cannstatt im Ersten Weltkrieg, um 1915 mit Prof Dr. Theodor Veiel (Foto: privat).

Dr. Blanche Marie Wilhelmine Thusnelda Kommerell, geb. Forster Ärztin am Cannstatter Krankenhaus

Blanche Kommerell besuchte das Stuttgarter Mädchengymnasium und legte dort 1906 das Abitur ab. Ab Herbst 1906 war sie an der Universität München für das Medizinstudium immatrikuliert und war damit eine der ersten Frauen, die in Deutschland Medizin studierten. 1911 bestand sie dort die ärztliche Vorprüfung. Die klinischen Semester verbrachte sie in München und Tübingen. In Tübingen legte sie 1911 das Staatsexamen ab und promovierte 1913.

Von April 1914 bis Februar 1916 arbeitete sie unter Prof. Veiel in der inneren Abteilung als Assistenzärztin am Cannstatter Krankenhaus. Danach arbeitete sie (bis zu ihrem Tode) vorwiegend in der Stuttgarter Praxis ihres Mannes, der ebenfalls Arzt war, mit. Seit den 1920er Jahren hielt sie Vorträge über Familienfragen, 1935 leitete sie eine Eheberatungsstelle.

Blanche Kommerell war Mitglied der NSDAP, der Nationalsozialistischen Frauenschaft, in der Nationalsozialistischen Volkswohlfahrt (Verband), im Nationalsozialistischen Ärztebund und des Reichsbunds Deutsche Familie. Vor der Spruchkammer ordnete sie sich selbst als Mitläuferin ein. Sie sagte aus:

„1. Ich setzte mich vorwiegend für die soziale Betreuung der kinderreichen Familien ein. 2. Ich sah meine Hauptaufgabe darin der Zerrüttung des Ehelebens entgegen zu treten, und die Moral der weiblichen Jugend zu heben. 3. Ich wandte mich aufs energischste gegen den Geheimbefehl Himmlers über die unehelichen Kinder [jeder SS-Mann sollte uneheliche Kinder zeugen, um das deutsche Volk mit arischem Blut zu stärken], bekam dadurch Schwierigkeiten mit der Partei und gab meine Tätigkeit auf. Meine Einstellung zu diesen Fragen ist immer die gewesen, die ich schon lange vor 33 in meiner Stelle als Eheberaterin des Caritasverbandes einnahm."

Aufgrund der politischen Beurteilung des Betriebsrats der Stadtverwaltung Stuttgart wurde das Verfahren am 4. Juni 1947 eingestellt: „Politische Beurteilung der Blanche Kommerell, Ärztin beim Gesundheitsamt für die Spruchkammer. Über die frühere Ärztin Blanche Kommerell, geb. am 4.12.1884, wohnhaft in Stuttgart, Am Reichelenberg 5 konnte ich so gut wie nichts in Erfahrung bringen. Fest steht nur, dass sie in der Abt. Erb- und Rassenpflege des Gesundheitsamtes tätig war und dort auch nur vorübergehend und aushilfsweise. Politisch hörte man von ihr im Amt nichts. Auch bei einer Umfrage konnte ich nichts weiter feststellen. Es ist mir daher nicht möglich eine eingehendere politische Beurteilung zu geben. Stuttgart, den 28. Oktober 1945. [Unterschrift Aufrecht] [Stempel Betriebsrat der Stadtverwaltung Stuttgart]".

Anne Klenk, geb. Fischer
Hausfrau

Anne Klenk lebte bis 1944 in Bad Cannstatt, dann zog sie nach Stuttgart. Sie war von 1938 bis 1944 Mitglied der NSDAP. Von 1935 bis 1943 war sie in Festanstellung Bad Cannstatter Gauabteilungsleiterin im Deutschen Frauenwerk für die Abteilung Volkswirtschaft-Hauswirtschaft und Erste Vorsitzende der Vereinigung Deutscher Hausfrauen Ortsgruppe Cannstatt. Außerdem war sie Vorsitzende der Reichsgemeinschaft Deutscher Hausfrauen des Gauverbandes Württemberg. Ehrenamtlich arbeitete sie von 1927 bis 1935 als Vorsitzende der Reichsgemeinschaft Deutscher Hausfrauen. Am 31. Januar 1937 wurde sie ohne eigenes Ressort in den Frauenbeirat aufgenommen. Ihr Aufgabengebiet war die Mithilfe bei der Betreuung der Ehrenpatenfamilien und somit die Entlastung von Liesel Schlenker. Ab 1943 bezeichnete sie sich als „freischaffend" und als Hausfrau. Anne Klenk sagte vor der Spruchkammer aus:

„Meine Tätigkeit erstreckte sich seit 1927 nur auf das hauswirtschaftliche und ernährungswissenschaftliche Gebiet und war frei von jedem politischen Einschlag. Im Januar 1939 wurde ich von der Reichsstelle der N.S. Frauenschaft bei der Parteikanzlei angeklagt, weil mein Interesse dem ernährungswissenschaftlichen Gebiet und nicht dem weltanschaulichen gehörte. Ich musste mich in München persönlich rechtfertigen."

Anne Klenk wurde als Mitläuferin eingestuft und erhielt einen Sühnebescheid (15. April 1948) über eine Geldbuße von 400,- RM zuzüglich der Verfahrenskosten in Höhe von 165,27 RM, den sie annahm.

Text: Claudia Weinschenk

ERIKA VON THELLMANN

Schauspielerisches „Wunderkind" und vielbeschäftigte Charakterdarstellerin

Paten: Holger Schindler, Elke Krumbügel-Schindler

„Ich verdanke alles meinen Eltern und meiner Schwester, die mir in Liebe und Verstehen das Leben bereitet haben. Ich habe keine Dachkammer, keinen Kampf gegen den anderen Willen meines Vaterhauses kennen gelernt. Ich habe arbeiten müssen, schuften müssen, mich quälen müssen, aber immer standen mir meine Liebsten, meine Nächsten zur Seite. Das war ein Gefühl wunderbarer Geborgenheit, und wie hätte ich, so geliebt und beschützt, nichts werden sollen?"

Erika von Thellmann (31. August 1902 in Leutschau –27. Oktober 1988 in Calw), Foto von einer Künstlerpostkarte, um 1942 (Vorlage: privat).

1919 feiert man im Kleinen Haus des Württembergischen Landestheaters Stuttgart eine 16-jährige Schülerin aus Cannstatt als „Wunderkind“ – Erika von Thellmann.

Das Mädchen kam am 31. August 1902 im österreich-ungarischen Leutschau (heute Slowakei) zur Welt. Der Vater, Major in der K. u. K. Armee, wurde bald danach nach Ragusa (heute Dubrovnik) versetzt, wo sie gemeinsam mit ihrer jüngeren Schwester ihre Kindheit verbrachte. Im Jahr 1914 war die Familie zu Kriegsbeginn gezwungen, innerhalb von sechs Stunden das Nötigste zusammenzupacken und aus dem schönen Haus am Meer zu flüchten. Während die Schwester Puppen und Spielzeug einpackte, nahm Erika die Künstlerpostkarten von Schauspielern des Wiener Burgtheaters mit, die bei ihrer Mutter auf dem Schreibtisch lagen. Ihre ganze Bewunderung galt diesen Bühnenkünstlern. Zeigte sich hier schon die Begabung? Neben der Lust am Verkleiden, erinnert sich die Mutter, sei Erika schon als Kind nächtens im Schlafzimmer auf und ab gegangen und habe dabei Gedichte und Monologe deklamiert.

Ohne Besitz und Vermögen kam die Familie über Wien zur Großmutter nach Cannstatt, wo sie Obdach fand. Der Vater musste direkt weiter an die Front und die Mädchen besuchten die Schule in Cannstatt. Erika kam an die Mädchenrealschule. Trotz der Kriegszeiten muss es eine recht unbeschwerte Schulzeit gewesen sein. Es gibt Berichte von Jungmädchen-Schabernack zuhauf und Schwärmereien für den schicken Physikprofessor. Hier lernte Erika von Thellmann ihre beste Freundin kennen, Mia Seeger, die spätere „Grande Dame“ des deutschen Designs, deren Vater ebenfalls Offizier war. Diese Freundschaft hielt ihr ganzes Leben

Erika von Thellmann als Julia und Gustav von Wangenheim als Proteus
in Shakespeares Lustspiel „Die beiden Veroneser“
Berlin, Deutsches Volkstheater. Aufnahme Jacobi

Ausschnitt aus einer Zeitschrift, 1930 (Vorlage: privat).

lang. Beliebt waren bei den Schülerinnen die häufigen Theateraufführungen, bei denen sich Erika besonders hervortat. Als Erikas Vater auf Urlaub nach Hause kam und sich in der Schule nach dem Benehmen und dem

Die resolute Tante der Brauhauserbin: Erika von Thellmann (oben), mit Heli Finkenzeller, die mit diesem Film ihren Durchbruch hatte, und Hermann Ehrhardt; Filmprogramm „Illustrierter Filmkurier", Nr. 2476, Berlin 1936 (Vorlage: privat).

Fortkommen seiner Tochter erkundigte, bescheinigten die Lehrer ihr schauspielerisches Talent und rieten zu einer Ausbildung in dieser Richtung. Daraufhin wurde sie dem Schauspieler und Lehrer Oscar Hofmeister vorgestellt. Er wird mit den Worten zitiert: „Was soll ich da ausbilden? Sie kann wie sie ist auftreten." Und das tat sie dann bald darauf auch. Die stupsnäsige Cannstatter Schülerin trug langes, offenes Haar, mit einer Schleife zusammengefasst, als sie dem damaligen Dramaturgen des Stuttgarter Landestheaters Wilhelm von Scholz vorsprach. Und ein paar Tage später hatte sie einen Vertrag als jüngstes Ensemblemitglied in der Tasche. 1919 spielte sie in Gerhard Hauptmanns „Die versunkene Glocke" die Rolle des Rautendeleins. Als sie nach der erfolgreichen Premiere in die blumenübersäte Garderobe kam, wurde sie dort von der glücklichen Mutter umarmt. Die Heimfahrt trat man im Auto an, das ihre Klassenkameradinnen mit Rosen geschmückt hatten. Alle freuten sich mit ihr und bewunderten sie. Sie gönnten ihr den Erfolg, sie war ja eine von ihnen. In der Hand hielt sie dabei ihr ledergebundenes Poesiealbum, in das der alte Professor direkt nach dem Schlussvorhang als Gratulant hineingeschrieben hatte: „Behalte immer Deines Wesens Kern, hohe Priesterin der Kunst".

Schauspielunterricht und Engagement in Stuttgart dauern bis 1922, denn da holt sie Max Reinhardt an das Deutsche Theater nach Berlin. Dort macht sie sich rasch sowohl in Operetten wie „Die törichte Jungfrau" als auch in klassischen Bühnenwerken einen Namen.

Gastspiele führten sie an verschiedene Bühnen, unter anderem 1928 nach New York. Ihre große Zeit als Schauspielerin hatte sie ab Mitte der 1930er Jahre im jungen Tonfilm. Sie wurde zur vielbeschäftigten Aktrice in Unterhaltungsfilmen wie „Weiberregiment" (1936) oder während des Krieges in „Kohlhiesels Töchter" (1943). Es kamen in ihrer Laufbahn an die 160 Filmauftritte zusammen. Im Nachkriegsfilm zum Beispiel „Ein Engel auf Erden" (1959) mit Romy Schneider und Jean-Paul Belmondo oder „Der brave Soldat Schweik" (1960). Hinzu kommen zahlreiche Rollen im Fernsehen.

Wie wichtig auf ihrem Weg ihre Wurzeln waren, darüber berichtete sie in einem Interview 1935.

1929 heiratete sie den aus Ragusa stammenden Tenor Tino Pattiera. Dieser hatte 1916 an der Dresdner Oper im „Troubadour" von Guiseppe Verdi ein Sensationsdebüt gegeben und wurde als Tenor-Gott gefeiert. Allerdings gab es um den schönen Mann mit der erotischen Stimme auch Gerüchte über exzentrische Schattenseiten. Nach der Scheidung 1934 fand Erika von Thellmann dann aber mit dem Sanatoriumsdirektor aus Calw-Hirsau, Dr. Helmuth Römer, ihr privates Glück. Nach der Heirat 1935 pendelte sie zwischen Berlin und Hirsau, bekam zwei Kinder und war als Arztfrau eine aufmerksame Ansprechpartnerin. In Calw-Hirsau veranstaltete sie literarische Abende, an denen sie auch selbst sang und Lyrik vortrug. So gelang ihr der Spagat zwischen Bühne und Familie, zwischen Weltstadt und Provinz. Ab den 1960er Jahren hatte sie neben Film und Fernsehen zahlreiche Engagements an deutschen Bühnen wie Hamburg, Berlin, Düsseldorf, München, Stuttgart. Inzwischen galt sie als Spezialistin für skurril verschrobene Charaktere. Während ihre Schwester immer die lustigere war, neigte Erika von Thellmann eher zum Stillen und Ernsten, konnte dafür aber auf der Bühne ungleich komödiantisch brillieren. Hinzu kam ihr besonderer österreichischer Zungenschlag.

Zum 70. Geburtstag schreibt ihr Hans Bayer alias Thaddäus Troll eine bewundernde Hommage und attestiert ihr unter anderem, sie sei „in der kleinsten Nuance bezaubernd", habe den „Charme der Grande Dame" und disqualifiziere „manchen Autor, indem sie aus dem bescheidensten Text Funken schlägt". Sie besitze „Humor und Intelligenz" und mache „stumme Szenen beredt".

Mit 80 Jahren spielte sie ihre letzte Rolle und am 27. Oktober 1988 verstarb Erika Römer-von Thellmann in Calw. Eine Frau, deren Liebe über die darstellende Kunst hinaus den Büchern galt und ganz besonders den Blumen. „Ich kann Blumen streicheln wie Menschen und Tiere, die man gerne hat."

Text: Helga Müller

Autogrammkarte von Erika von Thellmann, um 1960 (Vorlage: privat).

MIA SEEGER

„Grande Dame“ des Designs
Stifterin des Mia-Seeger-Preises

Patinnen: Die Netzwerkerinnen Bad Cannstatt

Maria Margarethe Seeger kam am 9. Mai 1903 als erste Tochter des Hauptmanns Alfred Seeger und seiner Frau Margarethe Seeger (geb. Hartmann) in Cannstatt zur Welt. Ihre Mutter war die Tochter von Lina Daimler aus deren erster Ehe. Da sich der Vater einen Sohn erhofft hatte, nannte die Mutter ihre Tochter Mia, die Meinige. Wohl nicht zuletzt der Wunsch, dem Vater nachträglich zu beweisen, dass Frauen zu Großem fähig sind, war für Mia Seeger Ansporn für eine außergewöhnliche Karriere in einer männerdominierten Berufswelt.

Die bis ins hohe Alter elegante, grazile Dame erwarb sich durch klare Ziele, unermüdliche Arbeit, in aufrechter Haltung, mit eiserner Disziplin und gegebenenfalls Strenge höchstes Ansehen und galt als Autorität auf dem Gebiet der Formgestaltung und des Designs.

Ihre Kindheit verbrachte sie wohlbehütet im großbürgerlichen Umfeld in Cannstatt, natürlich auch im riesigen Garten der Großmutter Lina Daimler im heutigen Kurparkgelände. In deren Tagebuch von 1905 findet sich unter anderem die Geschichte von der Nadel, die das Kind unglücklicherweise in die Herzgegend bekam, und die trotz vieler Krankenhausaufenthalte und Operationen zeitlebens in ihrem Körper blieb.

Mia Seeger (9. Mai 1903 in Cannstatt – 14. Mai 1991 in Stuttgart), um 1980 (Vorlage: Mia-Seeger-Stiftung).

Die Offiziersfamilie zog später ins preußische Jüterborg und danach ins Elsaß. Von dort kehrte die Mutter mit den Töchtern nach ihrer Scheidung und zu Beginn des Ersten Weltkrieges nach Cannstatt zurück. Hier besuchte Mia Seeger die Mädchenrealschule und hier lernte sie die Klassenkameradin Erika von Thellmann kennen, die schon als 16-jährige Schülerin eine erfolgreiche Schauspielkarriere startete, und ihr lebenslang die beste Freundin blieb.

Das Interesse für Kunst entwickelte Mia Seeger schon in der Schulzeit und nach der Abschlussprüfung bekam sie Privatunterricht bei Albert Müller, einem Maler aus dem Hölzelkreis. Das Studium an der Württembergischen Kunstgewerbeschule Stuttgart brach sie allerdings bereits 1922 ihrerseits wegen Unzufriedenheit mit einem ihrer Lehrer ab, fand aber im Haus der modernen Kunst Anstellung. Dort begegnete sie Gustaf Stotz, Geschäftsführer des württembergischen Büros des Deutschen Werkbundes. Sie wurde Stotz' Mitarbeiterin und er der weichenstellende Lehrer für ihr Leben im Zeichen des Designs. In den 1920er und 1930er Jahren arbeitete sie mit allen angesagten Künstlern und Architekten wie Mies van der Rohe, Walter Gropius, Ludwig Hilbersheimer und vielen anderen.

Bei der berühmten Stuttgarter Werkbundausstellung „Die Wohnung" 1927, rund um die Weißenhofsiedlung, war sie für die Pressearbeit zuständig und insgesamt Mädchen für alles. Der damalige Pressechef Werner Graeff äußerte sich über die Zusammenarbeit lobend (siehe Zitat S. 242). Mit dem erworbenen Wissen und dieser Bestätigung im Rücken nahm Mia Seeger, wie sie selbst später sagte, mit aller Selbstverständlichkeit ihren Platz in der Männergesellschaft ein.

Mia Seeger wuchs in Cannstatt auf, um 1913 (Foto: Stadtarchiv Stuttgart).

Mia Seeger bei der Arbeit für die Stuttgarter Werkbundausstellung, 1927 (Foto: Mia-Seeger-Stiftung).

Der Pressechef Werner Graeff der Stuttgarter Werkbundausstellung „Die Wohnung 1927" äußerte sich über die Zusammenarbeit mit der jungen Mia Seeger folgendermaßen:

„Ich muss hier betonen, daß ohne Fräulein Seegers außerordentliche Liebe zur Sache, ohne ihre Sprachkenntnisse und ohne ihre Zähigkeit und Energie es nicht entfernt möglich gewesen wäre, mit den vorhandenen Mitteln die geleistete Arbeit zu erledigen; eine Tatsache, die wie ich glaube, selten die nötige Beachtung gefunden hat."

1928 wechselte sie in die Werkbund-Zentrale nach Berlin. Von dort aus ging sie 1930 als Geschäftsführerin der deutschen Abteilung bei der Ausstellung der Société des Artistes Décorateurs im Grand Palais unter der Leitung von Walter Gropius gemeinsam mit Mies van der Rohe und Marcel Breuer weiter nach Paris. Sie erarbeitete Triennale-Beiträge in Monza und Venedig und leitete mit Mies van der Rohe 1931 bei der Bauhausaustellung in Berlin die Abteilung „Die Wohnung unserer Zeit".

Nachdem im Dritten Reich der Deutsche Werkbund aufgelöst worden war, fand Mia Seeger in Stuttgart Aufnahme beim Landesgewerbeamt und später als Lektorin und Redakteurin beim Julius Hoffmann-Verlag mit den Schwerpunkten Handwerk, Architektur und Kunstgewerbe. Zu Kriegsende, das sie in Stuttgart erlebte, gelangte sie einmal fast an die Grenze zur Mutlosigkeit, weil Not und Krankheiten sie schwächten.

Mit der Berufung zum Vorstandsmitglied des neuen Deutschen Werkbundes 1949 und zum Präsidiumsmitglied des „Rates für Formgebung" 1952 kamen ihre Kräfte zurück. Mia Seeger drückte in den Nachkriegsjahren dem „Rat für Formgebung" als „Botschafterin des Designs" ihren Stempel auf. Die maßgeblich von ihr aufgestellten Kriterien für die Formgestaltung von Produkten der deutschen Industrie beeinflussten das Bild, das man sich im Ausland von Deutschland machte und trugen zur Rehabilitation des klassisch-funktionalen deutschen Designs bei.

Frau Seeger, wie sie sich nach dem Tode ihrer Mutter 1951 nannte, wurde zum geschäftsführenden Vorstandsmitglied ernannt und erlebte in den 50er und 60er Jahren ihre produktivste und erfolgreichste Zeit. Sie wurde zur Instanz für die Auswahl dessen, was als gutes deutsches Design zu gelten hatte. Unvoreingenommen, kompetent und professionell wurde sie auch im Ausland wahrgenommen.

Vor allem mit Polen entwickelte sich eine von großer Wertschätzung getragene, fruchtbare Zusammenarbeit und eine lebenslange Freundschaft mit der polnischen Vertreterin für das Design. Frau Seeger sah hierin einen kleinen Beitrag zur Völkerverständigung, auf den sie stolz war und der in den 1960er Jahren keinesfalls üblich war. 1967 stellte sie die erste deutsche Designausstellung in Warschau und Krakau zusammen und wurde in diesem Jahr mit dem Bundesverdienstkreuz 1. Klasse ausgezeichnet.

In den 1970er Jahren entsprachen die Vorstellungen des „Rats für Formgebung" nicht mehr ihren puristischen Idealen, da sie sich zunehmend am kurzlebigen Trend und Zeitgeist orientierten. Diesen Weg wollte Mia Seeger nicht mehr mitgehen und nahm die Pensionsgrenze wahr. Nichtsdestotrotz arbeitete sie unermüdlich weiter in Gremien und Jurys und als Beraterin für den Nachwuchs. Als besondere Frau in einer Männerwelt, die ihr nichts schenkte, hatte sie nicht nur gelernt zu bestehen, sondern konnte sich durch ihr Auftreten bei männlichen Diskussionsgegnern durchaus Respekt verschaffen.

1984 ernannte sie der damalige baden-württembergische Ministerpräsident Späth zur Professorin und 1986 stiftete sie den Mia-Seeger-Preis. Als Alleinerbin Seegers wird die Stiftung vom Design Center des Landesgewerbeamtes im Rahmen der Nachwuchsförderung vertreten und vergibt jährlich Preise und Stipendien. Durch Seegers Vermögen sollen junge Designer

Mia Seeger als Redakteurin der „Modernen Bauformen", Jg. XXXIII, H. 8, August 1934 (Vorlage: privat).

MODERNE BAUFORMEN August 1934

Mustersiedlung Ramersdorf
Im Juliheft stellten wir den Lesern für August eine größere Veröffentlichung der nunmehr am 30. Juni zugänglich gemachten Mustersiedlung in München-Ramersdorf in Aussicht. Sie erfolgt nicht, da die Ausstellungsleitung geeignetes Material nicht zur Verfügung stellt.
Die Schriftleitung

und Wissenschaftler gefördert und auf ihrem beruflichen Werdegang unterstützt werden. Sie wollte ihnen eine breit gefächerte Ausbildung ermöglichen, um ihre eigenen Ideen zu verwirklichen und den Beruf nicht der reinen Erwerbstätigkeit unterzuordnen müssen.

Am 14. Mai 1991 starb die „Grande Dame" des Designs, die als Beruf „künstlerische Beraterin" angab. Unter großer Anteilnahme wurde sie auf dem Pragfriedhof bestattet und die Stadt Stuttgart ehrte sie fünf Jahre später mit einer eigenen Straße in der Nähe der Weißenhofsiedlung.

Text: Helga Müller

Plakat für den Mia-Seeger-Preis 2013
(Foto: Mia-Seeger-Stiftung)

MARIANNE MAURER, GEB. REDELBERGER

„Ein Leben für die Bürgerschaft“
Mitglied des Landtags

Patin: Karin Maag, MdB

Marianne Maurer (1903-1995), MdL/CDU – das offizielle Bild der Landstagsabgeordneten aus Bad Cannstatt (Foto: LMZ Stuttgart).

So titelte die Filderzeitung in ihrem Bericht zum 75. Geburtstag von Marianne Maurer. Sie stammte aus Cannstatt, wo sie am 12. März 1903 als Marianne Redelberger das Licht der Welt erblickte. Sie wuchs in der Wildbader Straße auf, ihr Vater, Willy Redelberger, war Ingenieur in der Industrie. Während ihrer Schulzeit kam sie mit der evangelischen Jugendbewegung in Kontakt. Nach dem Abitur auf dem Mädchengymnasium begann sie ein Medizinstudium, das sie jedoch nach dem Vorexamen wegen einer längeren Krankheit abbrechen musste.

1929 heiratete sie den aus Ulm stammenden Philologen Dr. Hermann Maurer (1901-1969), der bis 1939 im Höheren Schuldienst tätig war, und dann an das in Stuttgart beheimatete Deutsche Auslandsinstitut wechselte, bis er zum Wehrdienst eingezogen wurde. 1947 wurde er als Geschäftsführer in das Zentralbüro des Hilfswerks der Evangelischen Kirche in Deutschland berufen und war dort u.a. für die Flüchtlingsarbeit verantwortlich. Ab 1953 bis zu seinem Tod 1969 saß er für die CDU im Stuttgarter Gemeinderat und war im Verwaltungs- und Kulturausschuss aktiv. Aus der Verbindung gingen vier Kinder hervor, um deren Erziehung sich Marianne Maurer während der nächsten Jahre kümmerte. Die Familie wohnte zuletzt im Haus König-Karl-Straße 3.

Nach Kriegsende brachte sich Marianne Maurer verstärkt in kirchlichen und sozialen Organisationen ein. Sie war jahrelang Kirchengemeinderätin der Martin-Luther-Kirche in Bad Cannstatt und zeitweise Mitglied des evangelischen Gesamtkirchengemeinderats in Bad Cannstatt. Von 1959 bis 1965 saß sie in der

In der Kur gestorben

Zum Tod von CDU-Stadtrat Dr. Hermann Maurer

Er gehörte immer zu den Stillen im Lande, zu denen, die keine großen Worte machten — und die dennoch ihre Meinung klar äußerten. Jetzt ist Stadtrat Dr. Hermann Maurer, der — wie man im Rathaus mit Respekt sagt — „zu den Gebildetsten gehörte", unerwartet im Alter von 67 Jahren gestorben. Ein Herzschlag am Kurort Bad Wurzach hat dem Leben von Dr. Maurer am Samstag ein jähes Ende gesetzt.

Nachruf (Ausschnitt) für Dr. Hermann Maurer (1901-1969) aus der „Stuttgarter Zeitung" vom 12. August 1969 (Foto: Stadtarchiv Stuttgart).

Der Landtag tagte damals noch im „Eduard Pfeiffer"-Haus in der Heusteigstraße 45 in Stuttgart (Foto: LMZ Stuttgart).

Abg. Marianne Maurer (CDU): Herr Präsident! Meine Damen und Herren! Ich möchte entschieden dagegen stimmen, daß dieser Betrag von 690 000 DM gestrichen wird.

(Abg. Gleichauf: Sehr richtig!)

Wir haben uns sehr lange darüber unterhalten, ob für die Unterländer Volksbühne ein Betrag von 230 000 DM

(Zurufe: 120 000 DM!)

— ja, 120 000 DM — genehmigt werden solle. An diesem Betrag hängt — darüber haben wir uns unterhalten — soviel ich weiß, die Existenz von fünf oder sechs Menschen.

(Zuruf: Zwölf!)

Diese können auch anderswo eine Arbeit finden. Ich muß sagen, es wäre schlecht, wenn nun ausgerechnet an den Kindern gespart werden sollte.

(Zurufe: Sehr richtig!)

Das hat mit der Abnahme der Verpflichtung der Eltern ihren Kindern gegenüber meiner Ansicht nach eigentlich gar nichts zu tun. Der Herr Landwirtschaftsminister hat ja eben dargelegt, daß sehr viele Kinder den Betrag selbst bezahlten

(Zuruf: Sehr richtig!)

und daß nur die sozial Schwachen die Milch kostenlos erhalten. Ich möchte Sie also sehr bitten, schon um des Eindrucks in der Öffentlichkeit willen, nicht an den Kindern zu sparen.

(Beifall bei der CDU.)

Landtagsprotokoll vom 18. März 1959 – bei einer Haushaltsdebatte setzte sich Marianne Maurer dafür ein, dass die Schulspeisung nicht abgeschafft werden sollte (Vorlage: WLB Stuttgart).

Landessynode und war Mitglied des Ausschusses für Frauenarbeit der Evangelischen Landeskirche Württembergs. Zudem engagierte sie sich bis Ende der 1970er Jahre als Vorsitzende des Cannstatter Ortsverbandes des evangelischen Frauenbundes und war außerdem Landesvorstandsmitglied, teilweise stellvertretende Landesvorsitzende des Deutschen Familienverbandes mit dem Bund der Kinderreichen.

Bereits 1949 hatte auch sie sich der CDU in Stuttgart angeschlossen, eine Periode lang, von 1956 bis 1960, war sie für die CDU Abgeordnete des Landestags von Baden-Württemberg, und zwar für den damaligen Wahlkreis Stuttgart III über ein Zweitmandat. Der Schwerpunkt ihrer Arbeit lag, wie aus den Landtagsprotokollen hervorgeht, im familien-, bildungs- und kulturpolitischen, aber auch im frauenpolitischen Bereich. Sie formulierte einmal, dass es ihr Anliegen sei, die Kräfte und Erfahrungen, die ihr als Frau und Mutter zufließen, für die Allgemeinheit wirksam zu machen. Sie wollte das Bewusstsein wecken, dass über die Erziehung hinaus noch eine Verpflichtung bestehe, politisch tätig zu sein, um den Raum abzuschirmen, in dem die Kinder einmal leben sollen.

Sie war zudem im Landesschulbeirat und im Vorstand der Verbraucherzentrale. Von 1963 bis 1972 war sie im Bezirksbeirat von Stuttgart-Vaihingen aktiv, wo die Familie seit 1960 lebte. Sie verstand es, ihre reichen Erfahrungen an die jüngere Generation weiterzugeben. Marianne Maurer starb am 2. August 1995 im Alter von 92 Jahren. Die Stuttgarter CDU würdigte sie in einer Erklärung mit den Worten: „Sie kannte die Anliegen der Bürger und hat sich stets vehement für deren Interessen eingesetzt."

Text: Olaf Schulze

ELISABETH BERGMANN, GEB. STOTZ

Ein erfülltes Leben nach schwierigem Start

Patin: Edith Sorke

Im hohen Alter, mit 89 Jahren, in Berlin lebend, blickte Elisabeth Bergmann auf ihr Leben, ihre Kindheit, ihre Jugend zurück und verfasste einen Text „Gedanken über das Alter", nach einem vor allem auch in der letzten Lebensphase durch Reisen und ihre künstlerische Ader erfüllten Leben, das sie auch immer wieder nach Bad Cannstatt zurückgeführt hatte. In diesem Text erwähnte sie auch die Freundinnen aus Jugendtagen, die sie, das Einzelkind, gehabt hatte und die zu siebt als Gruppe in den 1920er und 1930er Jahren aufwuchsen und viele schöne, aber auch manche schwere Erinnerungen teilten.

Elisabeth Stotz (19. September 1906 in Stuttgart-Cannstatt – 4. Juni 1996 in Berlin-Spandau) mit ihrer Stiefmutter Anna Stotz, um 1916, aufgenommen im Fotostudio Samson & Cie., Stuttgart (Vorlage: privat).

„Sonntags machten wir 7 Mädle bei schönem Wetter meist einen Ausflug in die grüne Umgebung Stuttgarts. (...) Wir wanderten um Stuttgarts Höhen und Wälder, sangen mit Klampfe (Gitarre) und „Maulklavier" (Mundharmonika), daß die Bäume wackelten. (...) Eingekehrt sind wir nie, das war für junge Mädchen nicht passend. (...) Mittwochs war Tanzkränzchen im Kleinen Kursaal. Da tanzten wir immer mit unserem ‚Schwarm', der allerdings öfters mal wechselte. Auch im Theater oder Oper waren wir abonniert. Da kamen wir auch mal etwas zu spät und mußten uns durch die Reihen drängen. (Wir hatten uns alle 7 die gleichen hellblauen Crêpe-de-Chine-Kleider mit Silberborte am Saum genäht. Es war ein ganzer Ballen Stoff, der herabgesetzt war.) Eine Frau meinte: ‚Sieben Stück und alles Mädle, ach die arme Mutter!'"

Aus den Erinnerungen von Elisabeth Bergmann, 1995.

Elisabeth Stotz (2. von links) auf dem Tanzstundenball-Gruppenbild vor dem Großen Kursaal, um 1922 (Vorlage: privat).

Konfirmation in Westberlin am 2. Mai 1954, links Elisabeth Bergmann (Vorlage: privat).

Elisabeth Eva Maria Mergenthaler („Lisa") wurde am 19. September 1906 in Cannstatt geboren ... und ihr Anfang war kein leichter. Ihre soziale Mutter war nicht ihre leibliche. Ihr Vater Carl Stotz war Fabrikant für Maschinen und Werkzeuge. 1905 hatte er ein Verhältnis mit seiner Nichte Elisabetha Mergenthaler. So wurde Elisabeth unehelich geboren. Der Vater stand zu seinem einzigen Kind, nahm es nach der Geburt auf und adoptierte es schließlich 1915. Seine Frau Anna Stotz war für Elisabeth eine fürsorgliche und gute Stiefmutter. So wuchs Elisabeth in geordneten und behüteten Verhältnissen auf. Man ließ sie ihre Herkunft nicht spüren. Es wurde aber nicht darüber gesprochen. Sie wurde früh zur Musik geführt und lernte mit ihrem Vater, dem sie innig verbunden war, die schwäbische Heimat kennen. Als Jugendliche war sie sehr sportlich und als Kunstspringerin im Schwimmverein Cannstatt aktiv. Sie besuchte die Koch- und Mädchenschule in Cannstatt, machte eine Ausbildung zur Schneiderin mit Meisterabschluss, arbeitete aber als Sekretärin in den Daimler-Werken. Ihr Traum von einer kunstgewerblichen Karriere oder einem Dasein als Modezeichnerin, „Boutikbesitzerin", Modellschneiderin erfüllte sich nicht.

Am 17. März 1934 heiratete sie in Bad Cannstatt den aus Leipzig stammenden Ingenieur Willy Bergmann und folgte ihm nach Leipzig, wo 1939 das einzige Kind, Tochter Edith, geboren wurde. Die schwierigen Jahre des Krieges und der Nachkriegszeit, die viel Improvisation erforderten, erlebte sie dort, bis Willy Bergmann 1950 die DDR verließ und sich eine neue Existenz in Westberlin aufbaute, Frau und Kind folgten 1951. Nach dem frühen Tod ihres Mannes 1955 stand sie vor dem Nichts und arbeitete sich mit viel Fleiß über Jahrzehnte als Sekretärin bei den Spandauer Industriewerken und im Berliner Westendkrankenhaus nach oben. Sie lebte so sparsam, dass sie die weite Welt (England, Ägypten, USA, China) bereisen konnte.

Mit 70 Jahren entdeckte sie ihre künstlerische Ader erneut. Sie begann mit der Aquarellmalerei und stellte gelegentlich auch aus, hatte Aufträge für Bilder über den Bekanntenkreis hinaus. Sie versorgte sich bis zuletzt selbst in ihrer Berliner Wohnung und blieb geistig frisch und an der Welt interessiert bis ins höchste Alter. Ihr ganz eigener Humor half ihr dabei. Sie starb am 4. Juni 1996 im Alter von nicht ganz 90 Jahren nach einem Herz-Katheter-Eingriff in Berlin-Spandau und wurde in Feuerbach bestattet.

Text: Olaf Schulze

Elisabeth Bergmann, geb. Stotz, an ihrem 87. Geburtstag am 19. September 1993 vor dem Mineralbad Leuze (Vorlage: privat).

BERTA EPPLE, GEB. STEINLE

Von Gablenberg nach Bad Cannstatt
Synonym für die Neckarschifffahrt

Patin: Irene Krauss

Ob Stuttgart am Neckar oder am Nesenbach liegt, darüber lässt sich streiten. Tatsache ist, dass erst durch die Vereinigung von Cannstatt mit Stuttgart 1905 die Landeshauptstadt mit dem Neckar in Berührung kam. Bis dahin war der Fluss Lebensader und Wirtschaftsfaktor für Cannstatt, sowie ein wichtiger Transportweg. Mit dem Neckar (nicht nur) in Cannstatt untrennbar verbunden ist der Name „Berta Epple" durch die 1956 gegründete „Neckar-Personen-Schifffahrt Berta Epple". 40 Jahre lang betrieb die Firma unter der Abkürzung NPS auf der Strecke Plochingen-Esslingen-Stuttgart-Ludwigsburg-Marbach-Besigheim-Lauffen-Heilbronn Personenschiffe. Und eines der Schiffe trug Berta Epples Namen.

Die Namensgeberin stammte aus einer alten Weingärtnerfamilie, die in Gablenberg eine Gärtnerei für Obst und Gemüse führte. Im elterlichen Betrieb machte Berta Steinle (1906-1965) die beruflichen Erfahrungen, die auch ihren späteren Lebensweg mitbestimmten. So kümmerte sie sich ab etwa Mitte der 1920er Jahre um die Buchhaltung und machte als eine der ersten Frauen in Stuttgart den Führerschein, um die Kunden schnell und motorisiert beliefern zu können. 1933 heiratete sie den Cannstatter Karl Epple (1893-1961), der nach der Rückkehr aus dem Ersten Weltkrieg in seiner Heimatstadt mit ehemaligen Militärpferden ein eigenes Fuhrunternehmen gegründet hatte. Zu den Abnehmern des Pferdemists gehörte auch die Gärtnerei von Berta

„MS Berta Epple", Postkarte um 1961 (Vorlage: privat) – am 31. März 1958 weihte Bundespräsident Theodor Heuss von der Kommandobrücke der „Berta Epple" den neuen Stuttgarter Neckarhafen bei Untertürkheim ein.

Berta Steinle als Kind mit den Eltern und dem jüngeren Bruder Eberhard, um 1914 (Foto: privat).

Berta und Karl Epple am Tag der Eröffnung der Personenschifffahrt auf dem Neckar, 7. März 1957, an Bord der „Stuttgart", links Oberbürgermeister Arnulf Klett, rechts neben Berta Epple Prof. Dr. hc. Otto Konz, der „Vater des Neckarkanals" (Foto: privat).

Berta Epple, geb. Steinle, als junge Ehefrau, um 1935, dem Geburtsjahr des Sohnes Fritz (Foto: privat).

Epples Eltern. So lernte sich das Paar kennen. Neben dem Transportbetrieb erweiterte sich die Firma im Laufe der Jahre um Kieswerke an Neckar, Fils und Rhein, sowie Steinbrüche und einen Tiefbaubetrieb. Als der Zweite Weltkrieg ausbrach, beschäftigte Karl Epple 200 Arbeiter. In der Firma ihres Mannes spielte Berta Epple eine wichtige Rolle. Zeitweise fuhr sie sogar monatlich LKWs, um an der französischen Küste bei Brest Kies aus dem Meer zu holen.

Am erfolgreichen Wiederaufbau der Firma nach 1945 hatte Berta Epple bedeutenden Anteil. Als resolut und tüchtig wird sie beschrieben, aber auch als sehr sozial eingestellt. Berta und Karl Epple waren zu einem Unternehmerehepaar geworden, das weit über Cannstatts und Stuttgarts Grenzen hinaus einen guten Ruf hatte. Berta fuhr nun sowohl beruflich als auch privat BMW, und zeigte das persönliche „Wirtschaftswunder".

Ihr Name aber stand für die Personen-Schifffahrt auf dem Neckar. Bei der Taufe des ersten Schiffes der Flotte auf den Namen „Stuttgart" sprach Yvonne Klett, die Frau des Oberbürgermeisters, am 7. März 1957 folgende Verse:

„Epple, Cannstatt, Neckarkanal
Davon spricht man schon überall.
Solch schwäb'sche Unternehmerart
Schuf auch Dich, Schiff, zu froher Fahrt ..."

1997 wurde das Unternehmen an das Ehepaar Thie verkauft, die es unter dem Namen „Neckar-Käpt'n" über zwei Jahrzehnte betrieben. Aktuell in neuen Händen, soll es weitergehen. Der Name „Berta Epple" aber lebt auch anders weiter. Zu ihren Ehren hat sich eine Musikformation, die aus der Gruppe „Tango Five" hervorging, nach ihr benannt. Das Grab der Epples befindet sich auf dem Steigfriedhof, unweit des Pförtnerhauses.

Text: Dr. Manfred Schmid

Berta und Karl Epple, um 1959 (Foto: privat).

GERTRUD MÖLLER, GEB. HEUGEL

Lebenslanges Engagement zum Wohle der Mitmenschen

Paten: Ruth und Günter Klöpfer

„Trudel" Möller, wie sie – wenn auch in der Familie stets „ohne e" – im Familien-, Freundes- und Bekanntenkreis hieß, wurde als Gertrud Heugel am 12. November 1906 in Stuttgart-Cannstatt geboren. Und bis auf drei Jahre lebte und engagierte sie sich auch in Bad Cannstatt. Ihr Vater arbeitete bei der Firma Eckardt. Sie selbst lernte Näherin. Bereits 1926, noch vor Erreichen der Volljährigkeit, trat sie der SPD bei und tat dies erneut, als die SPD in Stuttgart nach der Zeit des Verbotes durch die Nationalsozialisten und dem Ende des Zweiten Weltkrieges wieder mit ihrer Arbeit beginnen konnte. Über Jahrzehnte lebte sie mit ihrer Familie in der Reichenhaller Straße 38 – eine Anlaufstelle für Menschen, die ihre Hilfe, ihren Rat suchten.

Gertrud „Trudel" Möller, geb. Heugel (12. November 1906 in Stuttgart-Cannstatt – 4. Januar 1999 in Stuttgart-Bad Cannstatt), Zeitungsbild aus dem Amtsblatt über den Bericht ihrer Einführung als Stadträtin der SPD am 30. Juni 1955 (Vorlage: Stadtarchiv Stuttgart).

Sie heiratete 1930 den Drechsler Walter Möller (1901-1975), der nach dem Krieg für die Fürsorgestelle für Kriegsbeschädigte arbeitete. Sie hatten sich bei einer SPD-Parteischulung in Norddeutschland kennengelernt. Gertrud Möller wurde mit ihren beiden Töchtern Karin und Ruth nach Beginn der Luftangriffe auf Stuttgart für etwa zweieinhalb Jahre bis Kriegsende auf einen Härdtfeld-Bauernhof (bei Aalen) evakuiert. Sie berichtete später über die schwere Zeit im Nachkriegs-Cannstatt (auch das Wohngebiet auf dem Seelberg war nicht verschont geblieben), über bittere Armut und den Lebensmitteleinkauf auf Marken. Als Ehefrau und Mutter, sogenannte „Nur-Hausfrau", engagierte sie sich Zeit ihres Lebens weit über den

Familienkreis hinaus für ihre Mitmenschen. Das ehrenamtliche Engagement nahm über viele Jahrzehnte einen großen Raum in ihrem Leben ein. Die SPD-nahe, ebenfalls nach dem Krieg wieder gegründete Arbeiterwohlfahrt war ab 1946 ein Feld, in dem sie sich maßgeblich einbrachte. Von 1965 bis 1970 gehörte sie dem Vorstand der AWO Bad Cannstatt an und blieb dieser aktiv bis kurz vor ihrem 85. Geburtstag treu. Ihre ersten kommunalpolitischen Erfahrungen hatte sie zwischen 1950 und 1955 als Bezirksbeirätin der SPD in Bad Cannstatt gesammelt. Am 30. Juni 1955 wurde Gertrud Möller schließlich als Nachfolgerin für den am 20. Juni verstorbenen SPD-Stadtrat Emil Schuler durch Oberbürgermeister Klett in ihr neues Amt als Stadträtin eingeführt. So gehörte sie zu den wenigen Frauen, die in den 1950er und 1960er Jahren in Stuttgart Stadträtin waren. Gertrud Möller wurde einmal wiedergewählt und gehörte der SPD-Gemeinderatsfraktion bis 1965 an und bestimmte in dieser Zeit die Geschicke der Landeshauptstadt mit. Sie war unter anderem Mitglied im

Links: Gertrud und Walter Möller, um 1965;
oben: Gertrud Möller, 1982 (Vorlagen: privat).

Sozialausschuss, im Wirtschaftsausschuss und im Technischen Ausschuss des Gemeinderats. Ihr Interesse galt vor allem sozialen Themen, vorrangig der Altenarbeit, sie sorgte sich um das Wohl der älteren Mitbürgerinnen und Mitbürger. Noch im fortgeschrittenen Alter von 85 Jahren machte sie regelmäßig Krankenbesuche. Auch in Fragen der Wohnungsbeschaffung half sie vielen Familien immer wieder ganz konkret, sie hielt

Familienbild mit vier Generationen, entstanden 1986 während der letzten USA-Reise Gertrud Möllers, mit den beiden Töchtern, den Schwiegersöhnen, zwei Enkeln, davon einer mit Frau und Kind (Vorlage: privat).

„Ihre ältere Tochter war in den 1950er Jahren zum Schüler-Austausch in den USA und lernte dort auf der Highschool ihren späteren Ehemann kennen, den sie 1956 in Bad Cannstatt heiratete und mit ihm nach USA auswanderte. Er arbeitete nach seinem Studium in der Nähe Detroits als Lehrer. Besonders stolz war Trudl auf ihren zweiten Enkel, er war Ballistiker bei der NASA in Kalifornien und leitete mehrere Mondlandungen. Ich selbst lernte meine spätere Schwiegermutter 1963 als Frau kennen, die ständig von Sitzung zu Sitzung, von Besprechung zu Besprechung eilte und eigentlich immer in Action war. Wo sie die Zeit für ihr zusätzliches Engagement als ‚Waldheim'-Organisatorin und den während der Ferienzeit eigenen praktischen Einsatz hernahm, war mir rätselhaft."

Erinnerungen von Günter Klöpfer
an seine Schwiegermutter, 2020.

auch Kontakt mit SPD-Stadträtinnen in anderen Städten, die Ähnliches taten. Ein weiterer wichtiger Bereich ihres Engagements war die „co op-Schwaben-Frauengilde", bei der es u.a. auch um Verbraucherfragen ging – vierzig Jahre lang, von der Gründung bis 1991, war Trudel Möller dort Vorstandsmitglied, wurde zu einer Art Institution. Zudem engagierte sie sich jahrelang in verschiedenen Frauengremien. Als Schöffin beim Landgericht Stuttgart und als Beisitzerin im Ausschuss für Kriegsdienstverweigerer machte sie sich um die Allgemeinheit verdient.

Regelmäßig erschienen zu ihren runden hohen Geburtstagen kleine Artikel über die Altstadträtin in den Stuttgarter Zeitungen. So heißt es in der „Cannstatter Zeitung" vom 13. November 1991: „An ihrem Festtag erwartete die Mutter zweier Töchter, zweifache Oma und Uroma zahlreichen Besuch. Auch die in Amerika lebende Tochter hatte sich in Cannstatt angekündigt, wo Gertrud Möller fast immer gelebt hat." Ihren 90. Geburtstag konnte sie noch begehen, doch dann wurde es still um Trudel Möller und die schier unerschöpflichen Kräfte ließen nach. Zuletzt lebte sie im Haus Brunnenstraße 57 des Evangelischen Vereins und starb am 4. Januar 1999 im Alter von 92 Jahren. Ihre Urne wurde auf dem Steigfriedhof bestattet. Keine Frage, dass die „Internationale" erklang.

70
JAHRE
IN TREUE
UNSERER PARTEI
VERBUNDEN
Gertrud Möller
DAFUR DANKT DIE
SOZIALDEMOKRATISCHE
PARTEI
DEUTSCHLANDS

Text: Olaf Schulze

Altstadträtin Möller ist 90

Am Dienstag, 12. November feierte Gertrud Möller in Bad Cannstatt ihren 90. Geburtstag. Von 1950 bis 1955 gehörte sie dem Bezirksbeirat Bad Cannstatt an und war von 1955 bis 1965 Mitglied der SPD-Gemeinderatsfraktion. Ihr Interesse galt vor allem sozialen Themen, hauptsächlich der Altenarbeit. Unter anderem war sie Mitglied im Sozial-, Wirtschafts- und Technischen Ausschuß. Zeitlebens hat sie sich ehrenamtlich und beruflich in vielen Funktionen für ihre Mitmenschen engagiert. Bis zu ihrem 85. Lebensjahr war sie in der Arbeiterwohlfahrt aktiv. Von 1965 bis 1970 gehörte sie dem Vorstand der AWO Bad Cannstatt an. Außerdem arbeitete Gertrud Möller jahrelang in verschiedenen Frauengremien mit, war Schöffin beim Landgericht Stuttgart und Beisitzerin im Ausschuß für Wehrdienstverweigerer. Sie engagierte sich sehr für ältere Mitbürgerinnen und Mitbürger und kümmerte sich um die Wohnungsbeschaffung für Familien. Die Jubilarin wurde in Bad Cannstatt geboren und hat mit Ausnahme von drei Jahren hier auch gelebt und gewirkt. Bürgermeister Dr. Dieter Blessing hat die Glückwünsche der Landeshauptstadt überbracht.

Zeitungsbericht zum 90. Geburtstag von Gertrud Möller am 12. November 1996 (Vorlage: Stadtarchiv Stuttgart).

VERLEIHUNGSURKUNDE

IN ANERKENNUNG DER UM VOLK UND STAAT ERWORBENEN

BESONDEREN VERDIENSTE

VERLEIHE ICH

FRAU GERTRUD MÖLLER

STUTTGART-BAD CANNSTATT

DAS VERDIENSTKREUZ

AM BANDE

DES VERDIENSTORDENS DER BUNDESREPUBLIK DEUTSCHLAND

BONN, DEN 2. SEPTEMBER 1980

DER BUNDESPRÄSIDENT

Carstens

Verleihung des Bundesverdienstkreuzes am Bande durch Oberbürgermeister Manfred Rommel im Stuttgarter Rathaus, 1980; dazu die von Bundespräsident Karl Carstens unterschriebene Urkunde; links gegenüber stark verkleinert die Urkunde über 70 Jahre Mitgliedschaft in der SPD, 1996 (Vorlagen:privat).

LENORE VOLZ

„S´isch reacht gwäe.“ Die Wiege für die Frau im Talar stand in Bad Cannstatt

Pate: Udo Schweickhardt

Lenore Volz während der Zeit ihres Theologiestudiums mit ihren Eltern Amalie Volz (geb. Sixt, 1878-1962) und Hugo Volz (1862-1949), um 1938 (Foto: privat).

Über beide Eltern ist sie eine direkte Nachfahrin des bedeutenden württembergischen Reformators Johannes Brenz.

Lenore Volz wuchs in einer ebenso christlich-sozial geprägten wie gleichzeitig aufgeklärten Familie auf, die sie auf liebevolle Art zeit ihres Lebens auf ihrem Weg unterstützte.

Unbeirrbar und aufgeklärt, selbstbewusst und kompetent hat Lenore Volz als Vorreiterin der Gleichberechtigung der Frau im kirchlichen Dienst entscheidend dazu beigetragen, dass die Synode der evangelischen Kirche Württembergs 1968 die Ordination und Gleichstellung der Theologinnen beschloss.

Am 16. März 1913 in Waiblingen geboren, begann Lenore Volz nach dem Abitur am Stuttgarter Königin-Katharina-Stift in Tübingen ihr Theologiestudium, obwohl es 1932 keinerlei Perspektiven für Theologinnen gab. Vom Oberkirchenrat hörte sie: „Sie studieren völlig auf eigene Verantwortung“. Und Verantwortung übernahm sie zeitlebens.

Die Eltern unterstützten sie auf ihrem Weg vorbehaltlos. Ihre Mutter Amalie Volz, deren Wurzeln auf Johannes Brenz (1499-1570) zurückgehen, zeichnete sich, wie viele Frauen aus dieser Familie, durch Stärke und Selbstständigkeit aus. Sie zeigte unermüdliches Engagement in ihrem Einsatz für die Frauen-, Familien- und Sozialarbeit und gründete die erste Mütterschule in Esslingen. (Was ihr während der Zeit des Nationalsozialismus erhebliche Schwierigkeiten einbrachte). Die Hingabe für die sozialpolitische und theologische Sache verband Mutter und Tochter, und beeinflusste Lenore Volz in ihren emanzipatorischen Bestrebungen. Sicher trug auch der Abschluss ihres Studiums in

Lenore Volz (16. März 1913 in Waiblingen – 26. September 2009 in Stuttgart) – in einem Theaterstück als „Kurfürstin von Brandenburg", 10. Mai 1931 (Foto: privat).

Tübingen dazu bei, denn ihre Prüfungspredigt durfte sie 1939 nur in der Sakristei unter Ausschluss der Öffentlichkeit und ohne Talar halten.

Als sie 1940 als Pfarrgehilfin im Dekanat Bad Cannstatt begann (RM 120,- plus Wohngeld RM 33,-), war das Dienstverhältnis völlig ungesichert und Theologinnen durften nur eingeschränkte Aufgaben übernehmen, wie etwa Seelsorge an Mädchen und Frauen, an Kranken und Alten. Ab 1942 war es ihr kriegsbedingt erlaubt zu predigen, aber Taufen, Trauungen, Beerdigungen, Abendmahlsfeiern waren weiterhin den Männern vorbehalten. Da viele Pfarrer eingezogen worden waren, übernahm „Fräulein" Volz unzählige Gottesdienste und half in vielen Gemeinden aus. Mit dem Fahrrad und zu Fuß pendelte sie zwischen der Stadtkirche, wo täglich Kriegsgebetsstunden zu halten waren, der Gemeinde Steinhaldenfeld, die keinen Pfarrer mehr hatte, der Andreägemeinde, der Wichernkirche, bis nach Mühlhausen und Luginsland. Bei einer kurzfristigen Vertretung in Schmiden blieb dem Kantor und damit der ganzen Gemeinde beim Singen die Luft weg, als eine junge, schlanke Frau im schwarzen Konfirmationskleid die steile Treppe zur Kanzel erklomm. Sie machte ihre Sache gut, so dass der Kirchenpfleger hernach zugeben musste: „S' isch reacht gwäe."

Nach diesem Erlebnis erstand sie von einer Pfarrerswitwe den Talar deren Mannes, ließ ihn für sich umschneidern und konnte mit viel Geschick, unter der Mithilfe der Frau Dekanin, sowohl den Dekan als auch den Prälaten davon überzeugen, als Frau den Talar tragen zu dürfen – aber mit „Krägele" statt Beffchen!

Ihr kirchlicher Dienst war aufgrund des Krieges geprägt von Hunger, Krankheiten, Bombenangriffen und

„Großmutter Amalie Sixt / Ruth u. Lolo Volz“, Handsignatur von Lenore Volz wenige Jahre vor ihrem Tod auf der Rückseite des Familienbildes, das ihre Großmutter mütterlicherseits und ihre acht Jahre ältere Schwester Ruth zeigt, 1918. Amalie Sixt, und damit auch Lenore Volz, ist eine unmittelbare Nachfahrin des württembergischen Reformators Johannes Brenz (Foto: privat).

den zahlreichen Opfern. Oft musste der Gottesdienst bei Fliegeralarm unterbrochen werden. Trotzdem ging Lenore Volz im Vertrauen auf Gott die Kraft nicht aus, den Bedürftigen Trost zu spenden. Darüber hinaus gründete sie Jungmütterkreise und Elternseminare. Sie lernte mit der Angst und der Sorge, den Aufgaben nicht gewachsen zu sein, zu leben. Im Rückblick sah sie diese schwere Zeit aber auch als eine besonders erfüllte an.

Anfangs wohnte sie bei einer Witwe in der Freiligrathstraße in einem sonnenlosen Erdgeschosszimmer. Nachdem das sowieso feuchte und kalte Zimmer nach einem Feuer samt Löschwasser unbewohnbar geworden war, fand sie 1943 vorübergehend Aufnahme im Diakonissenhaus in der Nauheimer Straße, wo sie die wohltuende Geborgenheit einer Frauengemeinschaft kennenlernte. Bis 1948 stand ihr dann ein anderes möbliertes Zimmer ohne Bad- und Küchenbenutzung zur Verfügung. Danach gelang es, mit viel Mühe, mit den Eltern gemeinsam eine 2½-Zimmerwohnung in der Ruhrstraße 24 zu beziehen.

Nach dem Krieg machte die evangelische Landeskirche 1948 mit dem Gesetz über den Dienst der Theologinnen zu derer großen Enttäuschung einen Schritt rückwärts, denn man grenzte ihre Arbeit wieder ein, indem sie, zwar nun mit dem Status der Pfarrvikarinnen ausgestattet, doch lediglich auf Mitarbeit beschränkt wurden. Das Predigtamt blieb in den Händen der Männer. Die Pfarrvikarinnen konnten nicht selbstständig gestalten, waren ohne eigene Verantwortung und fühlten sich dabei in ihrer Arbeitskraft ausgenutzt. Denn sie leiteten nicht eine Gemeinde, sondern eine Theologin betreute verschiedene Gemeinden gleichzeitig.

1948 gab es 16 Pfarrvikarinnen in der württembergischen Landeskirche, die sich zum Teil wie Lenore Volz bewusst für die Ehelosigkeit bzw. das Alleinsein entschieden hatten, um Zeit und Möglichkeiten für ihre Kirchen- und Bibelarbeit zu haben. Bis in die 1970er Jahre galt jedoch das Dienstverhältnis der Theologin bei Eheschließung als beendet, was für Pfarrer nicht galt.

„Unsere Pfarrvikarin Fräulein Volz" im Helferkreis der Kinderkirche der Luthergemeinde in Bad Cannstatt, um 1955. An der Wand im Hintergrund erkennt man ein Foto des aus Cannstatt stammenden Pfarrers Otto Riethmüller (1889-1938), Mitglied der Bekennenden Kirche und Beauftragter der weiblichen Evangelischen Jugendarbeit (Foto: privat).

Frau Volz war sich von Anfang an sicher, dass sie auf die Ehe verzichten würde. Doch wie sie selbst sagte, war ihr die Freiheit der Arbeit als Theologin mehr als ein Ersatz. Gleichwohl fand sie es ungerecht und es führte zu stetem Unmut, dass sie als examinierte Theologin als „Fräulein Volz" der angeheirateten Frau Pfarrerin öffentlich nachgestellt war.

Zusätzlich zu ihrer Arbeit als Pfarrvikarin absolvierte Lenore Volz ein tiefenpsychologisches Studium, was ihr nicht zuletzt im Umgang mit ihren Vorgesetzten half, zumal sie sich stärker in kirchenpolitische Tätigkeiten einbrachte. Als meist einzige Frau in den männerdominierten Gremien hatte sie erkannt, dass eine gründliche und ausführliche biblisch-theologische Arbeit von Nöten sei, um die Vorbehalte gegen die Frauenordination zu überwinden. Für Volz schien die Vormachtstellung des Mannes biblisch nicht begründbar und es stellte sich die Frage, ob die Vorrechte der Männer auf gottgewollte Ordnung zurückzuführen wären oder eher auf gesellschaftliche Gegebenheiten.

Ihre Einsegnung als Pfarrvikarin in der Cannstatter Stadtkirche im Februar 1950 spricht für die Vorbehalte Bände. Üblicherweise hält bei einer Investitur der zu Investierende die Predigt. Der damalige Dekan wollte aber im, wie er es nannte, „Hauptgottesdienst" um 10 Uhr selbst predigen, was Lenore Volz innerlich empörte. Sie schlug daraufhin vor, dass sie ihre Predigt ja im Kinder- und Jugendgottesdienst um 8 Uhr halten könne. Weil die hochgewachsene Frau mit der sonoren Stimme, „unsere Pfarrvikarin Fräulein Volz" so überaus beliebt war, kamen an dem kalten verschneiten Morgen nicht nur die Kinder, sondern auch die Eltern. Die Kirchenränge waren voll besetzt, die Stimmung für die Kirchgänger und vor allem für die Vikarin beglückend.

Nach ihren Worten habe, von den Besucherzahlen her gesehen, der „Hauptgottesdienst" nicht mithalten können. Den Menschen zugewandt und herzlich, dabei mit natürlicher Autorität und Würde ausgestattet, war sie doch pragmatisch genug, um sich Anfang der 1950er Jahre ein Motorrad anzuschaffen, um die weiten Wege zwischen Mühlhausen, Steinhaldenfeld und Luginsland bewältigen zu können. Typisch für sie: bevor die schwierige Erlaubnis von ihren Vorgesetzten erteilt worden war, hatte sie das Gefährt schon längst bestellt.

Ab Ende der 1950er Jahre tauchte sie immer tiefer in die kirchenpolitische Grundlagenarbeit ein und hielt im Dezember 1961 im Dekanat Cannstatt im Rahmen der KTA (Kirchentheologische Arbeitsgemeinschaft) einen Vortrag mit dem Titel: „Ist die Theologinnen-Ordnung von 1948 revisionsbedürftig?" Obwohl vom Oberkirchenrat kritisch gesehen, waren ihre Thesen richtungsweisend. Nachdem sie 1965 als Vertrauensvikarin zur Vorsitzenden des Theologinnenkonvents gewählt worden war, brachte sie mit zwei Mitstreiterinnen und drei Mitstreitern 1967 eine Studie über das geistliche Amt der Frau heraus mit dem Titel: „Frauen auf der Kanzel?", (Vorwort von Richard von Weizsäcker; Fotos aus ihrem persönlichen Exemplar, siehe S. 270 f.). Ihr Ziel war es zu beweisen, dass das Patriarchat dem Geist der Bibel nicht entspricht. Traditionen des Pietismus und entsprechende Emotionen sollten hinterfragt werden und sich der Diskussion über die Frauenfrage öffnen. Ein schwieriges Unterfangen, bei dem sie immer wieder die Frage stellte:

„Muss die Frau in der Gemeinde schweigen und sich dem Mann unterordnen oder darf sie in der Kirche ebenso mündig sein wie in den Bereichen der Welt?"

Vom Frühjahr 1967 bis November 1968 reiste sie unermüdlich durch Württemberg und hielt Vorträge, um zu überzeugen, dass die Gleichstellung von Mann und Frau in der Kirche Schöpferwille sei. Dabei wurde sie nicht nur eingeladen, sondern auch ausgeladen oder sogar vorgeladen. Dennoch: der Erfolg war ihr beschieden. Am 15. November 1968 wurde das Theologinnengesetz mit der Gleichstellung der Frauen verabschiedet. Die Pfarrvikarinnen erhielten die Amtsbezeichnung Pfarrerin und damit Raum für ihre Arbeit und eigene Entfaltung. 1970 wurde mit Heide Kast die erste Gemeindepfarrerin Württembergs in der Ludwigsburger Auferstehungskirche in Anwesenheit von Frau Volz eingeführt.

Lenore Volz, links als Gratulantin bei einer Hochzeit im Oktober 1982, und rechts um 2002 (Fotos: privat).

Heide Kast erinnert sich, dass auch sie den Talar mit Krägele und nicht mit Beffchen tragen musste und auch an die Einschränkung, dass eine Eheschließung „als zu erwartende Beeinträchtigung des Dienstes" gesehen werden und zur Beendigung des Dienstverhältnisses führen konnte. 1978 fiel auch diese Regelung und es gab nur noch ein Gesetz für Theologen und Theologinnen, auch was das Gehalt betraf.

Um in ihrer Berufung voll aufgehen zu können, hatte Lenore Volz das Glück, dass ihre Schwester Ruth sie tatkräftig unterstützte und ihr den Haushalt führte. 1970 bewarb sie sich um die Krankenhauspfarrstelle in Bad Cannstatt, arbeitete in diesem Amt bis zu ihrem Ruhestand 1978 und leistete hier einen erheblichen Beitrag zur Reform der Krankenhausseelsorge.

1994 erschien ihre Autobiografie „Talar nicht vorgesehen" mit einem Leitgedanken, der von Rita Süssmuth stammt:

> „Erinnern ist für den Menschen die Voraussetzung für die Zukunft".

Den Lebensabend verbrachte sie im Augustinum in Stuttgart-Riedenberg und ihre letzte Ruhestätte fand sie nach ihrem Tod am 26. September 2009 auf dem Uffkirchhof in Bad Cannstatt – sie hatte bestimmt, dass sie im Talar bestattet wurde.

Text: Helga Müller

MUSS DIE FRAU IN DER GEMEINDE SCHWEIGEN?

„Krägele" statt „Beffchen": Sonntag, den 2. Juli 1967, Stadtkirche Stuttgart-Bad Cannstatt – Lenore Volz als einzige Frau „unter Pfarrern", damals noch „Pfarrvikarin" und seit Sommer 1965 Vorsitzende des württembergischen Theologinnenkonvents (Foto: privat). Lenore Volz hatte sich nach ihrer Wahl fest vorgenommen: „Das Amt der Theologin in der württembergischen Kirche muss neu gestaltet werden."

Patin: Margarete Eifert

Petrus (um 65 n. Chr.): „Und es soll geschehen in den letzten Tagen, spricht Gott, da will ich ausgießen von meinem Geist auf alles Fleisch; und eure Söhne und Töchter sollen weissagen." Am Pfingsttag ergießt sich der heilige Geist über Männer und Frauen, Belegstelle: Apostelgeschichte 2, 16-18, darin zitiert der Prophet Joel, 3, 1-5.

Lenore Volz (1994): „Aus diesen exegetischen Untersuchungen geht eindeutig hervor: Sowohl nach dem ursprünglichen Schöpferwillen Gottes wie nach dem in Christus begründeten Sein der an ihn Glaubenden sind Männer und Frauen einander gleichgestellt – als Ebenbilder Gottes und als Zeuginnen und Zeugen seiner den neuen Äon ansagenden Offenbarung. Für die kirchliche Praxis heißt das Gleichstellung der Frau auf allen Ebenen."

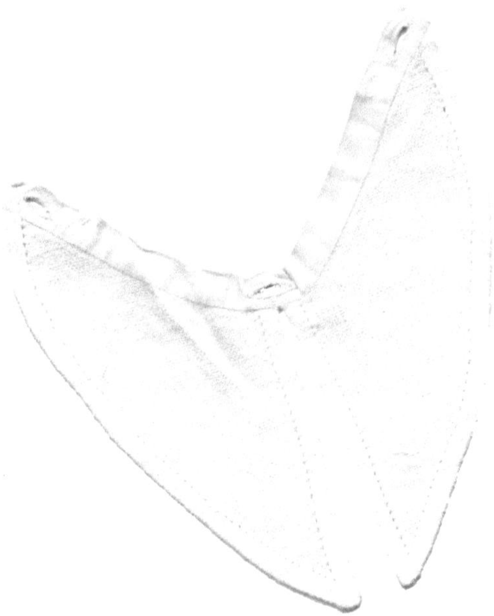

Lenore Volz war „die Frau im Talar", aber mit „Krägele" statt mit „Beffchen"; oben ein „Krägele" aus ihrem Besitz. Rechts: Einführung von Heide Kast als erste Gemeindepfarrerin in der württembergischen Landeskirche, 1970 in der Auferstehungskirche in Ludwigsburg. Links Lenore Volz, die ein zentrales Ziel ihrer theologischen Arbeit der vorangegangenen drei Jahrzehnte erreicht sah – ein Freudentag für die Bestrebungen der Theologinnen und einiger weniger männlicher Mitstreiter in den 50er und 60er Jahren in der evangelischen Landeskirche Württembergs (Fotos: privat).

Frauen auf der Kanzel ?

Eine brennende Frage unserer Kirche

Herausgegeben von Lenore Volz

Geleitwort von Kirchentagspräsident Dr. Richard von Weizsäcker

Verlagsnummer 2128

1. Auflage 1967
Umschlaggestaltung: Robert Eberwein
Satz und Druck: Buchdruckerei Ernst Franz, Metzingen

Es ist nicht schwer, Beifall zu finden, wenn man sich öffentlich für die Frau auf der Kanzel einsetzt. Einer wachsenden Zahl von Menschen ist nur mit Mühe verständlich, daß hier überhaupt noch eine ernsthafte Frage bestehen könnte. Bei anderen dagegen verfestigen sich die Bedenken; die Sorge, daß die Zeit gegen sie arbeiten könnte, steigert oft noch ihren Widerstand.
Ich vermute, daß es wirklich nur noch eine Frage der Zeit ist, bis wir die Phase der Auseinandersetzungen über »Theologinnen-Gesetze« hinter uns haben. Wir werden, wie ich meine, uns gemeinsam zur Erkenntnis durchringen, daß nicht das Weib, sondern der Unmündige in der Gemeinde schweigen möge, einerlei welchen Geschlechtes er sei, und daß Mann und Frau im geistlichen Amt nicht prinzipielle, sondern praktische Unterscheidungen nahelegen.
Aber gerade wenn diese Vermutung zutreffen sollte, wollen wir sie nicht als Argument verwerten, sondern uns sorgfältig den Gründen und Gegengründen zuwenden. Dazu soll die vorliegende Arbeit beitragen. Wir müssen Schrift und Tradition prüfen. Dabei werden wir uns wieder der alten Erfahrung öffnen, daß wir, um heute dasselbe zu sagen, es immer neu sagen müssen. Wir müssen die praktischen Verhältnisse und die Zukunft abschätzen. Dabei wird ein bloßer gesunder Menschenverstand, der oft genug nur als Umschreibung für unsere Emotionen dient, nicht ausreichen. Wir müssen die Gaben prüfen, die wir beim einzelnen finden, sei er Mann oder Frau, Laie oder Theologe, dem »Kern« der Gemeinde näher oder ferner. Von daher müssen wir die Aufgaben verteilen, um unter dem Evangelium gemeinsam den Herausforderungen begegnen zu können, vor denen wir heute in unserer Welt stehen.

Dr. Richard Frhr. von Weizsäcker
Präsident des Deutschen Evangelischen Kirchentages

5

„Frauen auf der Kanzel? Es geht um den Beruf der Theologin. Aber dahinter steht die umfassende Frage nach der Wertung und Stellung der Frau innerhalb der Kirche. Muss die Frau in der Gemeinde schweigen und sich dem Mann gehorsam unterordnen oder darf sie in der Kirche ebenso mündig sein wie in den Bereichen der Welt?“

Lenore Volz in der Einleitung zu
„Frauen auf der Kanzel? –
Eine brennende Frage unserer Kirche“,
herausgegeben von Lenore Volz, 1967

ELSE SCHLIETER, GEB. KRAUTER

Cannstatter Mundartdichterin mit Herz und Augenzwinkern

Patinnen: Helga Schlieter & Ursula Schlieter

Else Schlieter (18. August 1918 in Untertürkheim – 15. April 2007 Stuttgart-Bad Cannstatt) im Gespräch, um 1990 (Foto: privat).

Dichten war ihr Lebenselexier – schon in der Schulzeit. Ihr Motto lautete: „Es gibt für jede Gelegenheit ein Gedicht." Je älter Else Schlieter wurde, desto mehr Zeit widmete sie dem Verfassen von Gedichten, Liedern und Sketchen. Störender Besuch wurde bereits an der Tür mit den Worten „... sie muss gedichtere" abgewiesen.

Else Schlieter, unehelich geboren am 18. August 1918 in Untertürkheim, wuchs bei ihren Großeltern in Unterschöntal (Schentel) bei Backnang auf. Ihr Vater war ein französischer Kriegsgefangener. Obwohl Else eine hervorragende Schülerin war, vor allem in Mathematik und Deutsch, ließ der Großvater den Besuch eines Gymnasiums trotz Empfehlung des Lehrers nicht zu. Mit 16 Jahren, nach erfolgreichem Abschluss der Mittelschule, zog es sie in die Großstadt. Sie begann eine Lehre als Kontoristin bei der Luftkesselfabrik Streicher in Bad Cannstatt. Dort lernte sie 1938 ihren Mann Robert Schlieter (1911-1997) kennen. Sie heirateten drei Jahre später und zogen zu den Schwiegereltern in die Reichenhaller Straße 39a. Drei Kinder wurden geboren. Ihre Berufstätigkeit gab sie auf.

Das von einer Großmutter geerbte dichterische Talent suchte sich seine Bahn. Kein Thema aus dem Alltag war vor ihr sicher. Sie dichtete Tag und Nacht. Auf dem Nachttisch lagen Papier und Stift. Ideen stenografierte sie mit selbst entwickelten, schwäbischen Kürzeln. Es entstanden gereimte, hintersinnige Alltagsgeschichten mit reichlich Mutterwitz und trockenem Humor. Jedes Ereignis passte in einen Vers. Um mit ihrer Dichtkunst auch Geld zu verdienen, bot Else Schlieter auf einer Tafel in der Marktstraße ihre Dienste an – „Gedichte für jedermann", gedacht war an Vereinsfeiern, Geburtstage, Jubiläen ...

Ein Gedicht lebt vom Vortrag. Else Schlieter trat nicht nur auf Privatveranstaltungen auf, sondern auch beim VfB, auf der Landesgartenschau 1990, auf dem Volksfest, auf den Mundarttagen, auf dem Kleinkunstfestival in Ludwigsburg-Hoheneck. Sophie Tschorn hatte ihr einst einen spontanen Auftritt vor 2500 Menschen auf dem Killesberg beschert. Als versierte Büttenrednerin – lange eine männliche Domäne – sorgte sie bei den Cannstatter Küblern für Stimmung. Sie konnte alles auswendig. Und damit das Publikum wusste, wann es klatschen muss, setzte sie ans Ende ihrer Verse ein „Schluss".

Else und Robert Schlieter bei ihrer Hochzeit im September 1941 (Foto: privat).

Bezirksvorsteher Hans-Peter Fischer, Else Schlieter und Oberbürgermeister Manfred Rommel bei der Buchpräsentation von Else Schlieters erstem Gedichtband „Herztröpfle" im Oktober 1987 (Foto: privat).

Else Schlieter und Jürgen Krug vom Kulturbesen Feuerbach im Garten von Jürgen Krug und Karin Turba im September 2004 (Foto: privat).

Else Schlieter in ihrem Element – bei einem Auftritt, um 1988 (Foto: privat).

Viele Jahre reihte sie sich im Kulturbesen in Feuerbach bei Jürgen Krug und Karin Turba ein unter auch überregional bekannt gewordenen Kollegen wie Uli Keuler, Dieter Nuhr, Sigrid Früh, Urban Priol, Wolfgang Höper und Elke Twiesselmann. Jürgen Krug, mit dem sie eine innige Freundschaft verband, hat sogar einen Perlwein nach ihr benannt, den „Else-Secco, Herztröpfle" nach dem Titel ihres ersten Buches. In Zuffenhausen gewann sie 1995 den Ersten Preis beim Mundart-Dichter-Wettbewerb. Noch mit 88 war sie ein Mensch voller Freude, Hoffnung und viel Humor, eine starke, prägende Persönlichkeit. Sie starb am 15. April 2007 und wurde auf dem Uffkirchhof begraben.

Text: Beate Dippold

No nex narrets

Früher war s'Bommle ebbes schös.
Heut isch's bei weitem nemme dees,
heut fehlt's de Mensche an der Rueh
ond a dr nötige Zeit dezue.

Heut hens älle arg pressant
Au bei ons em Schwobeland
Ka von Bommle gar koi Red meh sei.
Wer's tuet, mueß büeße hentedrei.

Ganz gwieß hot's au der Pflästerer to,
wo am helle Samstisch no,
hot schnell des Trottoir zuepitschiert.
Wo i han gfrogt, ob's denn pressiert,
do hot-r gsagt: „Heijo, ond wia!
I han Termin! Am Montech früeh
Soll do wieder ufbohrt werde
Ond isch net zue, krieg i Beschwerde!"

Bis heut han i's no net kapiert,
worom der Ma hot so pressiert!
Do wär's doch gscheiter gewese, oder net,
wenn er no länger bommelt hätt.

Ghopft wia gspronge
En dr heutige guete Zeit
Isch Mode, daß dia jonge Leut
Recht bald e Ehe schließe teant

Ond no zu zwoit ens Geschäft halt geahnt.
Wo seinerzeit i gheirat han,
do hot mei jonger Ehemann
zu mir gsagt: „Vor älle Denge
brauchst du jetzt net ens Geschäft
meh sprenge!
I weck so bald di, no koi Bange,
daß dirs mit laufe guet ka lange."

Else Schlieter

GISELA BAUMANN, GEB. BELKE

Eine Berlinerin sieht Bad Cannstatt
Engagement für die neue Heimat

Patin: Vera Kauderer

Gisela Baumann engagierte sich, für den Kübelesmarkt Bad Cannstatt, für Pro Alt-Cannstatt und die Rettung des Klösterle, sie zeichnete, aquarellierte Ansichten, porträtierte die Kübler, die Cannstatter Fasnet.

Gisela Baumann mit Ehemann Ernst Baumann vor der Tombola bei einem „Pro Alt-Cannstatt-Ball" im Großen Kursaal, um 1983 (Foto: Hans Betsch).

Am 25. Mai 1919 kam sie als Gisela Belke in Berlin zur Welt. Nach Abschluss des Lyzeums studierte sie an der Textil- und Modeschule der Kunstakademie Berlin von 1936 bis 1939: Gebrauchsgrafik, Mode- und Werbegrafik, Figürliches Zeichnen, Theater- und Kostümkunde und Malerei. Später arbeitete sie als Mode- und Gebrauchsgrafikerin für verschiedene Firmen und Zeitschriften, entwickelte Logos, gestaltete Kataloge und Werbung, so auch für die Firma Meyer-Ilschen in Stuttgart-Bad Cannstatt.

1941 schloss sie die erste Ehe mit Walter Riesenberg, der im März 1945 fiel. Aus dieser Ehe hatte sie zwei Kinder. 1947 heiratete sie den Architekten Ernst Baumann und kam nach Bad Cannstatt, diese Ehe blieb kinderlos. Mehr als zwanzig Jahre betrieb sie ein eigenes grafisches Atelier, Studienreisen führten sie ins In- und Ausland.

Gisela Baumann, geb. Belke (25. Mai 1919 in Berlin – 2. März 2007 in Stuttgart-Bad Cannstatt), beim Zeichnen in Cannstatts Altstadt, um 1980 (Foto: Klaus Wagner).

Als Gisela Baumann dann die berufliche Tätigkeit in mittleren Jahren ganz aufgab, empfand sie dies nach der früheren ständigen Einschränkung ihrer künstlerischen Freiheit durch die Auftraggeber, der notwendigen Bereitschaft zu Kompromissen, als etwas Befreiendes. Sie konnte ihre Liebe zur Natur entfalten und nun sagen: „Ich male zuerst mal zu meiner eigenen Freude und Entspannung", dies trieb sie täglich an den Zeichentisch oder noch viel lieber hinaus, in die Natur, in die Stadt, in die Region, in der sie lebte.

Den Teil ihrer Kunst, den sie früher nur als Hobby betreiben konnte, rückte sie in den Mittelpunkt ihres Schaffens. Ab 1973 bestritt sie viele Einzelausstellungen in Bad Cannstatt und im Großraum Stuttgart. In ihrem Wohnhaus (Im Geiger 62) betrieb sie mit ihrem Atelier auch eine ständige Galerie. Sie zeichnete Stillleben, Blumen, Tiere in der Wilhelma, Porträts, Ballettstudien in Aquarell, Sepia und Kreide, malte aber auch in Öl oder Acryl. Sie gestaltete mit ihren Stadt- und Landschaftsbildern Kalender, bannte die Kübler und Figuren der Cannstatter Fasnet aufs Papier und wurde so zur Chronistin ihrer Zeit in Bad Cannstatt – und damit in gewisser Weise eine würdige Nachfolgerin des Cannstatter Kunstmalers Hermann Metzger.

Mehr noch, sie engagierte sich ab Ende der 1970er Jahre für den Erhalt des „Klösterle", in dem sie, wie andere Künstler auch, ihre Werke für Tombolaveranstaltungen wie dem „Küblerball" oder für Pro Alt-Cannstatt stiftete und selbst half, diese unter die Leute zu bringen. Ihr künstlerisches Werk war jedoch nicht politisch: „Ich will nur noch das Schöne darstellen, die Farbe ist für mich das Leben", formulierte sie einmal, und: „Ich suche ein seelisches Verhältnis zur Natur und setze diese Emotion unkritisch und unmittelbar in meine Bilder um. Dies ist die Antwort auf meine sehnsuchtsvollen Stimmungen." Gisela Baumann blieb kreativ bis ins hohe Alter. Sie starb am 2. März 2007 in Stuttgart-Bad Cannstatt.

Text: Olaf Schulze, unter Mitarbeit von Vera Kauderer

Der Kübler Peter Krauß als Auktionator bei einer Versteigerung von Zeichnungen von Gisela Baumann mit „Kübler"-Motiven zugunsten der „Klösterle"-Restaurierung, um 1981 (Foto: Hans Betsch).

„Waschweib" aus der Postkartenserie „Cannstatt, Kübler, Felbaköpf'" nach Zeichnungen von Gisela Baumann, hier 1977, gezeigt in einer Ausstellung der Landesgirokasse (Filiale Bad Cannstatt) anlässlich der 650-Jahr-Feier Stadterhebung Cannstatt 1980 (Vorlage: Vera Kauderer). Die Karten dienten (für DM 5,-) zugleich als Glücks-Los bei einer Ziehung, bei der man eine von drei Original-Zeichnungen der Künstlerin gewinnen konnte. Der Reinerlös der Aktion kam der Restaurierung des „Klösterle" zugute.

LORE DOERR-NIESSNER

Künstlerische Mehrfachbegabung auf dem Weg zur Abstraktion

Patin: Jakobe Flachsenberg

Lore Doerr-Niessner (15. Januar 1920 in Stuttgart-Cannstatt – 12. Oktober 1983 in Nürtingen-Hardt), verband die unterschiedlichsten Künste in einer Person, sie war eine musizierende Bildhauerin und Malerin, eine malende und bildhauende Dichterin, eine dichtende Komponistin; um 1970 (Foto: Sammlung Lore Doerr-Niessner).

Lore Niessner kam am 15. Januar 1920 in Stuttgart-Cannstatt als Tochter des Kaufmanns Rudolf Niessner und seiner Frau Frida, geb. Fröschle, zur Welt. Die Familie wohnte auf dem Seelberg, in der Inneren Moltkestraße 28.3, der heutigen Sodener Strasse, im Bereich zwischen Kreuznacher Straße (früher Ludwigstraße) und Uffkirchhof. Schon früh erhielt sie Unterricht in Klavier, Gesang und Ballett.

In den ersten Kriegsjahren, zwischen 1939 und 1942, nahm sie ein Studium der Bildhauerei an der Akademie der bildenden Künste Stuttgart auf. 1942 folgte ein Studienaufenthalt in Wien, sie wendete ihr Interesse ebenfalls der Mathematik, Philosophie und Architektur zu. Bei einer Ausstellung der Studierenden der Stuttgarter Akademie wurde 1943 der in Backnang ansässige Großindustrielle und Kunstmäzen Paul Reusch (1868-1956) auf sie aufmerksam und förderte sie zeit seines Lebens durch den Ankauf und durch Stiftungen von ihren Werken.

In der Kriegs- und Nachkriegszeit hatte Lore Niessner verschiedene Ateliers in Stuttgart, zwei davon wurden von Bomben zerstört, ihr Atelier am Bopser war nach dem Krieg ein beliebter Künstlertreffpunkt in der zerstörten Stadt. Sie widmete sich vor allem der Bildhauerei, bis 1952 entstehen zahlreiche Groß- und Kleinplastiken aus Terrakotta und Bronze.

Lore Niessner begnügte sich in den seltensten Fällen mit der Bearbeitung eines Themas in nur einer Dimension. So entstanden z.B. parallel zu der Plastik „Sibylle" aus dem Jahr 1947 Kreidezeichnungen und ein Gedicht, das wiederum vertont wurde. Eine Kunstgattung taucht im Werk der Künstlerin gern in Kombination mit einer anderen auf, diese Vorgehensweise zieht sich durch die ganzen 60 Jahre ihrer Arbeit.

Die Künstlerin Lore Doerr-Niessner in ihrem Atelier in Hardt bei Nürtingen, um 1959 (Foto: Sammlung Lore Doerr-Niessner).

Im Jahr 1952 entwickelte sich eine Erweiterung ihres künstlerischen Schaffens. Intensive Künstlerfreundschaften und Vorbilder wie Adolf Hölzel und Johannes Itten (Bauhaus) hatten befruchtend auf sie eingewirkt, und vor allem die Malerin Ida Kerkovius, Meisterschülerin bei Hölzel, eröffnet ihr in diesen Jahren den Zugang zur Malerei. Durch diese neuen Impulse vollzieht sich innerhalb des Werkes von Lore Niessner ein wichtiger stilistischer Wandel. Die naturalistische Darstellungsweise wird von der Abstraktion abgelöst.

1955 lässt sie sich vom Stuttgarter Architekten K. G. Siegler in Hardt bei Nürtingen ein neues Atelier mit kleinem Wohnbereich bauen und zieht aus Stuttgart weg. 1956 findet ein mehrwöchiger Arbeitsaufenthalt auf Ischia mit Ida Kerkovius (1879-1970) statt, die Freude am Experimentieren mit Farbe wird zum Thema.

Lore Niessner spielt virtuos Klavier, ab Mitte der 1960er Jahre beschäftigt sie sich noch intensiver als bisher mit Musik. Sie liebt moderne Musik, die Zwölftonmusik von Arnold Schönberg bringt die Künstlerin auf neue Ideen. In dieser Schaffensphase entstehen ihre auch überregional bekannt gewordenen Arbeiten mit dem Titel „Permutationen": Parallel zur Vielzahl der aus den 12 Tönen unserer Tonleiter entstandenen Melodien, die in der Zwölftonmusik seriell in vielfältigsten Tonkombinationen erscheinen, entwickelt sie eine für sich neue Bildsprache, indem sie Farb- und Formfelder in großer Vielfalt ästhetischer Kombinationen zu immer neuen Werken zusammensetzt. Es entstehen Siebdrucke bei der Fa. Domberger, sowie Bilder, die durch Magnetelemente veränderbar sind.

Im Jahr 1968 heiratete Lore Niessner den Nürtinger Augenarzt Dr. Guido Doerr, 1974 wählte das Paar Hardt als Wohnsitz, nachdem das Atelier-Anwesen auf seine heutige Größe erweitert worden war. Sie änderte ihren Namen in Doerr-Niessner.

In ihrem späteren Werk tritt die Mehrfachbegabung der Künstlerin durch ihr Interesse für die Naturwissenschaften zutage. Die Plastik „Die Entstehung der Welt" von 1979 vor dem Hölderlin-Gymnasium in Nürtingen wird nach den philosophisch-mathematischen Prinzipien Platons erstellt. Platons naturphilosophischer Dialog „Timaios" beschreibt die Entstehung der vier Urkörper aus dem Zusammentreffen eines gleichseitigen und eines ungleichseitigen Dreiecks. Den Urkörpern Hexaeder, Ikosaeder, Oktaeder und Tetraeder werden schließlich die Urelemente Erde, Wasser, Luft und Feuer zugeordnet. Für das Gymnasium als geistes- und naturwissenschaftliche Institution hat Lore Doerr-Niessner dieses um ein Zentrum kreisende Gebilde, ihre letzte große Plastik, geschaffen.

In ihrer letzten Arbeitsphase beschäftigte sie sich wieder mit dem Thema Natur, die permanent durch die Naturgewalten verändert wird, immer wieder neue Formen erschaffen kann und sich doch immer in der Urform der Mathematik wiederfindet. 1982 erkrankte sie an Krebs und nutzte die Zeit, die sie noch hatte, um ihr Lebenswerk zu ordnen und zu katalogisieren. Sie starb am 12. Oktober 1983 in Nürtingen-Hardt.

Text: Christiane Dressler

Lore Doerr-Niessners letztes größeres Werk im öffentlichen Raum ist die Stahlplastik „Die Entstehung der Welt" von 1979 vor dem Hölderlin-Gymnasium in Nürtingen (Foto: Sammlung Lore Doerr-Niessner, um 1980).

DORIS NIETHAMMER, GEB. MOTZ

„Nur ein Mädchen“

Pate: Ulrich Glaser

Doris Niethammer wurde am 24. September 1920 in Cannstatt geboren. Sie war das erste Kind der Eheleute Fritz und Dora Motz, geb. Fesel. Der Prokurist und spätere Inhaber der Leypoldt'schen Blechemballagenfabrik Gebrüder Barth und die Fabrikantentochter hatten im Jahr zuvor geheiratet. Der Vater war enttäuscht, er hatte sich so auf einen Sohn als Stammhalter gefreut. Dieser Wunsch wurde ihm jedoch erst 1923 mit der Geburt von Fritz Herbert erfüllt. Vier Jahre später folgte der jüngste Bruder Günther. Doris war ein aufgewecktes Kind, ein richtiger Sonnenschein, wie die Mutter berichtete, und wuchs behütet in der Teckstraße (später Martin-Luther-Straße) in Cannstatt auf. Ab und zu durfte Doris den Vater begleiten. Bei einem dieser Spaziergänge passierte etwas, das das kleine Mädchen lebenslang nie vergessen sollte. „Doris, geh runter in den Kandel, da vorne kommt der Herr Kommerzienrat!“, wies sie der Vater an. Doris begriff in diesem Moment, dass sie für ihn weniger wert war als ihre beiden Brüder. Denn zu ihnen hätte der strenge Vater das nie gesagt. Sie war eben „nur ein Mädchen“ und so verbrachte sie ihre Jugend im Schatten der männlichen Familienmitglieder. Dies, obwohl ihre Mutter für damalige Verhältnisse eine durchaus emanzipierte Frau war, die weitaus mehr als nur hervorragend klöppeln, sticken und kochen konnte. Sie fuhr ganz selbstverständlich Auto und begleitete nicht nur ihren Mann auf seinen Geschäftsreisen ins In- und Ausland, sondern chauffierte ihn sogar.

Trotzdem stand für Fritz Motz von Anfang an fest, dass für Doris „das Einjährige“ genügen würde, obwohl sie gerne nach der Grundschule aufs Gymnasium gewechselt hätte. Die Schule fiel ihr leicht. Daneben erhielt sie – wie ihre Brüder – bereits früh privaten Musikunterricht. Ihrer weltgewandten Mutter Dora verdankte sie vieles. Diese sorgte dafür, dass auch Doris Tennis spielen, schwimmen und Skilaufen durfte. Sie war es, die den Vater dazu überredete, dass Doris nach ihrem Schulabschluss an der Städtischen Mädchenrealschule, der Schillerschule in Cannstatt, zwar nicht eine Höhere Töchterschule in Stuttgart, wohl aber eine im entfernten Berlin besuchen durfte. Dora Motz, die ihre Jugend in einem Pensionat in der französischsprachigen Schweiz verbracht hatte, legte großen Wert darauf, dass ihre Tochter ebenfalls in die Fremde ging. Das junge Mädchen sollte dort nicht nur das notwendige Rüstzeug erhalten, um später einem Haushalt standesgemäß vorstehen zu können. Als positiven Nebeneffekt „verkaufte“ sie ihrem Mann, dass Doris gleichzeitig auch Hochdeutsch lernen würde. Aber so positiv und bereichernd Doris das Schuljahr 1937/38 im Annenhaus der Mathilde-Zimmer-Stiftung in Berlin-Nikolassee auch empfand, nach ihrer Rückkehr sprach sie immer noch perfekt Schwäbisch.

Doris Niethammer, geb. Motz (24. September 1920 in Stuttgart-Cannstatt – 17. März 2012 in Ludwigsburg), Rötelzeichnung von Josef Feuchtinger, München 1934

1934

Die Eltern starteten einen zweiten Versuch. Doris fuhr für einige Monate in das Pensionat Wendenburg in Kiel-Holtenau, das in Stuttgart einen ausgezeichneten Ruf genoss. Dort gefiel es ihr allerdings überhaupt nicht. Sie schilderte die Inhaberin als ausgesprochen frostige Person mit äußerst strengen Regeln: „Was auf den Tisch kommt, wird gegessen". Und da landeten eben auf Doris' Teller auch ungefragt dicke Speckbrocken, die sie beim besten Willen nicht herunterbekam. Zum Glück fand sie schnell eine Freundin im Pensionat, die aus Kiel stammte, und die ihr in solchen – und anderen – Situationen zur Seite stand. Diese Freundschaft hielt übrigens ein Leben lang.

Und sie verliebte sich zum ersten Mal in ihrem Leben in einen schmucken Kadetten des Linienschiffes Schleswig-Holstein: Otto Dahms, den sie bei einem Tanzabend in den Räumen des nahe gelegenen Yachtclubs kennengelernt hatte. Es war wohl für beide die ganz große Liebe. Sie passten äußerlich gut zusammen, sie hatten viele Gemeinsamkeiten und Doris Motz fühlte sich zum ersten Mal als Frau ernst genommen. Otto stammte ebenfalls aus gutbürgerlichen Verhältnissen, spielte Geige und war wie sie an Kunst und Theater interessiert. Er brannte für die Seefahrt und hatte deshalb nach dem Abitur eine Laufbahn als Offizier in der Marine eingeschlagen.

Otto Dahms (23.1.1917 in Königsberg – 28.11.1941 „im Mittelmeer (...) versenkt")

Rechts: Einladung zum Kadettenball am 19.10.1938.

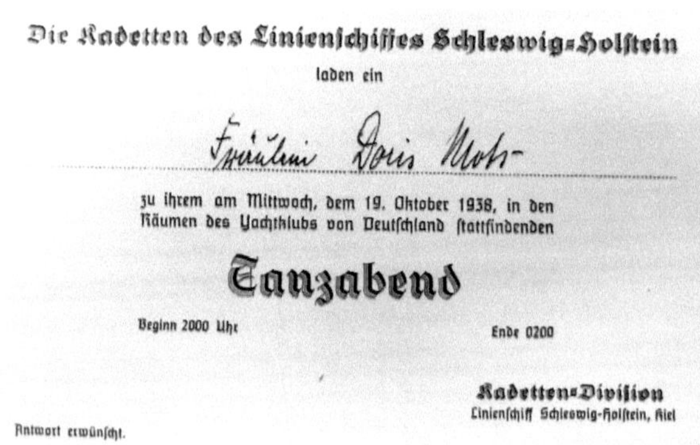

Die Kadetten des Linienschiffes Schleswig-Holstein
laden ein

Fräulein Doris Motz

zu ihrem am Mittwoch, dem 19. Oktober 1938, in den Räumen des Yachtklubs von Deutschland stattfindenden

Tanzabend

Beginn 2000 Uhr Ende 0200

Kadetten-Division
Linienschiff Schleswig-Holstein, Kiel

Antwort erwünscht.

Bereits wenige Wochen später, am 29. Oktober 1938, mussten sie für lange Zeit Abschied voneinander nehmen. Traurig schreibt er in seinem ersten Brief am gleichen Tag: „Ich tröste mich damit, daß du Kiel auch bald verlässt und daß ich dann auch allein geblieben wäre. Als wir die Schleuse verließen, habe ich dich noch lange mit deinem roten Halstuch winken sehen." Diesem Brief sollten in den nächsten Jahren noch viele weitere folgen. Persönliche Begegnungen waren dem Paar – nicht zuletzt kriegsbedingt – jedoch nur einige wenige Male vergönnt. Sie trafen sich in Lübeck, Berlin und München, natürlich, wie es sich in dieser Zeit gehörte, immer nur mit einem „Anstandswauwau". 1941 verlobten sich die zwei bei einem Blitzbesuch in Bad Cannstatt, als Otto Dahms dienstlich für zwölf Stunden nach Stuttgart kam.

Während sich die Beziehung immer mehr festigte, wurde die Situation in Deutschland zunehmend schwieriger. Längst arbeitete Doris Motz in der Fabrik ihres Vaters in der Lohnbuchhaltung, ersetzte zuhause das fehlende Dienstmädchen und hatte ganz nebenbei die Aufgabe, den Ertrag von 120 Spalierobstbäumen im großen Garten hinter der Fabrik zu verarbeiten. Die Bäume waren lange vor dem Krieg vom Vater gepflanzt worden. Dieses Hobby erwies sich in Kriegszeiten als wichtige Nahrungsquelle nicht nur für die Familie, sondern auch für die Fabrikarbeiter. Doris Motz sorgte dafür, dass nicht nur Otto hin und wieder einen Obstkorb per Bahn erhielt. Sie füllte und verschickte auch winzig kleine Blechbüchsen für die Arbeiter, die sich an der Front befanden.

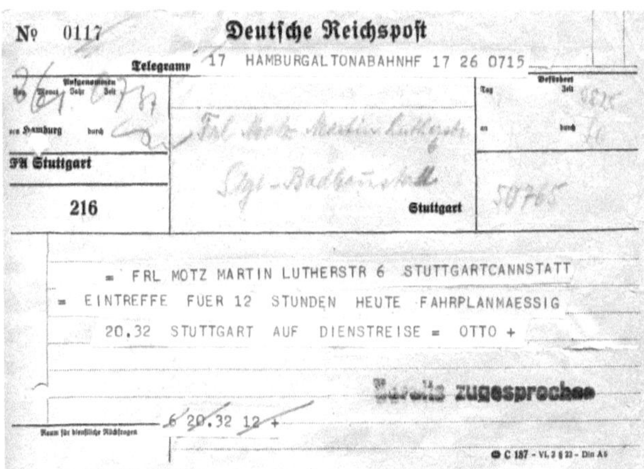

Nº 0117
Deutsche Reichspost
Telegramm 17 HAMBURGALTONABAHNHF 17 26 0715
FA Stuttgart
216
Stuttgart
= FRL MOTZ MARTIN LUTHERSTR 6 STUTTGARTCANNSTATT
= EINTREFFE FUER 12 STUNDEN HEUTE FAHRPLANMAESSIG
20.32 STUTTGART AUF DIENSTREISE = OTTO +
Bereits zugesprochen
6 20.32 12 +

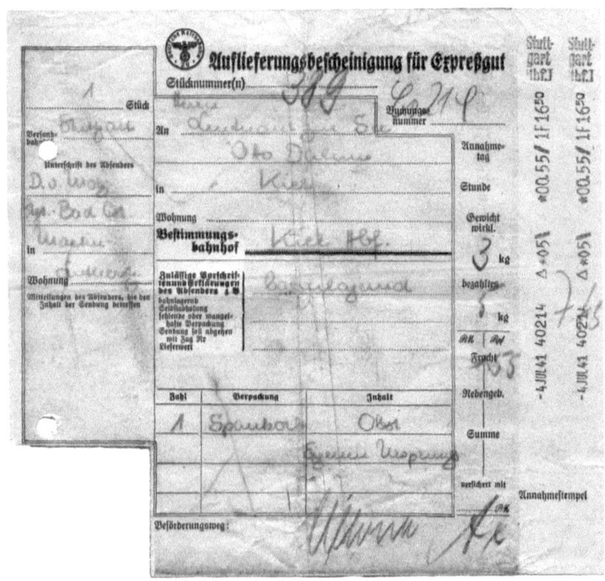

Auflieferungsbescheinigung für Expreßgut
Stücknummer(n)
Stück
An
in
Wohnung
Bestimmungsbahnhof
Annahmetag
Stunde
Gewicht wirkl. kg
bezahltes kg
Fracht
Nebengeb.
Summe
Zahl | Verpackung | Inhalt
Beförderungsweg:
Annahmestempel

Telegramm vom 26.1.1941 (oben) und Auflieferungsbescheinigung vom 4.7.1941 (rechts).

Doris Niethammer zeichnete sehr gerne. Dieses traurige kleine Mädchen entstand nach einer Vorlage aus dem berühmten Hummel-Buch von 1934 mit dem Titel „Fliegenabwehr", nachdem sie von Ottos Tod erfahren hatte.

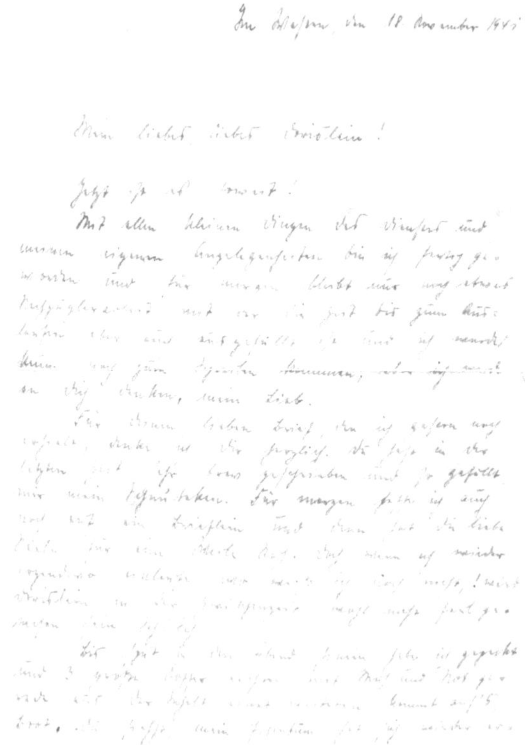

Mein liebes, liebes Dorislein!

Jetzt ist es soweit!

In seinem letzten Brief vom 18. November 1941 schreibt Otto: „Mein liebes, liebes Dorislein! Jetzt ist es soweit! ..." Er schließt mit den Worten: „Meine Rückkehr ist unbestimmt. Es ist möglich, daß wir zu Weihnachten so einlaufen, daß der Urlaub nicht unmöglich ist, ich glaube es aber nicht. ..."

Im Jahr 1941 schrieben sich die beiden fast täglich, so groß waren die Sehnsucht und gleichzeitig auch die Angst um den anderen. Inzwischen nummerierten sie ihre Briefe, damit sie kontrollieren konnten, ob einer fehlte. Ottos letzter Brief vom 18. November 1941 trägt keine Nummer. Als hätte er es geahnt. Am nächsten Tag brach er mit dem U-Boot 95 zu seiner ersten Feindfahrt auf, von der er nicht zurückkehren sollte.

Monatelang bangten Doris Motz und die Angehörigen um ihn, waren sie doch ohne Nachricht. Nach quälenden Wochen erhielten Ottos Eltern am 29. Januar 1942 die Briefe, die ihr Sohn für sie hinterlegt hatte für den Fall, „dass er sein Leben für die Freiheit des Vaterlandes hingegeben hat". Für Doris Motz brach eine Welt zusammen. Sie schlug den Klavierdeckel zu und spielte von diesem Tag an keine Note mehr.

Wie ihr ging es auch vielen ihrer Freundinnen, die im Krieg ihre Verlobten und Ehemänner verlieren mussten. In den folgenden Jahren zog sie sich ganz zurück, ließ alle Verehrer abblitzen und genoss lediglich lange Spaziergänge mit ihrem Airedale Terrier. Erst viel später vermochte es der Cousin einer Cannstatter Schulfreundin, Alfred Niethammer, ihr Herz zu erobern. Der gelernte Kaufmann war 1949 aus russischer Gefangenschaft zurückgekehrt. Die beiden verlobten sich im November 1951, die Hochzeit folgte ein Jahr später. Bis zu dieser Zeit wohnte Doris Motz bei ihren Eltern in Cannstatt, arbeitete in der Fabrik ihres Vaters und unterstützte ihre Mutter im Haushalt. Fritz Motz starb 1955, vier Monate vor der Geburt seiner ersten Enkelin. Sein Vermögen, die Blechemballagenfabrik, vermachte er den beiden Söhnen. Seine Tochter Doris ging leer aus.

Doris Niethammer war überglücklich, dass ihr erstes und einziges Kind ein Mädchen war. An ihr wollte sie wiedergutmachen, was ihr selbst vorenthalten worden war. Ihr Mann verstand dieses Anliegen und unterstützte sie dabei nach Kräften. Von Anfang an erzogen sie ihr Wunschkind gleichberechtigt, ohne es zu verwöhnen. Ihre Tochter durfte mehr sein als „nur ein Mädchen". Sie besuchte ganz selbstverständlich das Gymnasium, machte Abitur und studierte. Doris und Alfred Niethammer führten eine harmonische und fast 60 Jahre lange Ehe. 2009 zogen die beiden zu ihrer Tochter nach Ludwigsburg und verbrachten bis zum Tod von Doris Niethammer am 17. März 2012 noch ein paar schöne gemeinsame Jahre. Alfred folgte ihr am 17. November 2017, 96-jährig.

Text: Petra-Marion Niethammer

Alfred und Doris Niethammer kurz nach dem Einzug in ihr neues Zuhause in Ludwigsburg, 2009 (alle Vorlagen: privat).

LISELOTTE BÜHLER, GEB. SPERK

SPD-Urgestein und mutige Weggefährtin

Paten: Dr. Jakob Bühler, Jutta Bühler-Egerer, Dr. Brigitte Streicher

„Ich würde alles wieder so machen. Meine Devise war immer: Steter Tropfen höhlt den Stein. Ich bin eine ausdauernde Unruhestifterin." So das Fazit von Liselotte Bühler am Ende ihres langen und bewegten politischen Lebens.

Geboren am 6. Juni 1922 im fränkischen Fürth, wurde die gelernte Industriekauffrau mit 26 Jahren jüngste Stadträtin Bayerns in ihrer Heimatstadt. Sie stammte aus der in Fürth angesehenen sozialdemokratischen Familien Sperk und Hüls, die im „Dritten Reich" politisch verfolgt worden waren – ein Onkel, Emil Hüls, war einige Zeit im KZ Dachau. Maria Hüls, die Großmutter mütterlicherseits, war seit der Wiedergründung der SPD Mitglied dieser Partei.

„Liselotte war oft bei ihrer Großmutter. Diese hat dem kleinen Mädchen jedoch keine Märchen, sondern Geschichten aus der Arbeiterbewegung erzählt. Liselotte war immer sehr stolz auf ihre Großmutter, sie war auch ihr großes Vorbild."

Liselotte Sperk trat daher nicht in die Hitlerjugend, den Bund Deutscher Mädchen (BDM), ein. Jakob Bühler, seit 1949 ihr Ehemann, erinnert sich weiter:

Liselotte Bühler (6. Juni 1922 in Fürth – 28. Februar 2003 in Stuttgart-Bad Cannstatt), offizielles Foto als Landtagsmitglied, um 1988 (Foto: Landtag von Baden-Württemberg).

Liselotte Bühler beim Wahlkampf 1952 mit dem SPD-Parteisekretär in Fürth (Foto: privat).

„Weil nicht alle Schülerinnen in der Hitlerjugend waren, konnte die Schule nicht die Hitlerjugendfahne hissen. Das war natürlich schon eine Schande für die Schule. Die Schulleitung hat die Eltern einbestellt. Diese fielen aus allen Wolken, denn sie hatten keine Ahnung. Liselotte hat die Schule gewechselt. Und kam damit um die Hitlerjugend herum."

Nach Volksschule, Städtischer Frauenarbeitsschule und kaufmännischer Lehre arbeitete sie ab 1941 bei einer Werkzeugvertretung in Sekretariat und Kontor. Neujahr 1948 wechselte sie als Sekretärin zum Parteibüro der Fürther SPD. Als Stadträtin war sie 1952 über sieben Monate in den USA und nahm an einem Programm für politisch tätige Frauen in Deutschland teil.

Ein Semester hörte sie dabei an der Syracuse University politische Wissenschaften. Die restliche Zeit war sie in verschiedenen Städten in die kommunale Arbeit eingebunden.

1954 kam sie mit ihrem Mann Jakob Bühler, der für den Süddeutschen Rundfunk arbeitete, nach Stuttgart, lebte in Bad Cannstatt und wurde sofort wieder politisch aktiv im dortigen SPD-Ortsverein, in dem sie bis zuletzt tief verwurzelt blieb. Von 1962 bis 1965 war sie für die SPD im Bezirksbeirat Bad Cannstatt, von 1965 bis 1976 im Stuttgarter Gemeinderat und von 1976 bis 1992 im Landtag, in der letzten Wahlperiode sogar als dessen Alterspräsidentin.

Mit viel Humor und „mütterlicher Güte" hatte sie ihre politischen Ziele verfolgt, vor allem in der Sozial-, Frauen- und Wohnungspolitik. Aber auch der Verbraucherschutz und die Bildung waren ihr ein Anliegen. So forderte sie bereits in den 1980er Jahren den Ausbau von Ganztagsschulen und eine bessere Kinderbetreuung. 1984 wurde sie zur ersten Frauenbeauftragten der SPD-Landtagsfraktion gewählt. Über die Grenzen ihrer eigenen Partei hinaus hat sie sich Respekt und Anerkennung erworben. Auch außerhalb der eigentlichen Parteiarbeit war Liselotte Bühler vielfach ehrenamtlich engagiert – unter anderem als Vorsitzende des Gesamtelternbeirats, bei der Arbeiterwohlfahrt, im Kinderschutzbund, im Familienverband, bei Pro Familia oder bei Amnesty International. Für ihr langjähriges politisches Wirken wurde sie 2002, angeregt durch ihren Cannstatter Ortsverein, mit der Willy-Brandt-Medaille ausgezeichnet. Bereits 1980 hatte sie das Bundesverdienstkreuz am Bande, 1992 den Verdienstorden des Landes Baden-Württemberg erhalten.

Liselotte Bühler spricht im Landtag 1980 (Foto: Kurt Eppler, Stuttgart).

Nach ihrem Tod am 28. Februar 2003 im Alter von 80 Jahren würdigte sie der damalige SPD-Fraktionschef Wolfgang Drexler mit den Worten: „Wir trauern um eine mutige, warmherzige und kampfeslustige Weggefährtin, die sich in Baden-Württemberg große Verdienste um die Gleichstellung und die Rechte der Frauen erworben hat. Ihre beeindruckende Lebensleistung und ihr politisches Wirken werden uns Vorbild und Ansporn bleiben." Ulrich Maurer sprach bei der Feier auf dem Pragfriedhof – die „Internationale" erklang, von der Trompete gespielt. Beerdigt wurde Liselotte Bühler auf dem Ostfilderfriedhof in Stuttgart-Sillenbuch, wo das Ehepaar Bühler seit 1987 in einem Einfamilienhaus in der Landstadt-Siedlung am Silberwald gelebt hatte.

Text: Dr. Manfred Schmid,
Ergänzungen: Olaf Schulze,
nach Materialien der Familie

5

Liselotte Bühler

„... etwas tun für andere!"

Neckar-Post: Frau Bühler, seit vier Jahren vertreten Sie die Cannstatter im Landtag. Ist das für eine Frau nicht schwer? Politik wird auch heute immer noch als Männersache betrachtet.

Liselotte Bühler: Ja, ich finde es ist schade, daß Politik auch heute noch immer als Männersache betrachtet wird. Es müssten sich viel mehr Frauen finden, die auch Politik machen. Nur ist es für eine Frau ungleich schwerer wie für einen Mann, denn sie ist halt auch noch mit anderen Aufgaben belastet: Entweder ist sie noch berufstätig oder sie hat eine Familie zu versorgen. Und auch bei Kandidaturen sind die Parteien nicht gerade als frauenfreundlich bekannt, obwohl ich mich über meine Partei nicht beklagen kann.

NP: Man kann, Frau Bühler, in der Polit nicht alle Gebiete gleichzeitig beackern. Politiker müssen sich spezialisieren. Womit beschäftigen Sie sich vor allem?

Bühler: Ich beschäftige mich einmal mit dem Wohnungsbau. Als Mitglied des Aufsichtsrats einer Baugenossenschaft bin ich vor allem daran interessiert, daß wir auch in Stuttgart familiengerechte und soziale Wohnungen bauen, eine kinderfreundliche Umwelt schaffen. Das für diejenigen, die nicht in der Lage sind, sich Eigentum zu erwerben.

NP: Sie beschäftigen sich auch noch mit Bildungspolitik?

Bühler: Ich war jahrelang Elternbeirätin an der Schule meiner Kinder. Einige Jahre auch Gesamtelternbeiratsvorsitzende in Stuttgart. Mich interessiert hauptsächlich die Mitarbeit der Eltern in der Schule. Ich bin der Auffassung, daß nicht Bürokraten im Ministerium oder beim Oberschulamt entscheiden sollen, wie die Schule der Kinder aussieht, sondern daß die Eltern an ihrem Ort ein aktives Mitspracherecht bekommen. Ein Beispiel: Wenn in Cannstatt eine Gesamtschule oder eine Ganztagsschule gewünscht wird, müsste sie im Interesse der Eltern und Kinder auch eingerichtet werden.

NP: Als Frau interessieren Sie natürlich auch Frauenfragen?

Bühler: Da ist meine große Sorge die Wiedereingliederung der Frau in den Beruf: Viele Frauen geben wegen ihrer Kinder ihren Beruf - eine gute Stellung häufig - auf. Sind die Kinder groß, wollen die Mütter meist wieder ins Berufsleben. Also müssen die Wiedereingliederungsmaßnahmen auch für Frauen, die länger aus dem Beruf ausgeschieden sind, verstärkt werden.

NP: ... daß sie dann auch Aufstiegschancen hätten ...

Bühler: ... daß sie dann auch Aufstiegschancen hätten, denn es ist leider noch so, daß jede Frau, die für einige Zeit aus dem Beruf ausscheidet, mit einer niedrigeren Position im Beruf zufrieden sein muß. Es müsste also begleitend zu dem Familienaufgaben Kurse in der Erwachsenenbildung angeboten werden, die die Frauen auf dem Laufenden halten.

NP: Frau Bühler, Politik im Landtag ist ja keine Freizeitbeschäftigung, sondern fast ein Beruf. Wie schaffen Sie das eigentlich alles?

Bühler: Das werde ich häufig gefragt. Ich schaffe es, weil ich eine Familie habe, die voll hinter meiner politischen Arbeit steht. Dadurch kann ich für andere Menschen etwas tun.

„Da ist meine große Sorge, die Wiedereingliederung der Frau in den Beruf ..."; Interview mit Liselotte Bühler im SPD-Blatt „Neckarpost", 1980 (Vorlage: SPD Ortsverein Bad Cannstatt).

GERLINDE BECK, GEB. ÜBELE

Bildhauerin am Schweißgerät
Raumchoreografin

Patin: Christel Rieke

Gerlinde Beck wurde am 11. Juni 1930 als Gerlinde Übele in Stuttgart Bad-Cannstatt geboren. Sie war die jüngste Tochter des Kleinunternehmers Gotthilf Übele und seiner Frau Maria Übele, geb. Sommer. Das Anwesen der Familie, ein Zimmer- und Leiterngeschäft, befand sich in der Nähe des Neckarufers, in der Kegelenstraße 20, die hinter dem Cannstatter Bahnhof liegt. Gerlinde wurde sehr freiheitlich und großzügig erzogen und erfuhr viel Zuneigung und Aufmerksamkeit.

Von Kind an stand ihr der gesamte elterliche Handwerksbetrieb zum Spielen und Werken zur Verfügung und umgeben von Holz wurde dies auch ihr erster Werkstoff. Ein Bombenangriff im April 1943 brachte das Ende einer nahezu paradiesischen Kindheit. Ein Feuersturm erfasste das gesamte elterliche Anwesen, der Vater wurde schwer verletzt. Die schwierige Gesamtsituation führte beim Vater zu Depressionen, noch im gleichen Jahr, im August 1943, wählte er den Freitod. Für das heranwachsende Mädchen war dies ein tiefer Schock. 1944 entschloss sich die Mutter den Betrieb aufzulösen, die Familie zog in die Brückenstraße in der Cannstatter Neckarvorstadt, wo sie das Kriegsende miterlebten. Gerlinde Beck erinnert sich:

„Jenen denkwürdigen 8. Mai erlebte ich in Bad Cannstatt in der Wohnung meiner Familie in der Brückenstraße 57, in unserem Wohnzimmer, dem „Königszimmer“ – so benannt, weil der König von Württemberg einstmals vom Erker dieses Zimmers die Geburtstagsparade seiner Kavallerie, den 118ern, abzunehmen pflegte ...“

Von den Erkern des Hauses Nr. 57, Ecke Brücken- und Haldenstraße blickt man auf die vom Römerkastell herunterführende Altenburgsteige.

1945, nach Kriegsende, absolvierte Gerlinde Beck noch während ihrer Schulzeit ein Praktikum in einer Holzschnitzer-Werkstatt in Cannstatt. Die folgenden Jugendjahre waren geprägt von großem Durst nach kulturellem und intellektuellem Leben. 1947 lernte Gerlinde Beck bei der gemeinsamen Klavierlehrerin ihren späteren Ehemann, den Musikstudenten Hans-Peter Beck kennen. 1948/49 sah sie die ersten Ausstellungen der Abstrakten in Stuttgart mit Werken von Fritz Winter, Max Ackermann, Ida Kerkovius und Willi Baumeister.

Noch vor dem Abitur verließ sie die Schule, um sich erfolgreich an der Staatlichen Akademie der bildenden Künste Stuttgart zu bewerben und zu studieren. Davor hatte sie dort schon Abendkurse bei den Professoren Hugo Peters und Albrecht Appelhans besucht und trat 1949 in die Bildhauergrundklasse des Kunstpädagogen

Gerlinde Beck, geb. Übele
(11. Juni 1930 in Stuttgart-Cannstatt –
19. Februar 2006 in Niefern-Öschelbronn),
war eine erfolgreiche Bildhauerin, mehrfach
ausgezeichnet, mit vielen Aufträgen für den
Öffentlichen Raum, um 1989
(Foto: Landratsamt Enzkreis).

Karl Hils ein. Sie erhielt dort eine gediegene technische Grundausbildung, ebenso besuchte sie den Zeichenunterricht bei Professor Gerhard Gollwitzer.

1953 unternahm sie ihre erste Studienreise nach Paris und war tief beeindruckt von den Werken Henry Moores im „Musée d'Art Moderne". Die menschliche Gestalt wurde zum Grundthema von Gerlinde Beck, auch bei aller sich später formierenden Abstraktion. Ebenso zu ihren künstlerischen Vorbildern gehörten Fritz Wotruba, Fernand Léger und Oskar Schlemmer, der in einem Hinterhof in Bad Cannstatt an den Figurinen seines Triadischen Balletts gearbeitet hatte. Zwar in der Bildhauerklasse von Peter Otto Heim eingeschrieben, durfte sie sich regelmäßig von Willi Baumeister Korrektur holen. Diese Begegnung wurde für sie die wichtigste Zeit an der Kunstakademie. Mit dem plötzlichen Tod Baumeisters 1955 änderte sich ihre Situation dort. Ihre beiden Ausstellungsbeteiligungen im Salon „Les Surindépendants" im Pariser „Musée d'Art Moderne" 1955 und 1956 hatten ihr erste Beachtung gebracht, deswegen musste sie wegen „unabgesprochener Ausstellungstätigkeit im Ausland" die Akademie verlassen. Im gleichen Jahr heiratete sie den Musiker Hans-Peter Beck.

Schon 1955 begann sie eine Feinblechnerlehre in der Süddeutschen Kühlerfabrik Behr in Feuerbach, wo sie auch ihr erstes Atelier hatte. Im Chromstahl hatte die junge Künstlerin dann für lange Zeit das Material gefunden, mit dem sie ihre Vorstellungen verwirklichen konnte. Im Jahr 1964 zogen Gerlinde Beck und ihr Mann nach Großglattbach bei Vaihingen/Enz, die Garage wurde vorerst ihr Atelier. 1965 zeigte sie zum ersten Mal Arbeiten in ihrer Heimatstadt Stuttgart, in der Cannstatter „Galerie am Jakobsbrunnen". Durch ihre

Links: Die Bewegung im Raum, der Tanz, der Weg zur Abstraktion der menschlichen Form – Themen, die Gerlinde Beck zeitlebens bewegten; Skulptur der Schichtungen 1959/3 (Foto: Gerlinde-Beck-Stiftung).

Rechts: Wasserskulptur von Gerlinde Beck an der U-Bahnhaltestelle „Rotebühlplatz" in Stuttgart, 1983 (Foto: Gerlinde-Beck-Stiftung).

handwerkliche Ausbildung war Gerlinde Beck befähigt ihre Arbeiten von der Idee über die Zeichnung, sodann Berechnung, Aufriss und Kleinmodell bis zur Ausführung an Werkbank und Maschine selbstständig zu bewältigen.

Ende der 1960er Jahre entstanden ihre ersten „Röhrenplastiken". Eine Werkschau in der Kunsthalle Mannheim und eine große Einzelausstellung im Lehmbruck-Museum in Duisburg bedeuteten den Durchbruch für Gerlinde Beck, beim Publikum und bei der Presse. Es folgten Ankäufe und Aufträge für öffentliche Einrichtungen. 1973 begann sie an der „Klangstraße" zu arbeiten, nachdem ihr Mann Hans-Peter Beck schon Jahre zuvor die Idee gehabt hatte, die Eigenklänge der teilweise aufgeschnittenen metallenen Röhrenplastiken zu einer Komposition zu nutzen.

Im Rahmen der „Tage der Neuen Musik", in Würzburg, entstand 1985 mit dieser musikalischen Klangquelle eine 30-cm-Langspielplatte mit Kompositionen von Karl-Heinz Stockhausen, Klaus Hinrich Stahmer, Christoph Wünsch und Anestis Logothetis. 1975 wurde Gerlinde Beck in den Vorstand des Künstlerbundes Baden-Württemberg berufen, 1977 in den Vorstand des Deutschen Künstlerbundes, dem sie bis 1985 angehörte. Sie wurde Gründungs- und Kuratoriumsmitglied der Kunststiftung Baden-Württemberg und war Mitglied der Gedok.

1979 begann sie die Arbeit an der großen über drei Etagen verlaufenden Wasserskulptur für die U-Bahnhaltestelle Rotebühlplatz in Stuttgart. Sie wurde 1983 errichtet. In dieser Zeit ist auch die Plastik „Entwicklung einer Figur in Raum und Tor" vor dem Landeskriminalamt in Stuttgart Bad Cannstatt in der Taubenheimstraße entstanden. 1984 erhielt Gerlinde Beck das Bundesverdienstkreuz am Bande, 2001 das Bundesverdienstkreuz Erster Klasse der Bundesrepublik Deutschland. Im Jahr 1989 wurde ihr von Ministerpräsident Lothar Späth der Titel „Professor" verliehen. Sie errichtete 1996 die Gerlinde-Beck-Stiftung mit Sitz in Schloss Dätzingen in Grafenau bei Stuttgart. 2004 erkrankte die Künstlerin schwer.

Ein Jahr später, 2005, entstand ihre letzte monumentale Plastik „Hommage an Dore Heyer". Gerlinde Beck hatte die Tänzerin Dore Heyer, Schülerin von Mary Wigman, 1945 als Fünfzehnjährige bei einem Auftritt in Stuttgart gesehen und war zeitlebens von ihrem berühmten „Drehtanz" fasziniert, der großen Einfluss auf sie selbst und viele ihrer Werke hatte. Gerlinde Beck starb am 19. Februar 2006 im Krankenhaus in Niefern-Öschelbronn.

Text: Christiane Dressler

Verleihung des Professoren-Titels durch Ministerpräsident Lothar Späth an Gerlinde Beck 1989, ganz links Hans-Peter Beck (Foto: Gerlinde-Beck-Stiftung).

HELGA FEDDERSEN

Schauspielerin, Drehbuch-Autorin und geniale „Blödelbardin“

Patin: Ulrike Stetter

Helga Feddersen
(14. März 1930 in Hamburg – 24. November 1990 in Hamburg), Autogrammkarte mit Hund „Godewind“, um 1970 (Vorlage: privat). Seit 2014 gibt es im Hallschlag, zwischen „Düsseldorfer Straße“ und „Am Römerkastell“, einen nach Helga Feddersen benannten Weg. Ein kleines Gedenken an eine Frau mit großer Herzlichkeit, Sensibiliät und positiv-harmonischer Einstellung zum Leben – bis zum Schluss (Vorlage: privat).

Helga Feddersen und Bad Cannstatt? Wie geht das zusammen? Wer über den Steigfriedhof schlendert, findet die Antwort. Hier im Familiengrab ihres zweiten Ehemannes, des Schauspielers „Olli" (eigentlich Reinhard) Maier, wurde ihre Urne beigesetzt. In Hamburg geboren und immer im hohen Norden lebend, kam sie gerne in die Schwabenmetropole nach Bad Cannstatt zur Familie ihres langjährigen Lebenspartners, in den Hallschlag (Am Römerkastell 7). Noch ein paar Tage vor ihrem Tod am 24. November 1990 heiratete sie Olli Maier. Den Namen Olli Maier sucht man allerdings vergeblich auf dem Grabstein. Aus Olli Maier wurde kurz nach dem Tod Helga Feddersens durch Adoption „Prinz Reinhard von Sachsen Herzog zu Sachsen".

Geboren am 14. März 1930 als Tochter eines Kaufmanns für Seemannsausrüstungen entschied sich Helga Feddersen 1948 für Schauspielunterricht bei Prof. Eduard Marcks. Es begann eine vielversprechende Schauspielkarriere mit erfolgreichen Engagements an einigen Theatern von Hamburg bis Gelsenkirchen. Bis 1955 das Schicksal jäh zuschlug. Es kam zu einer bleibenden Gesichtsverletzung nach einer Tumoroperation an der Ohrspeicheldrüse. Erst zwei Jahre später konnte Helga Feddersen wieder arbeiten. Mit kleineren Rollen, als Souffleuse und Regieassistentin beim NDR, hielt sie sich über Wasser. Ab Ende der 1950er Jahre trat Helga Feddersen vermehrt in Film und Fernsehen auf, so als Clothilde Buddenbrook in der Thomas Mann-Verfilmung „Buddenbrooks" , als Frau Hettich in „Lola" von Rainer Werner Fassbinder (1981) etc. 1966 wurde sie an das „Deutsche Schauspielhaus" in Hamburg engagiert. Am Hamburger „Ohnsorg-Theater" spielte sie mit Heidi Kabel und Henry Vahl. 1975 übernahm sie die Rolle der Else Tetzlaff in Wolfgang Menges Fernsehserie „Ein Herz und eine Seele", jedoch ohne bleibenden

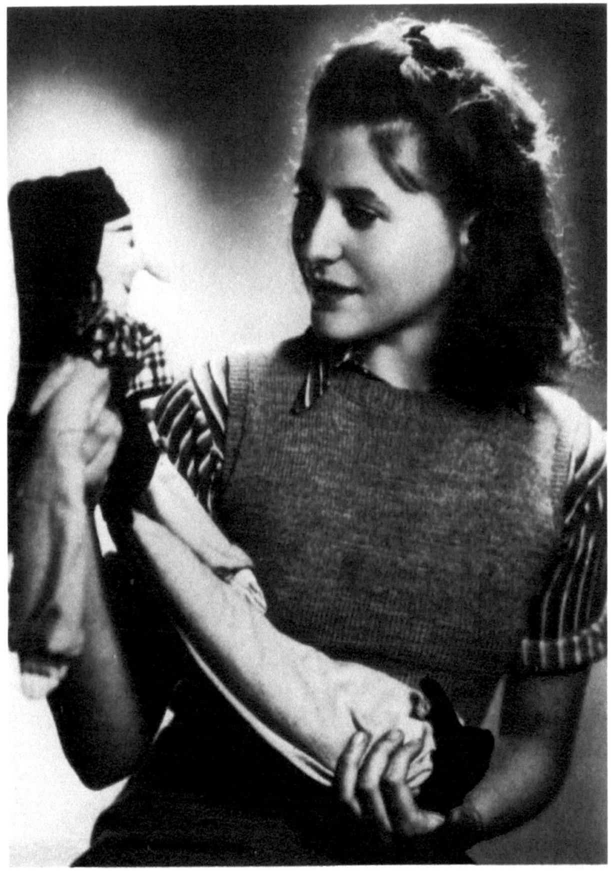

Die junge Helga Feddersen mit etwa 13 Jahren, um 1943, als Oberschülerin (Foto aus Helga Feddersens Autobiografie „Hallo, hier ist Helga!", Hamburg 1981); unten: Straßenschild des 2014 eingeweihten Helga-Feddersen-Wegs im Hallschlag, 2020 (Foto: Pro Alt-Cannstatt).

Helga Feddersen mit ihrem ersten Ehemann Götz Kozuszek (gest. 1985) und Hund „Godewind" privat auf Föhr, um 1970 (Foto aus dem Buch „Hallo, hier ist Helga!", Hamburg 1981); rechts: Grab auf dem Steigfriedhof; Olli Maier ist mit seinem gekauften Adelstitel erwähnt, 2020 (Foto: Pro Alt-Cannstatt).

Erfolg. Ihr erster Ehemann, der frühere NDR-Dramaturg Götz Kozuszek, mit dem sie ab 1962 verheiratet war, entdeckte ihr Talent als Schriftstellerin. So schrieb sie zunächst Drehbücher mit volksnahen hanseatischen Themenbereichen, unter anderem das Fernsehspiel „Vier Stunden von Elbe 1" (1967), die Serien „Kapitän Harmsen" (1969), „Kümo Henriette" (1979–1982) und „Helga und die Nordlichter" (1984), in der sie auch eine Hauptrolle spielte. Gemeinsam mit Frank Zander moderierte sie von 1977 bis 1980 die mit Gags aufbereitete Musiksendung „Plattenküche". Mit Dieter Hallervorden avancierte sie dann auf dem Bildschirm völlig zur „Ulknudel der Nation". Mit der Blödel-Version des „Grease"-Welterfolges „You're the One That I Want" landeten beide 1978, eher unerwartet, den Schallplattenhit: „Du, die Wanne ist voll."

1983 konnten sich Helga Feddersen und ihr langjähriger Freund, Lebensgefährte und Schauspielerkollege Olli Maier (1945-2011) einen Traum erfüllen. Gemeinsam gestalteten sie einen alten Ballsaal um in ihr eigenes „Theater am Holstenwall" mit ca. 250 Plätzen, mit Olli Maier als Intendanten. Beide steckten nicht unbedeutende Summen in das Projekt. Mit dem Stück „Die Perle Anna" (mit Helga Feddersen in der Titelrolle), mehr als 400 Mal aufgeführt, machten sie die Bühne auch über die Grenzen Hamburgs hinaus bekannt. Sie und Olli waren jetzt eines der schillerndsten Paare der Hamburger Society. Dann folgte ein neuer Schicksalsschlag, diesmal mit einem bösartigen Tumor hinter dem rechten Auge. Das Theater ging in Konkurs und musste schließen. Wenige Jahre später erkrankte Helga Feddersen erneut, diesmal an Leberkrebs. Am 24. November 1990 erlag sie in einem Hamburger Krankenhaus ihrem Leiden. Zuvor hatte sie bestimmt, dass sie nicht in Hamburg, sondern im Grab der lange zuvor verstorbenen Mutter Olli Maiers bestattet werden wollte.

Text: Beate Dippold

Olli Maier und Helga Feddersen im Bühnenbild des Erfolgsstücks „Die Perle Anna" im Theater am Holstenwall, um 1983 (Foto aus Olli Maiers Buch „Ich, Buhmann der Nation", Hamburg 1993).

GUDRUN ENSSLIN

„Uns bleibt es ein Rätsel“ Zitat Pfarrer Helmut Ensslin

Patin: Andrea Münch

„... es gibt eine gnadenlose Einsamkeit der Eltern,
die ihre Gefühle mit niemandem teilen können.
Je monströser die Gewalt, desto schwerer ist es,
den Spagat zu schaffen.“

Andreas Veiel, Dokumentarfilmer

Als Helmut Ensslin im Oktober 1958 das Pfarramt an der Luthergemeinde in Bad Cannstatt übernahm, bezog er mit seiner Frau Ilse und sechs Kindern das Pfarrhaus in der Wiesbadener Str. 76. Ihre Tochter Gudrun befand sich zu dieser Zeit im Rahmen des Internationalen Christlichen Jugendaustauschs an der Warren Highschool in Pennsylvania, USA.

Das ehemalige Pfarrhaus der evangelischen Luthergemeinde Wiesbadener Straße 76, hier verbrachte Gudrun Ensslin einen Teil ihrer Jugend (Foto: Pro Alt-Cannstatt, 2018)

Gudrun Ensslin wurde am 15. August 1940 in Bartholomä auf der Schwäbischen Alb geboren, wo sie eine behütete Kindheit verbrachte und als fröhliches und freundliches Kind in Erinnerung blieb. Ab 1948 lebte die Familie in Tuttlingen. Pfarrer Ensslin, im Krieg der Bekennenden Kirche zugehörig, führte ein offenes Pfarrhaus mit Gästen wie Gustav Heinemann und Martin Niemöller. Als Jugendliche in der Nachkriegszeit war Gudrun Gruppenführerin in der Evangelischen Jugendarbeit und galt als disziplinierte und leistungsstarke Schülerin. So wurde sie auch im Königin-Katharina-Stift in Stuttgart wahrgenommen, das sie nach der Rückkehr aus den USA besuchte und mit dem Reifezeugnis am 31. März 1960 abschloss. Ihre Lehrerin, Oberstudiendirektorin Klara Stumpff, bezeichnete sie als „wach und aufgeschlossen“. Als begabtestes Kind der Familie darf die junge, attraktive und umschwärmte Frau trotz Geldknappheit studieren, dazu wird sie von der Schule für die Studienstiftung des deutschen Volkes vorgeschlagen. Man bescheinigte ihr großes soziales Engagement und ein „lebendiges Verhältnis zur Geschichte und bewusstes Erleben der Gegenwart“.

Gudrun Ensslin (15. August 1940 in Bartholomä – 18. Oktober 1977 in Stuttgart-Stammheim), um 1970 (Pressebild, Archiv „Die Welt").

Am 4. Mai 1960 schreibt sie sich in Tübingen für Germanistik und Anglistik ein und möchte Lehrerin werden. Aus Kostengründen wohnt sie bei einer sehr strengen Tante, der Volksschullehrerin Gertrud Hummel im Schloss Waldenbuch, mit der sie sich vier Semester lang eine winzige Ein-Zimmer-Dienstwohnung teilt. Die Wochenenden verbringt die Studentin in Cannstatt, wo sie ihrer Mutter im Haushalt zur Hand geht. In den Semesterferien wird bei Daimler und Allianz gejobbt. Das Studium, mit Vorlesungen unter anderem bei Ernst Bloch und Walter Jens, vermittelt ihr ein Gefühl des „Befreitseins". Anfang 1962 begegnet sie in Tübingen Bernward Vesper, Sohn des Nazi-Dichters Will Vesper, ein chaotischer und unangepasster Student, der durch ein höchst ambivalentes Verhältnis zu seinem Vater eine mühsame Suche nach Eigenständigkeit und schriftstellerischer Verwirklichung durchläuft. Gefesselt von der erotischen und intellektuellen Anziehung und wegen des ständigen Ärgers mit der Tante bezüglich des Rauchens zieht Ensslin mit Vesper in die Studentenherberge Gasthof Hirsch in Dußlingen, wo sie für Familie und Außenwelt sorgsam kaschiert eine radikal antibürgerliche Lebensform proben.

Als Ensslin 1963 an die PH nach Schwäbisch Gmünd wechselt, wohnt sie noch einmal bei den Eltern im Cannstatter Pfarrhaus. Der den Eltern wenig sympathische Vesper muss öfters nächtens wegen des Kuppelei-Paragraphen aus dem Haus geworfen werden. Obwohl Ensslins nicht in das gängige pietistische Bild frömmelnder Engstirnigkeit passen, kann sich Gudrun Ensslin nicht mehr mit dem Lebensstil der Eltern anfreunden.

Nachdem sie die erste Lehrprüfung für das Lehramt 1964 abgelegt hatte, war ihr Interesse an dem Beruf verschwunden. Sie hatte mit Vesper einen Kleinverlag gegründet, Studio Neue Literatur, und stand mit bekannten Autoren wie Jens und Böll in Kontakt. Der Briefkopf des Verlags zeigt als Adresse das Pfarrhaus in der Wiesbadener Straße 76.

Die Studienstiftung ermöglicht ihr ab 1964 ein Promotionsstudium in Berlin mit einer Dissertation über den radikalen und visionären Schriftsteller Hans Henny Jahnn. Obwohl sie mit Vesper in Berlin zusammenlebt, zeigen sich die beiden überraschenderweise ihrer bürgerlichen Herkunft verpflichtet und vermutlich als Konzession den Eltern gegenüber verloben sie sich ganz offiziell im Frühjahr 1965 im Kursaal in Bad Cannstatt.

„Unseren Freunden zeigen wir die Verlobung unserer Tochter Gudrun mit Bernward Vesper an + Pfarrer Helmut Ensslin und Frau Ilse + Stuttgart-Bad Cannstatt + Wiesbadener Str. 76 + meinen Freunden zeige ich die Verlobung meines Sohnes Bernward mit Gudrun Ensslin an + Frau Rose Vesper + Gut Triangel + Kreis Gifhorn + unseren Freunden zeigen wir unsere Verlobung an + Gudrun Ensslin + Cannstatt/ Berlin + Bernward Vesper + Triangel/Berlin." (Ulrich Ott/Friedrich Pfäfflin (Hrsg.) Protest! Literatur um 1968. Marbach 2000, S. 26.)

In Berlin engagieren sich Ensslin und Vesper ab Juni 1965 für den „Wahlkontor deutscher Schriftsteller" zur Unterstützung von Willy Brandt – wobei Ensslin ausdrücklich als fabelhafte, ruhige und ordnende Mitarbeiterin gelobt wird. Zeitgleich erschüttert ein Suizidversuch von Gudruns Bruder Ulrich das Cannstatter Pfarrhaus.

In Westberlin wird die Stimmung zunehmend aufgeheizter und die Stadt von politischen Unruhen geschüttelt. Im Rahmen eines globalen Antiimperialismus nimmt die Kritik am „autoritären Wohlfahrtsstaat" radikalere Formen an. Gudrun Ensslin beteiligt sich an den Demonstrationen gegen die Notstandsgesetze und den Vietnamkrieg. Mitten in diese Zeit fällt die Geburt des Wunschkindes Felix am 13. Mai 1967. Da steht die Beziehung zu Vesper aber schon auf der Kippe.

Mit der gezielten Tötung des Studenten Benno Ohnesorg durch den Polizisten Kurras bei den Demonstrationen anlässlich des Schahbesuchs am 2. Juni 1967 wird die Radikalisierung der Studentenschaft unumkehrbar und der Tag geht als Urszene des deutschen Terrorismus in die Geschichte ein.

Auch für Gudrun Ensslin gibt es eine schicksalhafte Wende. Anfang Juli 1967 trifft sie Andreas Baader; ein Verführertyp, der mitreißen kann, nicht intellektuell sozialisiert wie sie, eher ein „sozial unverträglicher" Schulabbrecher und Kleinkrimineller mit ordinärem Sprachgebrauch – je nach Sicht, charismatisch oder provozierender Bürgerschreck.

Nachdem sie Vesper verlassen hat, schreibt dieser im März 1968 nach Bad Cannstatt (Bernward Vesper, Frankfurter Nachlass):

„Lieber Vater Ensslin, ...
Ich selbst bin über diese Entwicklung, die etwas Krampfhaftes und Unwahres an sich hat, ziemlich beunruhigt; andererseits hoffe ich, dass sie sich fängt. ... Es ist das Ungeregelte und Zwanglose an Andreas Leben, das sie anzieht, ... aber ich weiß nicht, wie weit sie ... auf die Dauer dem gewachsen ist".

Am 20. März 1968 lässt Gudrun Ensslin Felix in der Obhut Vespers und macht sich mit Andreas Baader und Thorwald Proll auf den Weg nach München. Sie wollen etwas „Unerhörtes" tun. Auf dem Rückweg legen sie am 1. April 1968 einen Stopp im Pfarrhaus in Cannstatt ein, wo man über Gudruns absolute Hingabe an „diesen Typen" entsetzt ist.

Am 2. April 1968 explodieren Brandsätze im Frankfurter Kaufhaus Schneider und im Kaufhof. Die Verdächtigen Baader, Ensslin, Proll und Söhnlein sind schnell gefasst und kommen in Untersuchungshaft. Vesper schreibt nach einem Besuch in der Frankfurter Haftanstalt: „Gudrun bietet ein Bild des Jammers, sie ist alt geworden und sehr abgemagert, die Haare gehen ihr aus und irgendwie löst sich ihr Verhältnis zur Welt auf."

Er selbst ist mit der Vaterrolle psychisch und physisch überfordert und bringt Felix nach Cannstatt und von da weiter zu den befreundeten Seilers nach Undingen, einer konservativen Arztfamilie auf der Schwäbischen Alb. Gleichwohl unterstützt er Gudrun in allen Belangen und besorgt ihre Ausstattungswünsche, wie z.B. die rote Lederjacke, die sie zum Prozessauftakt tragen wird. Diesen Prozess gestalten die Angeklagten zu einem Happening und Ensslin gibt zu Protokoll: „... er und ich haben es im Kaufhaus Schneider getan ... um gegen die Gleichgültigkeit zu protestieren, mit der die Mehrheit dem Völkermord in Vietnam zusieht. Denn: wir haben gelernt, daß Reden ohne Handeln Unrecht ist."

Bei der Urteilsverkündigung am 31. Oktober 1968 zu drei Jahren Zuchthaus kommt es in Anwesenheit der Eltern zu tumultartigen Szenen. Es wird Revision eingelegt und wegen geringer Fluchtgefahr werden die

Angeklagten am 13. Juni 1969 freigelassen. Während Ensslin in Haft sitzt, spielen sich in Cannstatt grausame Szenen ab, denn ihr Bruder Ulrich hatte sich auf dem Dachboden erhängt und war dort von der jüngsten Schwester Ruth gefunden worden. Nach der Ablehnung der Revision flüchtet die Gruppe zunächst mit Baaders weißem Mercedes 200 E, ohne Führerschein wie immer, nach Paris, Zürich, Mailand, Rom, Sorrent, Neapel, Palermo.

Im Februar 1970 sind Ensslin und Baader wieder in Berlin, wo sie bei der Journalistin Ulrike Meinhof Unterschlupf finden. Unterwegs besuchen sie die Eltern im Pfarrhaus, wo Helmut Ensslin sie inständig auffordert, sich zu stellen: „Geht doch hin und reißt die zehn Monate ab". Die Dinge eskalieren stattdessen. Baader wird am 4. April 1970 eher zufällig verhaftet und während eines Freiganges am 14. Mai 1970 spektakulär von Gudrun Ensslin und Ulrike Meinhof befreit, wobei ein Unbeteiligter durch einen Schuss schwer verletzt wird. Ensslin und Meinhof bekennen sich zu der Tat und legitimieren für sich damit Gewalt als revolutionäres Mittel. Gemeinhin gilt dies als Gründungsakt der RAF.

Die Gruppe geht in den Untergrund und verbringt im Juni 1970 mit Gleichgesinnten einen Aufenthalt in einem palästinensischen Ausbildungslager. Nach ihrer Rückkehr werden Anschläge und Banküberfälle konzipiert und umgesetzt. Weihnachten 1970 feiert man zusammen in einer Stuttgarter Villa. Nach dem Suizid von Bernward Vesper am 15. Mai 1971 entscheidet sich Ensslin, ihren Sohn Felix dauerhaft zu den Seilers auf die Schwäbische Alb zu geben. Sie wollte ihn nicht sehen, weil sie das Dilemma nicht aushalten könnte.

Bis ins Frühjahr 1972 tobte in Deutschland der Terror der 1. RAF-Generation mit zahlreichen Bombenanschlägen, Toten und Verletzten. Am 1. Juni 1972 werden Raspe, Meins und Baader nach einer filmreifen Schießerei in Frankfurt festgenommen, Ensslin am 7. Juni 1972 in Hamburg und Meinhof am 15. Juni 1972 in Hannover.

Während Vater Helmut Ensslin in dieser Zeit durch Interviews wie auch von der Kanzel in der Lutherkirche versucht, im Rahmen der elterlichen Fürsorge und Vernunft eine Haltung zur Tochter und ihren Taten zu dokumentieren, gewährt der Briefwechsel Gudrun Ensslins mit ihrer Schwester Christiane aus der JVA Essen im Frühjahr 1973 tiefe Einblicke: „Naja und cannstatt, der tod. Dem alten hab ich auf einen eitlen verlogenen brief (ganz richtig: selbstdarstellung) nichts mehr geschrieben und der alten noch dieses oder jenes, aber gerade so gut kann man sich mit dem papier den ... ..."

Ab 1974 sind die Mitglieder der RAF im umgebauten Stammheimer Gefängnis untergebracht und in der fensterlosen „Mehrzweckhalle" beginnt am 21. Mai 1975 der Prozess gegen Baader, Raspe, Ensslin und Meinhof. Insgesamt vier Mal treten sie für verbesserte Haftbedingungen in Hungerstreik, wobei Gudrun Ensslin auf 42 Kilo abmagert und in Todesgefahr zwangsernährt werden muss. Ihnen wird von Generalstaatsanwalt Buback Mord in vier Fällen und versuchter Mord in 54 Fällen vorgeworfen. Otto Schily vertritt Gudrun Ensslin als Wahlverteidiger. Die Gefangenen selbst sind wegen verminderter Prozessfähigkeit oft nicht anwesend. Ihre am 13. Januar 1976 vorgetragene „Erklärung zur Sache" enthält realitätsferne theoretische Inhalte und lässt keinerlei Kommunikation mehr zu. Am 2. August 1976 nimmt sich Ulrike Meinhof in ihrer Zelle das Leben.

Amtsblatt v. 27. 10. 1977

„Ich übernehme die Verantwortung"

Erklärung von Oberbürgermeister Manfred Rommel zur Bestattung der Terroristen

Die von Oberbürgermeister Rommel angeordnete Beisetzung der drei durch Selbstmord aus dem Leben geschiedenen Terroristen Gudrun Ensslin, Andreas Baader und Jan Carl Raspe in einem gemeinsamen Grab auf dem Dornhaldenfriedhof hat Kritik ausgelöst. In einer Pressekonferenz begründete Oberbürgermeister Rommel seine Entscheidung:

„Ich bin der Auffassung, daß auch noch so berechtigter Zorn mit dem Tod erlöschen muß und daß es keine Friedhöfe erster und zweiter Klasse gibt und daß alle Friedhöfe gleich sind. Mir kam es darauf an, daß zum Zeitpunkt der Trauerfeierlichkeiten für unseren ermordeten Mitbürger Dr. Schleyer die Frage, ob und wo die Terroristen begraben werden, abschließend entschieden ist und daß nicht etwa wochenlang ein peinlicher Streit über die Beerdigung der Terroristen stattfindet. Ich wollte dem Gemeinderat und den betroffenen Bezirksbeiräten ersparen, sich mit der Sache befassen zu müssen, was wiederum zu erheblichen Verzögerungen einer Entscheidung geführt hätte. Dies wäre im Blick auf die Wirkung auf die Menschen im In- und Ausland verhängnisvoll gewesen.

Die Rechtslage hätte es zwar ermöglicht, auf dem Dornhaldenfriedhof nur Gudrun Ensslin zu begraben und den anderen beiden Terroristen ein Grab auf dem Hauptfriedhof zuzuweisen. Gegen eine solche Entscheidung hätten aber der Vater von Gudrun Ensslin und die Mutter von Andreas Baader Rechtsmittel einlegen können, was ebenfalls Verzögerungen zur Folge gehabt hätte. Diese Verzögerungen wollte ich in der gegenwärtigen emotionsgeladenen Situation nicht in Kauf nehmen.

Eine Gedenkstätte für die drei Terroristen auf dem Dornhaldenfriedhof wird selbstverständlich verhindert. Das Problem, daß sich Gesinnungsgenossen an den Gräbern versammeln können, besteht sowohl bei einer gemeinsamen wie bei einer getrennten Bestattung.

Ich übernehme für diese Entscheidung die volle Verantwortung. Ich habe Verständnis dafür, wenn Bürger mit dem Entschluß nicht einverstanden sind. Ich bitte aber auch um Verständnis dafür, daß mich die Sorge um eine höchst bedenkliche, Wochen, möglicherweise sogar Monate dauernde Diskussion über die richtige Art der Beisetzung zu einer raschen Entscheidung veranlaßt hat."

Oberbürgermeister Rommel bat die anwesenden Vertreter von Presse und Funk, die Vorfälle im Zusammenhang mit der Terroristenbestattung in der Woche des Abschieds von Dr. Hanns Martin Schleyer nicht allzusehr herauszustreichen. In der Woche danach werde er sich erneut den Kritikern stellen.

Erklärung des Oberbürgermeisters Manfred Rommel zur Bestattung von Gudrun Ensslin, Andreas Baader und Jan Carl Raspe im Stuttgarter „Amtsblatt" vom 27. Oktober 1977 (Vorlage: Stadtarchiv Stuttgart).

Die Verteidigung erreicht, dass Gudrun Ensslin zu bestimmten Zeiten Geige spielen darf, woraufhin Mutter Ilse ihr Instrument und die Noten in die Haftanstalt bringt. Auch startet die Mutter einen Spendenaufruf für eine Zahnbehandlung der Gefangenen. Der Intendant der Stuttgarter Staatstheater Claus Peymann spendet daraufhin 100 DM und hängt den Aufruf ans Schwarze Brett des Staatstheaters. Die öffentliche Empörung ist seitens Filbinger und Späth groß, OB Manfred Rommel kann im Verwaltungsrat den Rauswurf allerdings verhindern.

Am 28. April 1977 werden die verbliebenen drei Angeklagten zu lebenslanger Freiheitsstrafe verurteilt. In der Folge überrollt eine unvergleichliche Terrorwelle Deutschland, die in der Entführung und Ermordung von Hanns Martin Schleyer gipfelt und mit der Entführung der Lufthansamaschine Landshut nach Mogadischu bzw. der Stürmung und Befreiung der Geiseln am 18. Oktober 1977 ihr vorläufiges Ende nimmt. In dieser Nacht erhängt sich Gudrun Ensslin mit einem Lautsprecherkabel am Fenstergitter ihrer Zelle. Raspe und Baader erschießen sich und Irmgard Moeller verletzt sich lebensgefährlich.

Gegen wütende Proteste entscheidet sich Oberbürgermeister Rommel mit den Worten: „Nach dem Tod endet jede Feindschaft" für eine gemeinsame Beerdigung in Stuttgart. (Amtsblatt vom 27. Oktober 1977: „Ich übernehme die Verantwortung." Da der evangelische Oberkirchenrat Helmut Ensslin nicht gestattet, bei der Beerdigung zu predigen, sagt sein Kollege Pfarrer Bruno Streibel am 27. November 1977 bei der Grablegung auf dem Dornhaldenfriedhof (ehemaliger Schießplatz):

„Andreas Baader, Jan-Carl Raspe, Gudrun Ensslin sind tot. Wir legen sie in diese Erde."

Text: Helga Müller

Tausende von Menschen kamen zur Beerdigung auf dem Dornhaldenfriedhof am 27. November 1977 (Archiv „Badische Zeitung").

ANDREA SAUTER, GEB. PAUL

Geburtshelferin der „Dagobertas“

Paten: Gaby Leicht und Peter Sauter

Die Journalistin Judith Rauch überschrieb ihren Beitrag in der deutschen Ausgabe von „Reader's Digest. Das Beste“ vom April 2001 mit der Frage: „Sind Frauen vielleicht doch die besseren Anleger? Auf Onkel Dagoberts Spuren“. Zwei Frauen stellte sie in den Mittelpunkt ihrer Reportage über die „Dagobertas“, die Ludwigsburger Finanzberaterin Irmtraud Potkowski und die Cannstatter Betriebswirtin Andrea Sauter, die 1999 eine Idee in die Tat umsetzten und zur Gründung des ersten Ludwigsburger Frauen-Investment-Clubs einluden. Beim ersten Treffen kamen über 50, beim zweiten mehr als hundert interessierte Frauen, so dass rasch Untergruppen gebildet wurden. Die erste Gruppe nannte sich, in Anlehnung an Dagobert Duck, den schwerstreichen Dollarkönig von Entenhausen, „Dagoberta“, andere „Pecunia“, „Fortuna“, „Boersiana“ oder „Moneypenny“. „Dagoberta“ gab schließlich der ganzen Bewegung den Namen. Im Juli 2000 strichen die von den Frauen angelegten Depots bis zu 30 Prozent Gewinn ein. Es war eine Zeit des Börsenhochs. Und die Frauen zeigten, dass sie in diesem Männergeschäft bestehen konnten. Und so gönnten sich schließlich 29 Frauen eine Reise nach New York, an die Wall Street, in das Zentrum des Börsengeschäfts. Die Journalistin Judith Rauch begleitete sie.

„Sicheren Schritts bewegen sich die Dagobertas (...) durch Flure, Drehtüren und Treppenhäuser der großen Glaspaläste. Schließlich sind sie keine Touristinnen, sondern Investorinnen. Immer wieder ernten sie erstaunte Männerblicke. So viele Frauen! Im Finanzdistrikt! Und noch Ausländerinnen dazu!“, fasste Judith Rauch ihre Beobachtungen zusammen. Bereits Ende der 1960er Jahre war der erste deutsche Aktienclub für Frauen gegründet worden, Banker waren damals die Initiatoren, reiche Witwen ohne Börsenerfahrung die Zielgruppe. Doch das habe sich, so Rauch, geändert: „Bei fast allen Frauen-Aktienclubs, die in den letzten Jahren gegründet wurden – zum Beispiel dem Hexensabbat Club aus Berlin, dem Münchner Wirtschaftsforum oder den Smart Ladies aus der Schweiz – geht die Initiative meist von den Frauen aus.“ Und, Studien aus den USA zufolge: „Frauen halten ihre Aktien länger als Männer. Männer schichten ihr Wertpapierdepot öfter um, in der Hoffnung, dadurch höhere Gewinne zu erzielen. Auf diese Weise zahlen sie jedoch mehr Gebühren und Steuern.“

Noch im gleichen Jahr, 2001, erschien im renommierten DVA-Verlag das Buch zur Bewegung: „Die Dagobertas. Frauen erobern die Welt des Geldes“, ein Gemeinschaftswerk von Irmtraud Potkowski, Judith Rauch und Andrea Sauter. Der Klappentext verrät über ihre Biografie, dass Andrea Sauter in der „Unternehmensplanung und im Controlling verschiedener namhafter Firmen der EDV- und Dienstleistungsbranche“ arbeitete und: „Als Mutter zweier Kinder genießt sie die Flexibilität ihres Jobs als selbständige Finanzplanerin.“

Auf einem Interview mit dem Ehemann Peter Sauter basiert die folgende Zusammenfassung des Lebens von Andrea Sauter, die nicht nur durch die „Dagobertas" Spuren hinterlassen hat.

Am 1. Februar 1959 wurde Andrea Paul als Älteste von vier Geschwistern in Singen am Hohentwiel geboren Sie wuchs im nahen Rielasingen auf, wo ihr Vater eine Schlosserei betrieb und die Mutter das klassische Rollenbild der „Hausfrau und Mutter" erfüllte. Andrea Paul besuchte Gymnasien in Singen und in Radolfzell und machte 1978 das Abitur. In Pforzheim studierte sie an der Fachhochschule für Wirtschaft BWL und spezialisierte sich auf den Fachbereich Beschaffung. Dort lernte sie auch 1982 ihren späteren Mann Peter Sauter kennen, der ebenfalls BWL mit Schwerpunkt Betriebsorganisation und Wirtschaftsinformatik studierte und aus Stuttgart-Bad Cannstatt stammte. 1984 gingen sie beide nach Frankfurt a.M., am 12. September 1987 heirateten sie standesamtlich in der Heimat der Braut, in Rielasingen. Der spätere Weihbischof der Diözese Rottenburg-Stuttgart, Johannes Kreidler, der einst Vikar an der Liebfrauengemeinde gewesen war, traute die beiden kirchlich. Beide gingen beruflich erfolgreich ihrer Wege. 1988 zog das Paar nach Stuttgart-Gablenberg, wo Andrea Sauter bei Breuninger im Controlling, ihr Mann bei IBM arbeitete. Nach Stuttgart wollten sie eigentlich nicht, doch dann hatte Andrea Sauter die Anzeige der IBM gesehen, die auf ihren Mann zugeschnitten schien.

Andrea Sauter (1. Februar 1959 in Singen am Hohentwiel – 9. August 2016 in Esslingen a.N.) auf einer Reise in Indien vor dem Tadsch Mahal, 2008 (Foto: privat).

Oben: Andrea Sauter mit ihrer Familie, dem Ehemann Peter Sauter und den Kindern Norbert und Verena, in Singapur 2005: Feier „Weißer Sonntag" der Tochter Verena Sauter; rechts unten: Andrea Sauter mit einem Jagdfalken auf einer „Dagoberta"-Reise in den Oman in einem Krankenhaus für Vögel, 2011 (Vorlagen: privat).

Drei Kinder wurden geboren, 1990 der erste Sohn Joachim, der nur drei Wochen alt wurde. 1992 folgte Sohn Norbert, 1995 Tochter Verena, die Familie zog nach Bad Cannstatt in das Elternhaus von Peter Sauter. 1997 wurde Andrea Sauter selbstständige Finanzberaterin, 1999 kam die Gründung der „Dagobertas" zusammen mit Irmtraud Potkowski. Zahlreiche Abend- und Wochenendtermine bestimmten von nun an den Kalender dieser Börsen-Pionierinnen. Konzepte wurden erarbeitet, Referate gehalten, neuen Gruppen bei ihrem Aufbau geholfen, Reisen zu Börsenplätzen und Firmenbesichtigungen organisiert. Die Frauen informierten sich in China, Singapur, in Südafrika und im Oman. Andrea Sauter war ein optimistischer Mensch, stets aufgeschlossen für neue Ideen, fröhlich, gerne zum Lachen bereit. Sie konnte gut motivieren und andere vorantreiben, zum Agieren anregen. Fast zwei Jahre, von Januar 2005 bis September 2006 lebte sie mit ihrem Mann und ihren Kindern in Singapurs gleichnamiger Hauptstadt, wo Peter Sauter für IBM tätig war. Ein Teil ihres Geschäfts in Deutschland wurde in dieser Zeit von ihren Partnerinnen weiterbetreut, so dass Andrea Sauter den Anschluss nicht verlor. Wieder in Stuttgart, gab sie erneut Kurse an den Volkshochschulen Stuttgart und Esslingen über Finanzthemen, intensivierte ihre Tätigkeit bei den Dagobertas erneut und war bei vielen „Dagoberta"-Reisen im Ausland dabei, wo es immer wieder auch darum ging, sich mit anderen Frauen in diesen fremden Ländern und Kulturen über Aktienentwicklungen, Börsentechniken und dergleichen auszutauschen.

Im Jahr 2013, Andrea Sauter war 54 Jahre alt, wurde bei ihr Brustkrebs festgestellt. Sie stellte sich den Behandlungen, den Chemotherapien, den Bestrahlungen, besuchte vier Wochen zusätzlich eine Ajurvedaklinik in Indien. Sie suchte sich eine Beraterin in Sachen Selbstmedikation, in deren Studium sie sich vertieft hatte. Sie war die meiste Zeit sehr gefasst, selbst am Schluss auf der Palliativstation in Esslingen, nachdem im Mai 2016 Metastasen in der Leber entdeckt worden waren. Immer übernachtete ein Familienmitglied, ihr Mann oder eines ihrer Kinder, bei ihr. Sie ging sehr aktiv mit dem Thema Sterben um und regelte alles Notwendige. Sie war in ihrem Leben eine klassische Selbstständige im Denken und im Handeln, so bereitete sie sich auch auf ihren Tod vor. Andrea Sauter starb am 9. August 2016 in Esslingen und wurde im Familiengrab Sauter auf dem Stuttgarter Hauptfriedhof in Cannstatt-Steinhaldenfeld beigesetzt. Unter den Trauernden waren auch viele der Cannstatter „Netzwerkerinnen", bei denen sie sich von Anfang an engagiert hatte. Im Herbst 2008 hatte sich eine Handvoll Frauen, darunter neben Andrea Sauter auch Regine Lacker, Loni Reisser, Andrea Volk-Moser, Birgit Klement und Ariane Willikonsky, zusammengefunden, um in Bad Cannstatt etwas zu bewegen. Sie brachten sich zum Beispiel aktiv beim Konzept für die Nutzung eines autofreien Marktplatzes ein, beteiligten sich an der „Zukunftswerkstatt" und nahmen regelmäßig beim „Jour fixe" im Bezirksrathaus teil. Seit 2011 als eingetragener Verein, stellten sie, neben ihren fordernden Berufen, verschiedene Angebote und Veranstaltungsformate auf die Beine, wie „Cannstatt tanzt", die „Nuit Blanche" und oder den „Ibiza-Nachtflohmarkt" auf dem Marktplatz. Es gab Modenschauen im „Sonnenbunker" oder Yoga im Park. Der Tod von Andrea Sauter, die eine integrative Art hatte und eine wichtige Stütze der „Netzwerkerinnen" war, schwächte auch den Zusammenhalt unter den „Netzwerkerinnen", die sich im August 2020 schließlich als Verein auflösten.

Mit den „Dagobertas" jedoch hinterlässt Andrea Sauter ein weites Feld der Gleichberechtigung der Frauen in Wirtschaftsfragen. „Väter sprechen eher mit den Söhnen als mit den Töchtern über Gelddinge", so hatte es Andrea Sauter einmal für ein Interview formuliert. „Die Töchter müssen sich das irgendwie selbst aneignen." Und weiter: Die Botschaft der „Dagobertas" sei klar: Frauen und Geld – das gehört zusammen. Das haben sie in ihren Statuten festgelegt: Sie wollen die finanzielle Selbstständigkeit der Frau fördern. Und im Buch „Die Dagobertas" (München 2001, S. 21) findet sich dann auch folgende Definition einer „Dagoberta", die sich wie eine Beschreibung des Lebens von Andrea Sauter lesen lässt.

Text: Olaf Schulze

„Dagoberta ist eine Frau.
Eine selbstbewusste Frau.
Die ihre Stärken und Schwächen kennt,
die ihre Bedürfnisse kennt, sich selbst wertschätzt
und mag, die Erfolg sucht und ihn genießen kann,
die sich Ziele setzt und diese erreichen will,
die Spaß hat an dem, was sie tut,
die Verantwortung übernimmt für sich und ihr Leben,
die weiß, dass jede Frau „ihres Glückes Schmied" ist.
(...) Sie schätzt Geld, ohne es zu vergöttern.
Sie ist sich ihrer Verantwortung für
ihre finanzielle Zukunft bewusst.
Sie plant ihr Einkommen und ihre Ausgaben.
Sie sorgt vor für ihr eigenes Alter.
Sie hat Rücklagen als Sicherheit,
Sie sichert Risiken ab, die sie nicht selbst
tragen kann. Sie kann Geld ohne Schuldgefühle
ausgeben. Sie genießt die Freiheiten, die Geld ihr
ermöglichen. Sie weiß, dass frau mit Geld
viel Gutes tun kann."

WAS BLEIBT VON „OMA ELISE"?

Erinnerungsreste der Alltagskultur

Pate: Manfred Schnarchendorff

Eine gewisse Bekanntheit erlangte um 1980 „Oma Elise", Elise Schmidt, die letzte Bewohnerin im zweiten Stock des „Klösterle" vor der Renovierung Anfang der 1980er Jahre. Sie war eine einfache Arbeiterin und im Klösterle kurz vor dem Ersten Weltkrieg geboren. Elise Schmidt hatte als junge Witwe die Wohnung ihrer Eltern übernommen und bis zuletzt ihr Wohnzimmer in der ehemaligen „Kapelle", die sie regelmäßig weißeln ließ. Mehrfach berichtete sogar die BILD-Zeitung über sie, als es um die Zukunft des „Klösterle" ging.

Sie verfolgte die Sanierungsarbeiten von ihrer neuen Wohnung in der Brählesgasse aus weiter und war bei allen Festen rund ums „Klösterle" dabei. Wie hier beim Richtfest des „Klösterle" am 1. Juli 1983. Sie war traurig, dass sie ihre angestammte Wohnung verlassen musste, aber auch stolz, wie schön das „Klösterle" nach der Renovierung geworden war.

„Oma Elise", die nie Großmutter war (immer noch ist es eine Unsitte, eine alte Frau als „Oma" zu bezeichnen – dies sollte nur Enkeln vorbehalten sein), leuchtete für einen kurzen Moment Ende der 1970er, Anfang der 1980er Jahre im kollektiven Bewusstsein der interessierten Cannstatter und Cannstatterinnen auf. Und verschwand wieder im Vergessen. Dieses Buch sieht seine Aufgabe unter anderem darin, Biografien auf länger als einen Moment zu erhalten.

Dazu können wir alle beitragen, indem wir gezielt Objekte, Tagebücher, Fotoalben, einen Kittelschurz, Zeugnisse, Briefe unserer Großtanten, Mütter, ledigen oder verheirateten Schwestern für die Familiengeschichte bewahren. Hilfreich ist es noch zu Lebzeiten Bilder zu beschriften, behutsam Fragen zu stellen, sich Notizen zu machen. Aber auch als Freunde, Nachbarn, selbst als Wohnungsauflöser könn(t)en wir tätig werden. Der Verein Pro Alt-Cannstatt sammelt ausgesuchte Stücke für die Zukunft. Bei Fragen wenden Sie sich gerne an uns oder geben Sie unsere Kontaktdaten weiter (www.proaltcannstatt.de).

Text: Olaf Schulze

Elise Schmidt – „Oma Elise" (laut BILD-Zeitung; siehe rechts) – beim Richtfest des „Klösterle" am 1. Juli 1983 (Fotos: Sammlung Hermann Kugler).

Oma Elise glücklich:

Elise Schmidt wohnte im zweiten Stock des Fachwerkhauses. In dem historischen Gebäude sollen ein Museum und eine Weinstube eingerichtet werden

Vor 44 Jahren gehörte noch ein kleiner Bauernhof mit Kuh- und Ziegenstall zum „Klösterle". Der damalige Besitzer, ein Heizungsbau-Farbikant, wollte den ganzen Komplex abreißen lassen. Die Stadt stellte das „Klösterle" unter Denkmalschutz

Stadt rettet „ihr" Klösterle für 1,9 Mios

Von DANIELA GUGENHAN

Stuttgart, 11. November
Wenn Elise Schmidt in ihrer Küche in der Brählesgasse (Bad Cannstatt) steht, blickt sie immer wieder durchs Fenster. Sie beobachtet die Bauarbeiter, die vorsichtig den alten Putz am „Klösterle" abschlagen, die morschen Balken herausklopfen. Das ehemalige Beginen-Kloster (1456 erbaut) wird für 1,9 Millionen Mark renoviert!

„Vor 71 Jahren wurde ich dort drüben, in der ehemaligen Kapelle geboren", berichtet Frau Schmidt, die inzwischen selbst einen Enkel hat. „Damals war dort das Wohnzimmer meiner Eltern."

Bis im Mai dieses Jahres wohnte Oma Schmidt in dem gotischen Fachwerkhaus. 80 Mark Miete zahlte sie für drei Zimmer. Die Stadt hat ihr die Ersatzwohnung besorgt.

Im nächsten Herbst ist alles fertig

Das Fachwerk des „Klösterle" wird zur Hälfte abgetragen, mit frischem Eichenholz restauriert. Die Decken der zehn Zimmer sollen abgestützt, das Netzgewölbe in der Kapelle freigelegt werden. Norbert Bongartz (39) vom Landesdenkmalamt: **„Die später angebaute Renaissance-Kapelle ist im Umkreis von 100 Kilometer eine Besonderheit."**

Das „Klösterle" erhält ein Museum und eine Weinstube. **Die Außenarbeiten sollen im Herbst 1983 abgeschlossen sein.**

DANK

Antiquariat Inge Utzt Stuttgart-Bad Cannstatt
Archiv Alfred Ritter GmbH
Archiv Daimler AG
Evangelischer Verein - Verein für diak. Arbeit
Galerie Wiedmann
Gerlinde-Beck-Stiftung
Hauptstaatsarchiv Ludwigsburg
Hauptstaatsarchiv Stuttgart
Kulturnetz Bad Cannstatt
Mia-Seeger-Stiftung
OberhausMuseum Passau
Rathausbücherei Stuttgart
Sammlung Lore Doerr-Niessner
Sammlung Pro Alt-Cannstatt
SPD Ortsverein Stuttgart-Bad Cannstatt
Stadtteilbibliothek Stuttgart-Bad Cannstatt
Stadtmuseum Bad Cannstatt
Stadtarchiv Stuttgart
Friedrike Barth
Gabriele Baumgartner
Anita und Hans Betsch
Sabine Beuttler
Dr. Nicole Bickhoff
Tanja und Marius Blascheck
Christoph Böhm
Dr. Jakob Bühler
Jutta Bühler-Egerer
Matthias Busch
Hannelore Daiss
Stefan J. Dietrich
Beate Dippold
Christiane Dressler
Florence Doucet
Gaëlle Duranthon
Annemarie und Walter Dürr
Margarete Eifert
Dajana Eisele
Gabriele Eberle
Cornelie Esslinger-Graf
Jakobe Flachsenberg
Anja Friedl M.A.,
Ursula Fuhrer
Alfred Gann
Ulrich Glaser
Freimute Ghosh
Ingrid Gohl-Schlanderer
Carlos Gonzalez Rotger
Marita Gröger
Sigrid Gruber
Ursula Hamann
Margarete Hecht
Yvonne Heil
Vera Heyer
Heidi Högl
Dr. Jörg Hucklenbroich
Carmen Jud
Vera und Robert Kauderer
Helga Kessler
Alexandra Kirchner
Johanna Klöpfer
Ruth und Günter Klöpfer
Eberhard Köngeter
Irene Krauss
Jürgen Krug
Elke Krumbügel-Schindler
Diana Lammerts
Gaby Leicht
Eleonore Lindenberg
Brigitte Lösch (MdL)
Marie-Luise Lutz
Karin Maag (MdB)
Margit Mairhofer

Susanne Mann
Heide Mayer
Helga Müller
Andrea Münch
Die Netzwerkerinnen Bad Cannstatt
Petra-Marion Niethammer
Helga Ingrid Pfuff
Irmtraut Pulver-Frehse
Monika Rahm
Rainer Redies
Wolfgang Reichert
Christel Rieke
Peter Sauter
Doris Schiffmann
Holger Schindler
Helga Schlieter
Ursula Schlieter
Dr. Manfred Schmid
Ulrich Schollmeier
Manfred Schnarchendorff
Brigitte Schreiner
Olaf Schulze
Udo Schweickhardt
Dorothea Schwertzel-Thoma
Edith Sorke
Reinhard Staib
Ulrike Stetter
Dr. Brigitte Streicher
Dr. Christiane Sutter
Vera Trost
Karin Turba
Inge Utzt
Klaus Wagner
Claudia Weinschenk M.A.
Anne Westermeyer
Martin Wiedmann

Und allen Verwandten der historischen Frauen, die uns mit Rat und Tat zur Seite standen.

Sowie zahlreiche ungenannte Spenderinnen und Spender von Objekten an die Sammlung von Pro Alt-Cannstatt in den letzten Jahren.

Mit freundlicher Unterstützung von

AgS STUTTGART
Arbeitsgemeinschaft Stadtgeschichte Stuttgart e.V.

Pro Alt-Cannstatt

museum für stuttgart
stadtmuseum bad cannstatt

STADTBIBLIOTHEK STUTTGART

GALERIE WIEDMANN®

Impressum

Projektleitung	Olaf Schulze
Redaktion	Helga Müller, Olaf Schulze
Mitarbeit	Matthias Busch, Carmen Jud, Gaby Leicht
Grundlayout	Yvonne Heil (www.heile-welt-stuttgart.de)
Grafik	Carmen Jud, Olaf Schulze

Alle Angaben zu den Bildnachweisen finden sich in den jeweiligen Bildunterschriften. Unterlegte Fotos tauchen im Band jeweils ein weiteres Mal auf und sind dort nachgewiesen. Wir danken allen Lizenzgebern für die freundliche Abdruckgenehmigung. In Fällen, in denen es nicht gelang, Rechteinhaber an Abbildungen zu ermitteln, bleiben Honoransprüche gewahrt.

Die Deutsche Bibliothek verzeichnet diese Publikation in der Deutschen Nationalbibliografie; detaillierte bibliografische Daten sind im Internet über http://dnb.ddb.de abrufbar.

ISBN 978-3-943688-09-2

2. Auflage 2021

Christa Klebor | Eine Investition in Wissen | Mischtechnik 2021

„Schluss."

Else Schlieter

١